Antropologia della comunicazione visuale
Esplorazioni etnografiche attraverso il feticismo metodologico
di Massimo Canevacci

© 2017 Postmedia Srl, Milano
Terza edizione riveduta e aggiornata

© 2001 Meltemi, Roma
Seconda edizione

© 1995 Costa e Nolan, Genova
Prima edizione

Cover design: Pamela Diamante

www.postmediabooks.it
ISBN 978-88-7490-180-7

Antropologia della comunicazione visuale

Esplorazioni etnografiche attraverso il feticismo metodologico

Massimo Canevacci

postmedia•books

Questo libro ha avuto diverse avventure, non solo editoriali, sempre in transito. Forse non poteva essere diversamente, in quanto la sua stesura iniziale è stata il risultato di una delle prime ricerche che affrontavano la comunicazione visuale da una prospettiva antropologica in connessione con i panorami emergenti, e in anticipo rispetto la cultura digitale. Quindi anche il testo non poteva che mutare nella sua relazione con una comunicazione sempre più accelerata, mutante, espansiva: dove conflitti, tensioni, intrecci tra centralizzazione verticale esasperata e decentramenti orizzontali potenziali costituiscono la sfida intorno a cui ruota una ricerca etnografica che sente la ridefinizione di quella che ancora si chiama *politica*. Tale concetto sta svanendo nell'aria dei *pixel* in connessione con era industriale e mass-media: la comunicazione digitale è un flusso disordinante materiale/immateriale - tendenzialmente oltre il dualismo - che confligge con lo storicamente determinato concetto di *società*. Lo stesso concetto di *social network* è un paradosso linguistico. Il network (e il Web) dissolve la società nel suo significato industrialista; per cui il non casuale uso inglese di *social* indica una mutazione immanente al classico corpo della società e un evidente processo di de-simbolizzazione. *Social* è diventato un genere tipologico deprivato della connotazione di società. *Social* trasforma società in codice. Nell'attuale svolta, la società non riesce più a dare un senso a quanto sta avvenendo perché troppo tradizionale. L'articolazione empirica di un'Antropologia della Comunicazione Visuale (ACV) non afferma la transizione *from society to communication*, che nel linguaggio anglosassone caratterizza tanti titoli e modalità del pensare - di un certo tipo di logica – che sembrano inadeguati. Tale modello sottintende una concezione del mondo cripto-evoluzionista, secondo cui si passa da un concetto centrale ma datato (la *società*) a uno emergente, che subentra all'altro: la *comunicazione*. Tale modello "evolutivo" è ancor più evidente quando si teorizza la transizione *dall'analogico al digitale,* ignorando o sottovalutando la persistente co-presenza di entrambi i modelli. Questa logica dualista ed evolutiva era ed è profondamente diversa dal mio modo di focalizzare e di esprimere i processi del mutamento, determinati da disgiunzioni parziali, tensioni conflittuali, coesistenze sincretiche, fratture compositive, ubiquità soggettive. Insomma, *analogico* e *digitale,* così come *società* e *comunicazione* oppure *pubblico* e *privato,* convivono conflittualmente nella vita quotidiana e nelle connessioni tra riflessioni teoriche, ricerche empiriche, composizioni testuali, narrazioni performatiche.

È evidente che anche nel corpo della società è sedimentata quella dimensione storica che proprio "lei" - in quanto "società civile" - rivendicava quando emerse in contrapposizione allo *Stato.* La dialettica tra società e Stato (cioè la *politica*) era legata a un tipo di formazione filosofica a sua volta connessa con gli emergenti sistemi produttivi di tipo industriale. In tale quadro, le scienze sociali sono state viste con diffidenza dai poteri dominanti e infine acquisite dalle istituzioni quando sono andate perdendo – più che le tensioni critiche – il loro tradizionale oggetto: la società. All'interno di tale modello si manifestavano dinamiche di classe, conflitti sociali, morali sessuali, forme familistiche, partiti moderni : e soprattutto la *dialettica* come strumento logico di una razionalità irrazionale che ordina i conflitti antitetici in prospettiva della sintesi, il *dualismo* come riduzionismo applicato alla complessità empirica, l'*universalismo* come progetto di *governance* globale.

Sintesi, dualismo, universalismo usano la forza della dicotomia nelle sue potenti connotazioni emotive e regressive, funzionali alla diffusione di uno schema pulsionale semplificato che oppone e riproduce la "dialettica" amico-nemico, noi-loro, bene-male, maschio-femmina, organico-inorganico, materiale-immateriale, natura-cultura, pubblico-privato...

Il paradigma dualista è la matrice didattica di una personalità autoritaria che ordina il frammentato *multiverso* quotidiano secondo semplificate opposizioni binarie. In tal modo, quello che si presenta come disparo o singolare, eccentrico o dissonante, ibrido o marginale, deve essere ricondotto sotto il riduzionismo dicotomico. In questo senso, il dualismo è il *Ministro degli Interni* del dominio. La sua funzione poliziesca è agli ordini delle morali religiose monoteiste e del moralismo dei politici *fake*.

L'esplicita ipotesi di tale testo si muove verso un'*antropologia non antropocentrica*, dove l'antropocene desidera coinvolgere un umanesimo ridefinito con le sensorialità biografiche di cose-oggetti-merci, animali, piante, minerali. L'immanenza del sacro muove attraverso il *feticismo metodologico* che disloca le tradizionali accezioni di tale concetto per dirigersi verso l'ipotesi del meta-feticismo oltre le reificazioni. Per questo è errato sostenere che *prima* c'era la società e *adesso* la comunicazione. La processualità è obliqua e ubiqua, il visuale si manifesta in "attrattori" che si muovono (disordinati e disordinanti) su piani inclinati, dove frammenti incompatibili si allacciano, mescolano, distinguono, mutano, regrediscono, precipitano... secondo logiche differenziate, non unitarie e tanto meno universalistiche. Da qui la scelta praticata da questo libro di posizionarsi a favore di diverse metodologie, scelte con il fine di penetrare il disordine comunicazionale – fluido, frammentato, plurale - che confligge con la pesantezza "industrialista" e "omogenizzante" del sociale. L' ACV va affrontata con la stessa serietà con cui si faceva l'inchiesta operaia, cambiando metodi di indagine e modalità compositive nei processi *connettivi* e sempre meno *collettivi*. Tutto questo richiede un innovativo approccio etnografico nella ricerca e un ripensamento dell'antropologia fondata sull'auto-rappresentazione.

Così i mass media tradizionali definiscono sempre meno la comunicazione visuale: sia perché il concetto di massa è morto e sia perché si sono esauriti i media che esercitano una *mediazione* tra l'industria culturale e un pubblico socialmente compatto; e sia perché nelle culture digitali ciascun soggetto ubiquo può sviluppare la sua narrativa. Nel 1990, quando uscì la prima edizione di questo libro, si stavano prefigurando cambiamenti epocali, il più importante dei quali avvenne l'anno dopo: la nascita del Web grazie a Tim Berners-Lee. Eppure, la dimensione digitale era già presente nell'analisi di *Videodrome* (1984!), dove Cronenberg anticipa insieme al contemporaneo *Neuromance* di Gibson i mondi attuali. Il che è dovuto, nel mio approccio alla comunicazione, all'influenza è fondamentale di Gregory Bateson, che ha sviluppato approcci metodologici, pragmatici e compositivi insuperati riassumibili su questi punti:

~ utilizzo di cinepresa e macchina fotografica durante le ricerche sul campo;

~ elaborazione di concetti decisivi quali *doppio vincolo* ed *ecologia della mente*;

~ assemblare sequenze di immagini e dati che contengono la spiegazione;

~ aver fondato a Palo Alto un centro di ricerche sulla pragmatica della comunicazione;

~ partecipazione alla nascita della cibernetica insieme a Norbert Wiener.

Bateson ha accompagnato la prima la rivoluzione elettronica e poi quella digitale attraverso strumenti tecnologici e concetti sperimentali applicati nei diversi metodi del fare ricerca (cinepresa, macchina fotografica, computer, etc.) e nella composizione finale del testo. La radicale differenza rispetto a quell'epoca pionieristica è che dagli anni '80 la comunicazione visuale non è più solo un metodo da applicare durante la ricerca sul campo: essa è la ricerca sul campo.

Le conseguenze di tale mutamento sono evidenti, in particolare le relazioni tra *familiare* e *straniero*: i panorami visuali familiari vanno osservati come se fossero del tutto sconosciuti; lo straniero - ovvero l'"oggetto" antropologico a lungo chiamato primitivo o selvaggio - si è trasformato in soggetto etnografico praticante l'auto-rappresentazione. Il classico dualismo *familiare* e *straniero* si inverte e si mescola mettendo in discussione la nettezza dei confini identitari classici. Lo stesso processo avviene tra soggetto e oggetto. La comunicazione digitale si è estesa nella vita quotidiana in quasi tutte le popolazioni del mondo, *Internet-of-things* - o delle cose animate - è parte costituiva delle esperienze quotidiane. Quello che si considerava oggetto inerte e passivo, diventa soggetto senziente. La dialettica si spezza, i dualismi sopravvivono solo negli slogan regressivi spesso razzializzati; emerge lo sguardo che scopre il soggettivo nell'oggetto più banale. L'etnografia della comunicazione si disegna *indisciplinata*. Per questo il testo applica il *feticismo metodologico* nell'introduzione, lo *stupore etnografico* nelle ricerche empiriche, l'*ubiquità soggettiva* del ricercatore stesso, lo *sguardo sincretico* nella composizione narrativa. *Il senso sta nell'attraversare tutti questi fili visuali senza definire la matassa.*

Introduzione

"L'ubiquità della Rete è più importante della velocità. La velocità è importante se vuoi vedere un video in alta definizione; ma l'ubiquità, anche con connessioni più lente, significa che puoi ricevere e spedire la posta e far parte dell'economia digitale".
Tim Berners Lee, *La Repubblica*, 14/11/2011

L'ubiquità è un concetto-chiave che determina le dimensioni pratiche della comunicazione digitale, modificando la percezione quotidiana delle classiche coordinate spazio-temporali nelle esperienze di una soggettività espansa che transita tra metropoli comunicazionale e social network. Per questo, le pratiche diffusive basate sul concetto di ubiquo identificano il modus operandi della comunicazione attraverso la Web-cultura: il Web è ubiquo e l'ubiquità caratterizza le identità fluttuanti nelle esperienze del soggetto.

Nella contemporaneità, l'ubiquo svolge l'immanenza logico-sensoriale a carattere material/immateriale; esprime tensioni oltre quel sentire semplificato in cui la complessità quotidiana è ricondotta dentro il dominio riduzionista delle dicotomie; sguscia fuori dal controllo politico e dalla razionalità mono-logica; pratica tendenze decentrate non controllabili né solo auto-affermative. In questa prospettiva, seleziono le possibilità di dirigere visioni ubique verso le complesse manifestazioni comunicazionali che si muovono sul ciglio dell'oltre: oltre la fissità identitaria di cose, merci, oggetti e degli esseri che, per qualità transitiva, presentano visioni poetiche-politiche inesplorate verso utopie ubique (cfr. cap. X).

Ubiquo è incontrollabile, incomprensibile, indeterminabile. Ubiquo è potenzialità della fantasia che si congiunge con la tecnologia.

Il movimento ubiquo del soggetto è stato osservato (e partecipato) negli ultimi anni attraverso ricerche etnografiche. Gli scambi tra le diverse culture - i cui risultati in passato sono stati visti come dissoluzione delle culture deboli, tristi e destinate all'entropia – affermano sempre meno passive omologazioni, quanto ambigue oscillazioni tra ubiqui sincretismi liberazionisti, tecnicismi "neutri" funzionali e regressioni verso autenticità arcaiche. Nei processi ubiqui digitali, l'identitá è più flessibile rispetto al passato industrialista, è un'identità in parte mutante adagiata su una zattera instabile, che oscilla tra soggetti/contesti diversi nello stesso frame. Per cui l'occhio etnografico è ubiquo in quanto addestrato a decodificare la coesistenza di codici discordanti (scritti, visuali, musicali, mixati ecc.) e a praticare moduli altrettanto differenziati.

Le visioni ubique si muovono oltre ogni identità fissa di cose ed esseri, dove vagano illimitate e incontrollate visioni poetiche e politiche. Le culture digitali trasformano la classica distinzione di spazio e tempo, favorendo un sincretico mix di *ubiquitime* – ovvero di *spazitempi* non lineari vissuti nelle esperienze quotidiane (Canevacci, 2014:3)

Il primo che ha colto il "carattere" ubiquo dei nascenti mass media e della radio in particolare è stato Adorno. Nella sua celebre ricerca empirica sul *broadcasting*, il filosofo individua due caratteristiche fondamentali per questa ricerca: la fisiognomica e l'ubiquità. Riporto la sua conclusione dove, nell'analizzare la forma della voce, osserva che "l'ubiquità è unica in questo medium e distingue la radio dalle altre forme della comunicazione" (Adorno, in Jenemann, 2007:164)[1]. In questo senso, la standardizzazione oggettiva e la percezione di falsa immediatezza diffondono reificazione.

Tale riflessione "analogica" sulla radio come medium entra in crisi con l'emergere di Internet e della web-comunicazione, mentre proprio il digitale espande paradossalmente la geniale conclusione di Adorno su ubiquità e fisiognomica. Mark Weiser è il primo acuto osservatore di un tipo di ubiquità diverso da quello reificato analizzato da Adorno. Secondo lui, considerato da molti come il padre dell'*ubiquitous computing* dal 1988, "le ubiquità caratterizzano le relazioni spazio-tempo di Internet".

Ubiquitous computing individua la terza onda dell'informatica. Prima c'erano i *mainframes*, ciascuno dei quali condiviso da molte persone. Ora siamo nell'era del personal computer, persone e macchine si fissano reciprocamente con disagio attraverso il desktop. Dopo arriva *ubiquitous computing* o l'era della tecnologia calma, dove la tecnologia retrocede nel background delle nostre vite[2].

Non solo. Egli aggiunge che l'ubiquità coinvolge *human and not-human*, un passaggio decisivo per sottoporre a revisione il pensiero di Adorno. La dialettica soggetto-oggetto entra in crisi, anche a causa della prorompente soggettivazione degli oggetti. Infine, Mark Weiser propone tre aspetti della mutazione che sviluppano il concetto di fisiognomica ubiqua in senso psico-comunicazionale o digital-fantasmatico in una accezione altra rispetto a quella marxiana o freudiana:

- Quanto più produci attraverso l'intuizione, tanto più sei intelligente
- Il computer dovrebbe estendere il tuo inconscio
- La tecnologia dovrebbe creare calma[3].

Di queste tesi, la questione più delicata è quella di mezzo. Qui si snoda la sfida delle relazioni *indisciplinate* tra etnografia, psicoanalisi, comunicazione: l'inconscio si estende nei canali della comunicazione; le connessioni psicologiche tra *skin* e *screen* dovrebbero essere evidenti per chiunque pratichi i social network (per il porno, cfr. capitolo IX). Il divano è diventato lo schermo disponibile gratuitamente per tutti, anonimo e senza complessi. I processi di mutazione dell'identità sono estesi fisicamente e psicologicamente nei processi delle pratiche digitali. Direi anzi che la distinzione classica tra fisico e psichico, tra materiale e immateriale si dissolve nell'*aria dei pixel*, così come per Marx ed Engels il capitalismo industriale dissolveva nell'aria tutto quello che era solido. Allora sondare le esperienze dell'inconscio estese nei canali della comunicazione digitale è compito di un'antropologia visuale applicata a esseri *human* e *not-human*.

Dopo Adorno, un analogo svaporamento avvolge anche McLuhan: il suo concetto di mass media (caldo/freddo) è novecentesco sia in relazione all'idea sociologica di *massa*, cioè una folla informe e omogenea di consumatori passivi; e sia rispetto alla TV generalista in quanto *medium* che ormai non riesce più a svolgere la "mediazione" verticale e omogenea tra i vari *broadcasting* e la "massa". L'esperienza del consumo visuale è frammentata per ciascuno soggetto, in quanto questa "massa" è tendenzialmente scomparsa o, per così dire, minoritaria. Massa che, insieme a folla, è stato l'incubo delle scienze sociali dall'ottocento e la sfida per sedurla di diverse dittature.

Il digitale si espande verso strumenti singolare/plurali che scorrono tra diverse trame narrative e che coabitano pluralisticamente quanto conflittualmente tra loro. Il digitale favorisce le scelte individuali di singole persone che costruiscono il proprio "palinsesto", sempre meno condivisibile come esperienza omologante. Da tempo, tra i membri di qualsiasi famiglia non è più possibile condividere l'esperienza visuale. Di conseguenza, anche il concetto di omologazione è entrato in crisi (con i suoi novecenteschi paradigmi sociologici) e i mass media come modello pratico-concettuale sono irreversibilmente obsoleti. La tv generalista mantiene il suo potere solo nei grandi eventi sportivi o nelle catastrofi politiche, ma perde nella quotidianità per la soggettivazione delle esperienze nei social network (identità mutanti) e l'emergere irresistibile dell'auto-rappresentazione. Il che implica l'urgenza di sperimentare innovativi paradigmi etnografici basati su studi culturali e esseri digitali (umani e non-umani).

La comunicazione digitale non ha massa e pluralizza il medium.

* * *

Qualificare come visuale questa ricerca sulla comunicazione non significa delimitare il campo della ricerca, bensì il contrario: affermare la centralità della comunicazione che, nelle culture contemporanee, viaggia con la pluralità dei mezzi tecno-digitali. Il visuale riguarda sia le innumerevoli forme riproducibili del "vedere"; sia la crescente importanza degli spazi auratici del visuale, ma ancor più l'affermazione di modelli comunicazionali, specie nei social network, che mescolano il vissuto nell'*hic et nunc* con quella riproducibilità che Benjamin immaginava oppositiva. Così, pubblico e privato si mescolano secondo procedure inedite, il copyright è sfidato costantemente, sempre più il soggetto vive dove è connesso. La riproducibilità auratica-digitale mette in crisi la dialettica borghesia estetizzante versus proletariato rivoluzionario. Quindi, focalizzare il visuale della comunicazione vuol dire selezionare l'ambito della cultura contemporanea al cui interno si concentrano potere e conflitto, tradizione e mutamento, sperimentazione e assuefazione, omologato e sincretico, mutazioni psichiche ed espansioni oggettuali.

In quanto parte della cultura antropologica, il visuale avvolge generi diversi che utilizzano linguaggi affini: cinema di fiction o documentario; televisione generalista e Netflix; fotografia e cellulari; registrazioni verbali, corporali, soniche; pubblicità-design-videoarte; serial, social network, blog etc. Inoltre, il visuale coinvolge diversi tipi di soggettività "native" che hanno imparato a usare questi generi, da tempo non più solo "occidentali".

Per quel che riguarda la comunicazione visuale, l'antropologia attesta il suo carattere semiotico diffuso nei molti linguaggi che essa veicola e sfidato dai diversi significati che si addensano nei suoi testi. Nella costellazione visuale, di conseguenza, i soggetti che entrano nel suo frame attivamente – cioè come interpreti che co-creano e contrattano i significati – sono multipli, tutti con eguale diritto di piena soggettività narrativa: l'autore del testo (filmaker, fotografo, artista, pubblicitario, prosumer o bloggista); l'attore in scena (informatore "nativo", performer o "dilettante" dei quiz); l'attivo-spettatore (auto-rappresentazione, social network, selfies); i comportamenti sempre più autonomi di *Internet of things*.

Autore, attore, attivo, autonomo: queste le parole chiave che affrontano un'antropologia-non-antropocentrica concentrata nei soggetti iscritti nella comunicazione visual-digitale.

Il sistema comunicativo, quindi, non è compreso nella tradizione meccanicistica ottocentesca (un emittente che invia un messaggio a un ricevente) e forse neanche in quella cibernetica (nel quale, attraverso il *feedback* o retroazione, il sistema diventa complesso e circolare). Il testo visuale va pensato come risultato di un contesto inquieto che coinvolge sempre questi partecipanti multipli, tutti coi loro ruoli intrecciati di osservati e osservatori: autore, performer, auto-rappresentazione, *smart things* sono parte immanente e attiva del processo comunicativo. Una posizione affine è presentata da Boris Groys nel sostenere una svolta radicale verso *l'autopoetica della produzione di un Sé pubblico* (2013:11, corsivo mio).

Da tale inquietudine emerge un progetto di antropologia della comunicazione visuale intriso di valori mobili, plurali e decentrati: essi non accentrano l'autorità dell'autore, ma la decentrano come possibile autorevolezza, moltiplicando le soggettività in campo, in scena, in Rete. È in questo scenario che si definisce quella contrattazione dei significati che coinvolge la ricerca etnografica contemporanea più avanzata. Un'antropologia condivisa quanto conflittuale nei processi comunicazionali. Una volta entrati in crisi sia il sistema meccanicistico unilineare sia quello retroattivo bidirezionale, l'osservato – anziché oggetto passivo – diventa un soggetto che a sua volta osserva l'osservatore, lo modifica e quindi si modifica, lo interpreta. E quest'ultimo, anziché il soggetto unico dell'osservazione, è anche soggetto osservato, la cui interpretazione – da presentare come una delle possibili – è modificata dalla presenza anche solo di sfondo dell'osservato; lo spettatore diviene un attivo decodificatore e co-creatore "in fabula" anziché un passivo ricettore; infine, l'"oggetto" digitale é sempre più soggetto attivo che si espande tra metropoli, casa, corpo.

Di conseguenza, i significati contrattati da tutte queste trame non sono statici né definitivi, bensì variano attraverso le biografie geopolitiche delle merci visuali connesse *dentro* ogni soggetto. Se il significato è sempre contestuale, ora il contesto non è più un dato condiviso, fisso, stabile. L'identità del contesto - e dei relativi significati inscritti - si assimila all'identità del soggetto e del dispositivo: ognuno sempre più mobile, inquieto, ubiquo. Incontrollabile e indisciplinato. In altre parole, questa è la matrice del *fake* digitale.

La stessa nozione di *canale* sembra inadeguata per un'impostazione etnografica e performativa dei significati, che si conformano attraverso l'elaborazione dell'evento stesso: insomma il codice che viaggia nel canale è già parzialmente modificato dal ricevente (social network, algoritmo o "persona"), si adegua alle sue presunte aspettative, lo contrasta, muta nel corso dell'emissione, gioca a fare il neutrale e via di seguito. Il canale non è innocente né indifferente, fa già parte del gioco. *Il canale è de-canalizzato e il digitale è l'assassino.*

* * *

È necessario fare un'ulteriore premessa sul metodo che, conseguentemente, si fluidifica, tenta di adattarsi al suo "s/oggetto" anche emozionalmente, per dissolvere le tracce del potere che si manifestano nella proteiforme espansione dei feticismi visuali. Il metodo diventa compositivo: il ricercatore è un solista che penetra l'orchestrazione dei paesaggi visuali, sembra persino assimilarsi ad essi, quasi a mascherarsi come feticcio tra i feticci, per forarli con la dissonanza cognitiva ed emozionale, scritturale e visuale. Il metodo si fa comunicazionale e, in questo senso, politico. Come risultato, l'approccio antropologico alla comunicazione visuale configura tre livelli metodologici:

• con il primo si intende l'uso diretto da parte del ricercatore delle tecniche audiovisive per documentare e/o interpretare, modificare, legittimare o inventare il contesto, perseguendo impostazioni diversificate (antropologiche, poetico-artistiche, sociologiche, pubblicitarie, fílmiche, giornalistiche ecc.);

• il secondo applica l'analisi culturale sui prodotti della comunicazione visuale nella loro pluralità (dal documentario etnografico al design), per ricercare valori, stili di vita, innovazioni, per elaborare modelli simbolici nei codici veicolati, per modificare la ricerca nella pratica;

• il terzo presenta l'approccio composizionale, dove un montaggio transitivo e auto-riflessivo *compone* attrazioni disordinate tra frammenti, sequenze, autori, immagini, suoni. La selezione si basa su estreme differenze (Bateson, Cronenberg, Kenzo, Divino Tserewahu, i *jeans* Levi Strauss e non i *tropici* di Claude Lévi-Strauss) attraverso cui "fissare" la costellazione composta da tali frammenti: in questo senso, il libro diventa visuale.

Questi tre livelli sono da intendersi come parte di una costellazione in movimento, i cui frammenti irregolari e vaganti costituiscono l'ambito specifico di un'antropologia della comunicazione visuale. In questo modo, si precisa il passaggio dall'antropologia visuale tradizionale (l'uso di cinema-foto-video per documentare l'alterità esotica) all'antropologia della comunicazione visuale: quest'ultima include – oltre all'alterità interna – ogni prodotto visuale materiale/immateriale, de-centra il processo interpretativo e lo moltiplica in una tensione dialogica e polifonica, feticista e sincretica tra soggetto ripreso, soggetto che riprende, soggetto auto-rappresentato e cosa-soggetto. Nella tensione semiotica e costruzionista tra queste soggettività, la comunicazione *sente* un'inquietudine compositiva oltre il concetto otto-novecentesco di società.

* * *

Le ricerche qui presentate svolgeranno il secondo e, ancor più il terzo livello, ovvero interpretazioni e connessioni su alcuni aspetti differenziati della comunicazione visuale. Qui si segue (e in parte si rinnova) il solco di un'importante tradizione della ricerca antropologica: lo studio di una cultura attraverso il cinema di massa eseguito "at a distance" da Rohda Metraux, Margaret Mead, Gregory Bateson per l'impossibilità di recarsi sul campo in paesi – quali l'Italia e la Germania – allora in guerra con gli Stati Uniti: e così il cinema fu usato come materiale empirico attraverso cui comprendere modelli culturali e caratteri nazionali espressi dal nazifascismo (Mead-Metraux,1966).

Ora la diffusione planetaria della comunicazione visuale – in connessione con le mutate condizioni storiche – ha comportato l'affermazione tendenziale di una cultura glocal che rende scientificamente superato l'ambito euristico del "carattere nazionale" in cui si muovevano quelle ricerche pionieristiche (Robertson, 1994 - Bourguignon, 1979). Le nuove tecnologie di produzione, ricezione, auto-produzione; la dilatazione transculturale del mercato post-media; le correnti turbolente dei social network: tutto questo spinge a estendere il campo della ricerca nella costellazione frammentata e mobile della comunicazione visuale. Tale frammentazione spinge il metodo della ricerca sempre più verso una "distanza ravvicinata" – ubiquamente locale e globale, familiare e straniera. Tutto questo complica notevolmente le cose, poiché è venuta meno quell'istanza di estraneità che facilitava all'etnografo la rilevazione delle diversità culturali: l'oggetto di studio si afferma prepotentemente come coincidente con la propria identità culturale e, nello stesso tempo, in mutazione estraniante. Un oggetto-soggetto. L'*estraneo familiare* è l'ossimoro che l'antropologia della comunicazione visuale tenta di dipanare senza l'illusione di definire la matassa.

Per questa vischiosità dell'oggetto/soggetto visuale, nasce l'esigenza di precisare metodi e prospettive: è necessario, quindi, imparare a osservare i singoli prodotti della comunicazione visuale come fossero esotici, utilizzare uno sguardo defamiliarizzante da parte dell'osservatore, modificare la propria sensibilità percettiva in un "farsi vedere" (cfr. Capitolo I).

Il testo affronta linguaggi, generi e soggettività inizialmente enunciati. Nel primo capitolo si cerca di rinnovare il tradizionale (quanto formidabile) concetto di feticismo, per trasformarlo in un metodo – in *feticismo metodologico* – adeguato alle nuove merci-visuali, che caratterizzano biografie e biologie delle cose. Il secondo capitolo su Gregory Bateson è, a mio avviso, decisivo. Esso si divide in due parti: nella prima si applicano i suoi concetti di "trama che connette" e "doppio vincolo" alla comunicazione visuale; nella seconda si svolge l'analisi critica di un testo realizzato insieme alla moglie Margaret

Mead (tuttora la migliore ricerca applicata di antropologia visuale) per definire le forme plurali e innovative della rappresentazione etnografica.

Successivamente, si applica il metodo del montaggio in scritture e immagini. È questo un capitolo sperimentale nella costruzione narrativa, che "salta" tra cinema, fumetti, pubblicità, tra brand muti e paradossi profumati. Quindi subentrano due capitoli in cui si svolge una ricerca sul primo piano come linguaggio visuale in mutazione (maschera, *visus*, voce-off); e sull'auto-rappresentazione transculturale attraverso i video delle popolazioni native brasiliane.

I capitoli seguenti analizzano e mettono in tensione dialogica tre registi così diversi eppure così affini: Pasolini antropologo spontaneo nei suoi film mitici; Cronenberg che anticipa nel *videodrome* il visuale che si fa carne e il *deep web*; Lynch che penetra feticismi ossessivi e corpi ubiqui. Ad essi segue una etnografia del porno-senza-scrittura e l'ambiguità dell'ego digitale nel suo farsi-vedere tra i social network. Infine, la conclusione presenta lo scenario del meta-feticismo che disegna l'intera opera.

1. "Ubiquity is unique to the medium and distinguish radio to the other forms of communication". (Adorno, in Jenemann, 2007:164).

2. "Ubiquities characterizes Internet space-time relations (...). Ubiquitous computing names the third wave in computing. First were mainframes, each shared by lots of people. Now we are in the personal computing era, person and machine staring uneasily at each other across the desktop. Next comes ubiquitous computing, or the age of calm technology, when technology recedes into the background of our lives". (Weiser, 1989).

3. "The more you can do by intuition the smarter you are - The computer should extend your unconscious - Technology should create calm". (ibidem).

1

Verso un feticismo metodologico

In molte società storiche, le cose non sono così separate dalla capacità delle persone di agire e dal potere delle parole di comunicare. Che tal visione delle cose non sia scomparsa nemmeno sotto le condizioni del capitalismo industriale occidentale è una delle intuizioni che soggiace la famosa tesi di Marx, sul *Capitale*, sul feticismo delle merci.
Appadurai (1986:4)

1. "FARSI VEDERE"

Compito di questo saggio è di esplorare le possibilità innovative per un'antropologia della comunicazione applicata alla crescente importanza della cultura visuale. A tal fine si è tentato di elaborare un quadro teorico di riferimento per mettere a fuoco la "natura" particolare delle merci contemporanee: il loro essere intrinsecamente merci-visuali con un valore aggiunto di tipo comunicativo.

Le merci visuali sono per loro "essenza" fantasmatiche. Pur tuttavia le forme contemporanee assunte dalla fantasmagoria visuale si differenziano profondamente dalla potenza estraniante delle merci tradizionali. Per cogliere i codici delle nuove fantasmagorie è necessario ripartire dalla nozione di feticismo e adattarla ai nuovi livelli della mercificazione. E allora i feticci visuali, proliferanti dalla comunicazione ad alta tecnologia, sono a tal punto incorporati dalle nuove merci che il metodo stesso dell'osservazione ne deve tener conto. Esso si ridefinisce come *osservazione osservante*, poiché colloca la globalità cognitiva dell'essere spettatore tutta dentro il *frame* dell'osservazione e, nello stesso tempo, tutta fuori. Questo saltare tra l'osservare e l'osservarsi – questa *meta-osservazione* – è l'approccio adeguato (o conforme) alla decodifica dissolutiva della comunicazione visuale.

È necessario anche accennare che, oltre a tale approccio metodologico, vi è anche quello direttamente pratico – l'uso creativo delle tecnologie visuali – che però qui sarà trattato solo marginalmente. Una prospettiva adeguata alla nuova fase non può più ritirarsi sdegnosamente dalla prassi comunicativa, anzi: tra l'attività interpretativa della ricerca empirica applicata alla comunicazione visuale e la prassi comunicativa che mette in opera i nuovi linguaggi visuali dovrebbero esserci scambi e innesti sempre più ricchi e bidirezionali. Per far fronte a tale premessa di fondo, anche lo stile della rappresentazione praticato in questo testo, specie in certi capitoli, è – o vorrebbe essere – un tentativo esplorativo applicato alla comunicazione nel momento stesso della sua riflessione interpretativa. L'ermeneutica neutra e distaccata non ci appartiene. "Leggere" un testo visuale – una merce o un film – è anche un tentativo di dissoluzione dei suoi feticci.

Farsi vedere. Per dispiegare il punto di vista riflessivo dell'osservazione osservante, il ricercatore si deve collocare su questa *pro*-posizione. Una posizione sensibile non tanto alla semiotica, all'estetica, alla comunicazione, quanto all'atto "passivo" del vedere. *Farsi vedere*: non nel senso di mostrarsi, ma nei molti sensi di sviluppare qualità sensitive fondate sulle percezioni dello sguardo, sulle sensibilità del vedere, del trasformarsi oltre il *soggetto-in-visione*, del mutarsi in *vedere*, in cosa-che-vede. Farsi sguardo, farsi occhio, *farsi*.

Nel *farsi* si sottolinea un'attività trasformativa di tipo riflessivo che coinvolge il soggetto, fino alla sua mutazione in cosa-che-vede; nel *vedere* si concentra il processo riflessivo nell'attività polimorfa, sensibile, emozionata dello sguardo interpretante. *Farsi vedere* significa collocarsi nella posizione – nel punto di vista – che sta totalmente dentro i flussi visuali e, nello stesso tempo, totalmente al di fuori. *Farsi vedere* significa allenarsi a osservarsi mentre si osserva. A saper *saltare* tra un tutto interno al *frame* della visione e un tutto esterno. *Farsi vedere* significa sfidare la fantasmagoria delle merci-visuali diventando "cosa" vedente, feticcio "in" visione e "della" visione.

* * *

A tal fine, la presente ricerca si basa su una metodologia che utilizza quattro indicatori concettuali: la *vita sociale* delle merci-visuali, la *biografia culturale* delle merci, le *macchine biologiche*, il *feticismo metodologico*.

Tutti e quattro questi indicatori sono articolazioni differenziate del feticismo applicato alla contemporaneità. È, infatti, attraverso la rielaborazione del feticismo che si determina la specificità di un approccio antropologico, a cui – tra l'altro – il termine appartiene per competenze. E il feticismo visuale "vede" le nuove merci sempre più come soggetti, con una loro biografia, una loro biologia, una loro vita sociale. In questa "visione", il feticismo visuale si trasforma in feticismo metodologico. In *farsi vedere*. Scopo del feticismo metodologico è favorire la dissolvenza delle merci-feticcio di tipo visuale lacerando ed esasperando la loro seduzione: il loro *sex-appeal* inorganico[1].

L'antropologia della comunicazione inquadra le *merci-visuali* come il suo oggetto che si trasforma in *soggetto biografico*, in *feticci biologici*, ne ridefinisce il *valore* e tenta di pervenire attraverso le stesse *trame della rappresentazione* a una critica *dell'economia politico-comunicativa*. Per questo il soggetto-ricercatore deve "farsi": deve innestarsi lungo un processo uguale e contrario a quello precedente e mutarsi in cosa-che-vede e che-si-vede.

2. Il valore delle merci-visuali

Un nuovo metodo critico non potrà più nascere da un'ideologia politica, bensì da un'*invenzione del linguaggio* che, nei suoi stessi moduli della rappresentazione, faccia svaporare i nuovi feticci. In questo senso si svilupperanno ora alcuni tentativi di tracciare una teoria del valore adeguata alle merci-visuali.

* * *

Marx riteneva che lo stesso processo produttivo avrebbe reso il lavoro pura erogazione di forza-lavoro, quantitativamente misurabile come una merce tra le merci. Ma nell'attuale forma delle merci non è la quantità di lavoro astratto incorporato che ci spiega il suo valore di scambio. Tale crollo induce alla fine la teoria del valore-lavoro di stampo quantitativo (e quindi oggettivistico, naturalistico, ottocentesco).

Gli stessi classici dualismi tra *lavoro vivo* e *lavoro morto*, *lavoro astratto* e *lavoro concreto*, *struttura* e *sovrastruttura* sono del tutto inadeguati a comprendere la "natura" delle nuove merci. Il *lavoro vivo* postfordista è marginale rispetto al processo di valorizzazione su basi digitali. Mentre il *lavoro astratto*, invece di essere considerato pura erogazione quantitativa e indifferente di forza lavoro estraniata, può essere ripensato come forza cognitiva e progettuale trainante del sapere tecnico-scientifico e della valorizzazione. Ecco perché il restauro del lavoro concreto diventa un'invenzione regressiva che idealizza comunità e saperi inesistenti.

Ciò è verificabile dallo sviluppo determinante della cosiddetta "cultura d'impresa" (Gagliardi, 1986) – inerente la gestione dell'insieme dei processi comunicativi che legano in fitte trame simboliche le direzioni strategiche, amministrative, operative – che da tempo si è rivolta all'antropologia culturale per comprendere, modellare e trasmettere la cultura comunicativa interna: quella particolare rete di simboli e segni, codici e stili, miti e riti messi in scena durante (e oltre) l'orario di lavoro. La logica della cultura d'impresa connette organizzazione del lavoro, pubblicità, marketing e vendita in modo reticolare e immanente.

Le merci visuali contengono nel loro corpo fantasmatico un insieme articolato di flussi. Essi sono stati precisati con un approccio di tipo antropologico-economico da Arjun Appadurai. Questi ha delineato un modello per inquadrare le *differenze dell'economia culturale* contemporanea su cinque flussi in forma di panorami: *technoscape, mediascape, finanscape, ideoscape, ethnoscape* (1990). In tale Rete panoramatica globalizzante si costituisce la nuova forma fluttuante e disgiuntiva del potere, senza più alcun centro di tipo strutturale, per evocare vecchie terminologie semplificatrici[2].

In questo scenario panoramatico e fluttuante, il plusvalore relativo è solo un'obsoleta metafora che non resiste alla prova della cultura d'impresa o della logica postindustriale. La macchina comunicativa come «apparato di cattura del plusvalore è ancora tutta da fare», dice Maurizio Lazzarato (1994, p. 4). Ma egli sembra non vedere che tale cattura non potrà mai attuarsi, proprio perché col plusvalore ci si ostina a mantenere in funzione griglie arrugginite fuse nell'Ottocento, che si spezzano non appena le si voglia applicare a Benetton e ancor più a Google o Facebook: l'indice NASDAQ ha superato da tempo nella borsa di New York il volume di azioni dell'economia tradizionale.

Altri ricercatori, partendo da premesse identiche, giungono a conclusioni opposte, per cui capitale e lavoro salariato sarebbero da tempo divenuti superflui. Dopo essersi accorti della morte terminale del plusvalore relativo, però, fanno in modo che risorga come *plusvalore cognitivo*. Secondo questa impostazione cognitivistica, il lavoro mentale – come sapere necessario per le innovazioni tecnologiche – non sarebbe sfruttabile dal capitale come forza produttiva, essendo il sapere "biologicamente" fissato nella mente dell'operatore. Tale posizione coglie l'importanza del momento inventivo-cognitivo, ma lo rinchiude in un organicismo mentalista isolato dai rapporti comunicativi dominanti, per incollarvi sopra il mistero del plusvalore: ciò dipende dalla sua incapacità di vedere l'*economia culturale* come determinante i nuovi flussi globalizzanti.

La teoria del valore-lavoro si è quindi dissolta a causa di questa incessante mutazione comunicativo-produttiva. Per questo è necessario esplorare nuovi criteri classificatori che possano essere adeguati a una nuova critica dell'economia politico-comunicativa. Il terreno della critica si costituisce accettando la sfida dei nuovi territori del conflitto che si basano sulla triade cultura-consumo-comunicazione di cui la merce-visuale riassume e moltiplica i sensi e i valori.

3. IL FETICISMO METODOLOGICO

Alcuni filoni delle scienze umane hanno accettato la sfida del mutamento, unendo la ricerca sul campo, la riflessione teorica e la critica interna alla cultura di appartenenza. Nel districare questo triplice, interrelato livello (ricerca-teoria-critica) è possibile ripensare il nuovo.

Abbiamo visto come la "natura" delle nuove merci si presenta come *comunicazione visuale*. Essa afferisce, quindi, ai territori della cultura, di una cultura in senso antropologico non più definibile come quel "complesso insieme" unitario e omogeneo di credenze e visioni del mondo – anch'esso di matrice ottocentesca – ma come culture plurali: plurali sia all'esterno che all'interno di un determinato contesto, culture frammentarie e sincretiche, dissipative e decentrate, assemblate e conflittuali. Una cultura *glocal*: essa è, insieme, globale e locale; partecipa contemporaneamente e conflittualmente agli allargamenti globalizzanti e ai restringimenti localizzanti. Il concetto di omologazione, che atterrì ed emozionò il pubblico degli anni Sessanta, non è più adeguato a cogliere la realtà di un processo complesso e conflittuale, pieno di tensioni globalizzanti e di riclassificazioni localizzanti.

È ormai del tutto inutile dissezionare tali merci-visuali per estrarne la quantità di lavoro socialmente necessario in esse incorporato che ne determinerebbe il valore. La loro anatomia si rivela ben più ricca di quanto ipotizzato: dentro di esse non c'è puro lavoro astratto, quantificabile dall'erogazione di forza-lavoro. Anzi: è proprio l'idea di un lavoro astratto, dequalificato, omogeneizzato, quantitativamente semplice che non resiste alla forza di tali nuove merci.

Per questo, con un paradosso solo apparente, l'anatomia di tali merci-visuali non può che essere antropologica. Le merci – come le persone – hanno una loro *vita sociale*, sostiene Appadurai (1986:3). Esse non sono più "oggetti" bensì pienamente *soggetti*, hanno una loro individualità inscritta nelle loro forme, nei loro usi, nelle loro età. Anche le merci nascono, maturano, invecchiano, si ammalano e muoiono. Hanno nomi, parentele, genealogie, evoluzioni e mutazioni, sensibilità e intelligenze. Una loro *biografia*. Hanno un "corpo" pieno di simboli e segni. Sono feticci. Sono animate.

A fronte di tale potere moltiplicativo delle merci-feticcio, delle merci-visuali, il metodo dissolutivo si deve caratterizzare come un *feticismo metodologico*. Sempre secondo Appadurai, che per primo ha elaborato questo concetto, esso dovrebbe essere un correttivo dell'eccessivo peso affidato a una sociologia delle transazioni, che va da Marx a Marcel Mauss, giunge fino a Baudrillard e fino a Byung-Chul Han (2013).

Anche se il nostro approccio alle cose è condizionato necessariamente dal punto di vista che le cose non hanno alcun significato separato da quello che transazioni, attributi e motivazioni dell'uomo vi associno, il problema antropologico è che questa verità formale non illumina la concreta, storica circolazione delle merci. Per cui noi dobbiamo seguire le merci stesse, in quanto il significato è inscritto nelle loro forme, nei loro usi, le loro vicissitudini (cfr Appadurai, p. 5). Per cui si rende necessario svolgere l'analisi delle transazioni umane lungo quelle traiettorie che vivificano le cose.

Così, anche se da un punto di vista teorico sono gli attori umani che codificano le cose di significato, da un punto di vista metodologico sono le merci-in-movimento che illuminano il loro contesto umano e sociale. Nessuna analisi sociale delle merci può eliminare un minimo livello di quello che può essere definito feticismo metodologico.Nel corso del saggio, spingerò oltre questa prospettiva, perché il feticismo metodologico si presenta, a mio avviso, come una chiave filiforme, frastagliata e agitata, adatta a penetrare all'interno dei nuovi arcani visuali incorporati dalle nuove merci ad alto tasso di comunicazione. Si prenderà fin troppo sul serio questo concetto – forse oltre le intenzioni di Appadurai – in quanto aderente a un oggetto della ricerca che si è via via trasformato in soggetto, con una sua vera e propria biografia animata, una biografia-cosa, fatta di storie di vita delle cose.

Definisco *feticismo metodologico* quell'approccio alle forme comunicative delle cose-animate che ne dissolve il carattere mercificato attraverso lo slittamento semiotico dei codici in esse incorporate. L'interpretazione è nello stesso tempo una distruzione. È tale distruzione ad assumere le spirali linguistiche della decostruzione. Il feticismo metodologico è, per così dire, *omeopatico*. Esso cura il feticismo esasperando e dilatando le costruzioni interpretative messe in scena dalle cose stesse nel corso della loro vita comunicativa. È animista.

Le merci hanno un corpo e un'anima. Sono dense di feticismi e animismi. Hanno un'età, una biografia, cicli vitali. Un *sex-appeal*, norme di attrazione e repulsione non solo per i consumatori culturali, ma anche tra loro stesse. Certe "cose" stanno bene insieme, si dice, come due amanti. O si sono abituate a stare insieme, come vecchi coniugi.

A esse si addice quello che abbiamo chiamato *metodo polifonico*, ovvero la moltiplicazione dei punti di osservazione e degli stili di rappresentazione sul medesimo oggetto (Canevacci, 1992). In tal modo si scopre che questo non è più qualcosa di statico che rimane immobile davanti al soggetto osservatore, ma che si è trasformato a sua volta in soggetto, un soggetto mobile che compartecipa a tutta una serie di indicatori normalmente ritenuti appartenenti alla sola sfera organica del vivente. Per questo, contestualmente, deve avvenire la mutazione del soggetto osservatore in cosa-che-vede. In *farsi vedere*.

Il tentativo di affrontare in una prospettiva nuova la circolazione delle merci nell'economia culturale contemporanea si attua nel vedere come le attuali forme di scambio creano valore su questo settore. La dimensione visuale crea un valore aggiunto tra il corpo della merce e il corpo del consumatore. Questo valore aggiunto vivifica nelle nuove forme del feticismo. Esso non è più una geniale metafora che dovrebbe permetterci di penetrare nell'arcano di queste merci. Le nuove merci-visuali moltiplicano con il loro "spettro", il valore delle cose.

Le dimensioni visuali delle merci non si circoscrivono solo nella stilizzazione che assumono prima di entrare nella corsa del mercato.

Questo è un primo punto di crescente importanza: le merci estetizzate comunicano precisi significati multipli col loro linguaggio ventriloquo. Da tempo, le merci non sono più mute (e forse non lo sono mai state del tutto), ma parlano in modo sempre più logorroico col loro *stile*, con lo stile in esse incorporato, che viene decodificato[3] nel momento del consumo in modo fortemente polisemico e attivo dal consumatore *glocal*. Ovvero, ciascun acquirente-consumatore – appartenente ai differenti contesti geografici nello scenario mondializzato del consumo culturale – riesce a esprimere un crescente livello di sua propria interpretazione. Egli, per così dire, localizza il prodotto. Ne plasma relativamente il significato sulla base del proprio contesto. Questo adattamento localizzato della produzione culturale mondializzata decentra il senso delle cose. I linguaggi ventriloqui incorporati dalle merci-visuali si esternano, per così dire, nei vari dialetti. Anziché piatta omologazione, tutto ciò sviluppa e accentua una tensione irriducibile tra mondializzazione e localizzazione.

In questa impostazione basata sull'economia culturale (che si colloca sulla scia inaugurata dalle tesi sull'*industria culturale*, seppur con prospettive profondamente mutate) si rimescolano e intrecciano, con fili-patchwork e periferiche via cavo, produzione e cultura. Compito specifico attuale è quello di assumere la cultura produttivo-comunicativa come luogo centrale della ricerca, adottando per la sua decodifica metodologie, concetti, paradigmi e forme della rappresentazione ad essa adeguati. E allora una merce visuale è nello stesso tempo una pubblicità, un intermediario culturale, una soap-opera, un video-clip, la curva-sud.

Quindi, le dimensioni visuali delle merci sono sia quelle emanate dalle forme estetizzate e stilizzate delle merci (*design, packaging*), cioè inscritte nel loro corpo dall'ideazione alla produzione; sia quelle comunicate dalla circolazione (pubblicità), dallo scambio (una carta di credito)[4] e, ovviamente, dal consumo (la merce nel suo regno: lo *shopping center*). Tutti questi livelli sono inscritti nei flussi simbolicamente e valorialmente produttivi che stanno avendo accelerazioni imprevedibili col perfezionamento del nuovo livello comunicazionale favorito dalle tecnologie interattive dei new media, incorporato attraverso l'auto-rappresentazione. L'insieme di tutti questi livelli costituisce la comunicazione visuale.

A partire da tale contesto, emerge l'elaborazione critica oltre il classico feticismo, applicando metodologie in direzione del *meta-feticismo -* alleato alle mutanti *meta-morfosi*.

4. La biografia culturale delle merci

Seguendo tale approccio innovativo di antropologia economico-comunicazionale, la produzione di merci sviluppa anche un processo percettivo, per cui queste non sono più comprensibili solamente come cose, ma in un mutamento significativo che penetra dentro la loro stessa "natura" simbolica (Kopytoff, 1986:64). All'interno del pensiero occidentale si è prodotta una polarità oppositiva ideal-tipica tra l'universo delle persone (che partecipano all'umanità in modo singolarizzante) e l'universo delle merci (basato su una dimensione spersonalizzata, serializzata grazie al potere livellatore dell'equivalente). Tale dicotomia "umanistica" tra persona come soggetto e merce come oggetto non funziona più.

Se l'eterogeneità caratterizza le cose singolari – gli individui sono tutti diversi tra loro: sono "singolari, unici e insostituibili" («singular, unique, and unexchangeable»; Kopytoff, 69) – al contrario l'omogeneità dovrebbe determinare le merci equivalenti, che sono tra loro sempre identiche. Ma le merci possono non essere più soltanto "cose" quando i termini di valutazione siano del tutto eterogenei.

La ricerca condotta da Kopytoff ha dimostrato come, attraverso un'operazione di costanti classificazioni e riclassificazioni, le diverse culture del mondo mutano i termini con cui l'eterogeneo si trasforma in omogeneo, per diventare oggetto di scambio secondo svariate modalità. E viceversa: si assiste a una sacralizzazione delle cose trasformate in soggetti singolari, che non possono subire transizioni economiche perché senza valore (parchi naturali, monumenti, opere d'arte, simboli politici, religiosi, ecc.).

Da tale premessa discende che – se le storie di vita appartengono a un tipo di approccio delle scienze sociali che, almeno finora, ha trattato solo individui nella loro assoluta qualità di universale singolare – ora tale approccio biografico si può estendere alle merci. Secondo Kopytoff – rovesciando tali posizioni umanocentriche – i medesimi problemi culturali possono essere sollevati concentrando la ricerca "sulle biografie delle merci".

Per capire tali biografie, si deve rispondere a problemi in gran parte analoghi a quelli riguardanti le persone: quali sono sociologicamente le possibilità biografiche inerenti al loro status (da dove vengono le merci, chi le ha prodotte), quale potrà essere "una carriera ideale per tali merci" (quali sono le età riconosciute alle merci e il loro ciclo vitale), quali sono i segni culturali inscritti in esse (come cambia il loro uso con il mutamento della loro età), cosa avviene quando si riconosce loro una mancanza di utilità finale. Così, sulla base della sua personale esperienza sul campo, Kopytoff afferma che "la biografia di una macchina in Africa rivelerebbe una miniera di dati culturali" (p.67): il modo del suo acquisto, come il denaro per tale scambio è stato ottenuto, la relazione tra il venditore e l'acquirente, l'uso quotidiano dell'auto, l'identità dei suoi passeggeri più frequenti, i rapporti eventuali con garage e meccanici, l'alimentazione, i passaggi di proprietà, il prezzo iniziale e quelli di seconda mano, cosa ne rimane dopo che, col passare degli anni, l'auto collassa e il suo ciclo vitale si chiude nella fase terminale. "Tutti questi dettagli rivelerebbero una biografia totalmente differente da quella di un'auto appartenente ad un americano di classe media, a un navajo o a un contadino francese" (*ibidem*). Infine, un'auto che superi indenne il ciclo dei trent'anni – almeno così è stato calcolato sulla base di un passaggio generazionale – Vorrei fare l'esempio di un caso biografico da me rilevato tra i giovani controculturali di Berlino: a partire dalla fine degli anni Ottanta si è diffusa una moda che ha cambiato totalmente il senso vitale della *Ascona*. Quest'automobile della Opel, nei suoi primi anni di vita, si dirigeva decisamente verso un target di ceto medio-alto, ben strutturato socialmente, familiarmente solido, culturalmente conservatore. Quando la *Ascona* è uscita di produzione – si potrebbe dire che sia stata prepensionata – e le è succeduta la più giovane e bella *Vectra*, è accaduto un fenomeno singolare di riclassificazione.

Qualche anno prima era uscito un film di successo tra un certo tipo di giovani alternativi molto presenti a Berlino, *The Blues Brothers,* in cui questi fratelli della grande famiglia del blues utilizzano una vecchia auto della polizia, con il tetto e le estremità di colore chiaro (del tipo "tre volumi", dagli angoli decisamente marcati) e con al centro la stella argentea da sceriffo su sfondo nero. Ebbene, la pensionata *Ascona* fu scelta da questi giovani per essere "ricostruita" proprio secondo quello stile: sottoposte a un *lifting* e *restyling* – porte nere con stella argentea al centro – non poche ex pensionate *Ascona* si sono viste trasformare (ovvero *riclassificare*) in ironiche volanti-sceriffe per giovani berlinesi alternativi, iniziando a vivere una seconda giovinezza. La loro *biografia* era mutata inaspettatamente, grazie al fortuito incontro di un film, una città particolare e un certo tipo di sensibilità giovanile.

Questo testimonia che le merci possono essere classificate e riclassificate culturalmente.

Nello stabilire tali inquietanti analogie tra individui e merci, così conclude Kopytoff:

Nel mondo omogeneizzato delle merci, una nascente biografia delle cose diventa la storia delle diverse singolarizzazioni di esse, di classificazione e riclassificazione in un mondo dalle categorie incerte la cui importanza muta ad ogni minimo cambiamento del contesto. Come per le persone, il dramma qui giace nelle incertezze di valutazione e di identità (p.90).

Le merci, come gli esseri umani, hanno cicli di vita, problemi di identità, modelli classificatori: la trama che le differenzia dagli umani si fa sempre più sottile e mutevole.

5. LA MACCHINA BIOLOGICA

Proprio sulle identità delle merci si è indirizzata la sociologa tedesca Knorr Cetina, che ha svolto un'altra ricerca originale sulle "condizioni psicologiche e idiosincrasie comportamentali di un detector" – frutto di sei anni di osservazione partecipante (secondo le sue parole) presso il CERN, per cogliere i modelli epistemici incorporati nelle più avanzate istituzioni scientifiche. Ciò che è emerso, tra l'altro, sono le metafore utilizzate dai fisici nucleari che lavorano a Ginevra per riclassificare questi oggetti ad altissima tecnologia (trenta miglia di diametro per un detector, per sette piani sotterranei, con diecimila yard di fili via cavo, ecc.).

Ebbene, non solo a livello del linguaggio quotidiano, ma nei veri e propri comportamenti degli scienziati e, si può dire, delle macchine stesse, si è sviluppato un linguaggio con cui ci si rivolge al *detector* non tanto come a una macchina, quanto come a un «organismo biologico con una vita e un tempo di vita loro proprio» (1994:11). Le categorie utilizzate sono di

The Blues Brothers, 1980

tipo psicologico e si riferiscono alle qualità di un organismo vivente: "esse suggeriscono un essere autonomo che, come aggregato, può anche essere un essere sociale". È interessante osservare come la tassonomia utilizzata tratti questi *detector* come veri e propri individui (quindi non omologabili né indifferenziati sulla base della legge dell'equivalente, proprio come aveva sostenuto Kopytoff, ma "unico e insostituibile"), con le loro idiosincrasie comportamentali e dimensioni psicologiche: queste macchine supercostose e superperfette assumono uno status bionaturale. Nello schema della Knorr Cetina, che qui riassumiamo, un *detector* vive una condizione che può essere, di volta in volta, definita come quella di un essere vivo – morto – ucciso – cieco – confuso, ecc. Un'età caratterizzata da quanto vive, quando diventa vecchio, se è troppo giovane, o è necessario acceleragli l'età, e così via. Esso/egli ha un corpo con possibili malattie da diagnosticare e curare. Infine, ogni *detector* è diverso dall'altro, ha un suo *background*, può o no saper simulare, è più o meno intelligente, sensibile, simpatico, ecc.

A fronte di questa ricerca importantissima, la spiegazione offerta dalla sociologa appare discutibile: in queste classificazioni si plasmerebbe la capacità da parte dei membri dell'istituzione scientifica di avere concrete interazioni tra loro e tra loro e le cose come alterità. Forse una direzione più interessante avrebbe utilizzato proprio le categorie del neo-feticismo e del neo-animismo. Ma quello che importa qui è altro: è la diffusa sensazione tra ricercatori in esplorazione su territori innovativi che le merci – una semplice automobile o un complesso *detector* – abbiano una soggettività crescente, un corpo che comunica, parla, dialoga con chi le usa. Qualcosa di più che semplici giochi di metafore.

Questo saggio testimonia, tra l'altro, che una sociologa affermata può sostenere con tutta tranquillità – cioè senza doverne motivare il senso – che è "normale" poter applicare la classica metodologia etnografica dell'osservazione partecipante – nata nei contesti ben delimitati delle culture etniche – tra macchine dal valore tecnologico più alto in assoluto, quali quelle del CERN. L'acceleratore di particelle subnucleari – alla ricerca della nuova energia pulita – è trattato sociologicamente come un nativo trobriandese prima della Grande Guerra.

Già negli anni Venti-Trenta, la scuola di Chicago aveva applicato il metodo olistico dell'etnografia ai ghetti della metropoli. Ora, la sociologia "costruttivista" degli anni Novanta punta sul ghetto più complesso e iniziatico di una città-senza-luoghi: il laboratorio del CERN. La relazione con queste macchine ha sviluppato un tale linguaggio metaforico che i fisici nucleari possono comunicare (tra loro e con le macchine) solo come se non ci fosse una differenza di natura soggettiva. Le metafore si rovesciano animisticamente in metonimie: esse allacciano in modo contiguo (come parti di un tutto) le strategie comunicative tra i vari attori "viventi". E lo scienziato sociale può riuscire a interpretare queste complesse relazioni simboliche solo attraverso l'osservazione partecipante. La macchina super "intelligente" è trattata come il "selvaggio" trobriandese.

6. Il corpo della Tigra

Ora vorrei mostrare come un'azienda dell'auto costruisce questa strategia comunicativa che animizza e soggettivizza la merce attraverso il nesso pubblicità-marketing-vendita.

All'interno di un rettangolo di un forte giallo ocra, giace la nuova auto della Opel, collocata su una strada impossibile e feroce, su uno sfondo che ricorda una cava di lavagna. Da un tale scenario - irto di pietre verticali, schegge aguzze e lastre taglienti, e illuminato dall'ocra computerizzato - si stacca il blu dell'auto. Una scritta dice: «Chi ha paura di Opel Tigra? Chi non ride mai». È importante sottolineare il "di" – e non "della" – usato per comunicare un qualcosa di soggettivo, dotato di corpo e anima, di biografia. *Opel Tigra* è persona, è merce dalla vita sociale e comunicativa. Cognome: *Opel*. Nome: *Tigra*. Dall'altro lato vi è una lunga e un po' noiosa e tradizionale definizione scritta sul modello ideale del compratore che "prende la vita col sorriso" (confondendolo con il riso, molto più forte e aggressivo). E questa "nuova coupé sportiva divide il mondo tra chi la capisce e chi no".

Ovviamente la cosa più eloquente sta nel disegno del coupé: il suo valore aggiunto è situato nella sua merce-visuale, nel suo stile dalla carica estetizzante forte e innovativa. Il paraurti sembra un muso che punta la preda prima di compiere il balzo in avanti. Il finestrino disegna due occhi animaleschi, obliqui, felini, adeguati al soggetto-merce e al soggetto-consumatore. È un finestrino-fumetto. Due "finestrini-occhi-di-tigra". Tutto il disegno della porta intorno al finestrino-occhio esalta uno sguardo dalla felinità obliqua. In basso si incurva una bocca spalancata: i quattro cerchi in lega dentale (senza la borchia che copre e nasconde) delle ruote sottolineano ciascuno la potenza di cinque zanne, più che semplici raggiere. Esse trasfigurano la mediazione tra autista e terreno in una vera e propria morsa. Le ruote come mascelle. Il retro-parabrezza è nero fumo e rigato, tale da accentuarne l'*animalizzazione*, quasi una criniera. Lo spoiler finale è aguzzo, con due punti rossi alle estremità (i fari di posizione); il paraurti ondeggia come fosse "pelo" scosso dal vento. La silouette globale è più alta alla coda che sul muso, accentuando la propensione allo slancio.

Tutta questa potenza visuale della merce-auto si completa con un'ulteriore forzatura linguistica: *Tigra*, appunto, che nomina la merce-animale, la individualizza. «Tigra: scatto e potenza da felino di razza, ma docile e remissiva con il domatore», dice il depliant pubblicitario. Già negli anni Sessanta lo slogan «Metti *un* tigre nel motore» denotava l'irrompere di un essere maschile tigrato dentro il corpo dell'auto e, quasi per osmosi, all'interno del sé di chi la guidava. Ora la mutazione torna al femminile forzando le gabbie del linguaggio: da *un* tigre a *la* tigra. Anzi, decade l'articolo determinativo "la" che ancora oggettiva: *Tigra* e basta. O meglio – *Opel di cognome e Tigra di nome*. Questa la genealogia, questa la sua carta d'identità. La visione pubblicitaria "olista" – tra codice iconico, codice verbale scritto, codice merce – produce un isomorfismo compatto quanto il suo potenziale target. La merce-auto comunica con tutta la potenza visuale dei suoi molti linguaggi: essa estetizza in modo aggressivo il suo stile (pur stemperato nel sorriso). La merce-auto è ora merce-visuale, con una sua vita, un corpo e un'anima, pronta per il mercato, e la sua biografia. In tutto questo racconto visuale è il suo valore.

Tigra Opel

Sembra che i pubblicitari contemporanei abbiano preso molto sul serio l'ecologia della mente di Gregory Bateson: in questa immagine, tratta da un quotidiano, è facile osservare una vera e propria trama di codici

Pubblicità Opel Tigra 1999

che connette il *mondo minerale*, con uno sfondo "selvaggio" appena stemperato in una strada sasso-dentata, il *mondo animale*, dalle tigri mutanti pronte a balzare in avanti, il *mondo meccanico*, fatto di una merce che si presenta come un grande feticcio, e il *mondo umano*, segmentato in possibili acquirenti che, impossessandosi delle chiavi dell'auto, si trasformano animisticamente e feticisticamente (cioè *ecologicamente*) in roccia aguzza, bestia feroce, mostro meccanico... e impiegato modello. Autista e domatore.

7. La fantasmagoria visuale

Il problema, a questo punto, si presenta su come connettere i quattro livelli appena presentati: il feticismo metodologico – che un po' li riassume tutti – si dispiega nel suo *farsi vedere*, con cui tenta di dissolvere le nuove, accese fantasmagorie feticiste nel corso stesso della loro rappresentazione. L'osservazione osservante non solo spinge il soggetto ricercatore a *farsi vedere*, a mutarsi in cosa-che-vede, ma assiste a queste merci-visuali come trasfigurate in biografie individuali, con un sistema di codici condiviso che ne attesta l'appartenenza a un ciclo vitale biologico, con una cultura e un valore che si vivificano nella circolazione comunicativa lungo l'intero ciclo vitale delle merci stesse.

Come è noto, già Benjamin aveva avvertito nelle Esposizioni Universali di metà Ottocento la trasfigurazione non solo della merce singola, quanto della merce generale in fantasmagoria. Essa cattura la coscienza operaia non perché si presenta come potenza *estranea*, ma, al contrario, proprio in quanto penetra, seduce e cattura la coscienza di classe e la trascina come cliente nei regni delle fantasmagorie feticiste. Cioè, tradotto in termini antropologici, proprio perché la merce universale si presenta come la cosa più *familiare* disponibile. Nel rovesciamento dell'estraniazione in familiarizzazione, si compie il primo vero capovolgimento delle merci e della loro intronazione visuale in forma di esposizione[5].

Partendo dal fatto che il nuovo feticismo della merce – interconnessa nei canali della comunicazione visuale dell'economia culturale – sta nel suo essere familiare si tratta ora, come per ogni buona ricerca antropologica, di trasformare questo *familiare* in *straniero*. È necessario, cioè, compiere il lavoro esattamente opposto a quello dei tempi di Marx: osservare le merci-visuali come estranee, a causa – paradossalmente

– proprio del loro eccesso di familiarità. Nel rendere estranee le merci visuali, le si deve rappresentare come se si vedessero per la prima volta: con la stessa curiosità esotica o ingenuità infantile. Se il feticismo della merce è la cosa più familiare nella fase della comunicazione visuale, esso deve "farsi vedere" come la cosa più estranea. Ciò vale per la notissima pubblicità come per il grande film d'autore, per Pasolini o Cronenberg, per il profumo Égoïste o i *jeans 501*. Nel processo dissolutivo di trasformazione delle merci visuali da familiari a straniere si può compiere la loro (e la nostra) dereificazione[6].

Il feticismo compatto, che si coagula all'interno della merce-visuale e che incanta il suo consumatore, può dissolversi attraverso la narrazione stupita della sua fatticità. E tale narrazione deve "giocare" – cioè rischiare – nel campo delle strategie comunicative simboliche: penetrare dentro i codici, disvelarne le carni e le anime interiori, raccogliere le biografie delle merci-visuali. Finalmente il *feticismo* può *farsi vedere*.

A tal fine, oltre a queste strategie benjaminiane, applicheremo quelle prospettive ecologico-mentali che Bateson aveva applicato alle patologie della comunicazione e che non casualmente furono influenzate dall'animismo e dal totemismo da lui sperimentati sul campo di ricerca. Per questo il secondo capitolo sarà dedicato al maestro dell'ecologia della mente, ma per strapparlo dall'uso agiografico degli ambientalisti attuali, e per inserirlo nelle sue specifiche competenze – storiche ed etnografiche – di sperimentatore verso nuove forme della rappresentazione, scritte e visuali. Animismi, feticismi, totemismi verranno così tolti dai loro contesti etnografici e inseriti nelle nuove forme della comunicazione visuale, i cui cascami empirici verranno presi molto sul serio: dalla pubblicità al cinema *fiction*. In essi è possibile intravedere un'antropologia della contemporaneità tutta da lacerare[7].

1 Tale termine, elaborato da Walter Benjamin, si presta a ulteriori sviluppi che colgano l'irresistibile potenza del *condurre a sé* delle merci visuali (del *sedurre*). Una volta che l'inorganico è essenzialmente visuale, il suo sex-appeal "organico" deve essere dispiegato e dissolto nel processo comunicativo material/immateriale, più che delle merci tradizionali.

2 «I use terms with the common suffix scape to indicate first of all that these are not objectively given relations which look the same from every angle of vision, but rather that they are deeply perspectival constructs, inflected very much by the historical, linguistic and political situadeness of different sort of actors: nations-state, multinationals, diasporic communities, as well as sub-national groupings and movements and even intimate face-to-face groups» (Appadurai, 1990:296): Io uso il termine con l'identico suffisso *scape* per indicare in primo luogo che queste non sono relazioni obiettivamente date che sembrano identiche da ogni angolo di visione, quanto piuttosto che esse sono costrutti dalle proprie prospettive interne, influenzate molto dalla situazione storica, linguistica e politica dei diversi tipi di attori: tanto comunità di stati-nazioni, di multinazionali, di diaspore, quanto gruppi o movimenti subnazionali e persino gruppi face-to-face.

3 «Thus, even though from a *theoretical* point of view humans actors encode things with significance, from a *methodological* point of view it is the things-in-motion that illuminate their human and social context. No social analysis of things can avoid a minimum level of what might be called methodological fetishism» (Appadurai, 1986:5).

4 Si ricordi l'episodio paradigmatico descritto da Brett Ellis sul conflitto simbolico attraverso i diversi livelli di carte di credito "giocate" come un'arma in un ristorante alla moda newyorkese da un gruppo di yuppies: un vero *status-game* (1991).

5 La prima esposizione universale e la nascita dell'internazionale di Marx sono contemporanee a Londra: 1851. Nell'esposizione universale di Saint Louis (1903) anche i cosiddetti "primitivi" furono esposti come una merce esotica, "trasformati in cosa, in oggetto da ammirare o da temere" (Canevacci, 1994).

6 Per Walter Benjamin, de-reificare significa emancipare le merci dal loro dover essere utili. Benjamin è stato il primo ad interpretare la categoria del feticismo in Marx in modo eversivo. Per lui, ogni interpretazione deve essere nello stesso tempo un atto di distruzione. Benjamin si colloca sul filo del rasoio della sfida sperimentale. La merce esposta produce immedesimazione piuttosto che alienazione e l'operaio diventa cliente.

7 Benjamin descrive questo mutamento delle funzioni dei paesaggi naturali citando una frase tratta da *Du coté de chez Swann*, dove Proust «ci fa capire con molta chiarezza come il vecchio sentimento romantico del paesaggio si dissolva e sorga, in suo luogo, una nuova visione romantica del paesaggio, anzi, propriamente, del paesaggio urbano» (1982, p. 549). Nascono i «panorami, diorami, cosmorami, diafanorami, navalorami, pleorami, fantascopie, fantasmaparastasi, experiénces fantasmagorique et fantasmaparastatiques, viaggi pittorici nella stanza, georami; pittoreschi ottici, cinerami, fanorami, stereorami, ciclorami, panorama dramatique (...). Allestimento dei panorami: si guarda da una piattaforma sopraelevata e cinta da una balaustra verso le superfici disposte di fronte e in basso. La scena dipinta, lunga circa 100 m. e alta 20, scorre lungo una parete cilindrica» (pp. 679-681).

Margaret Mead e Gregory Bateson a Bali, 1937

Sulla comunicazione e la rappresentazione

Che sarà! Questo è un mondo avviluppato Questo è un gruppo rintrecciato Chi
sviluppa più inviluppa Chi più sgruppa più raggruppa. Ed intanto la mia testa Vola,
vola, e poi si arresta, Vo tenton per l'aria oscura E comincio a delirar.
(Gioacchino Rossini, *La Cenerentola*, atto II, libretto di Jacopo Ferretti)

2.1 — LE TRAME DELLA COMUNICAZIONE

La trama che connette

Il destino di Gregory Bateson, antropologo inglese naturalizzato
statunitense, è veramente singolare: figlio di William, celebre genetista,
ebbe la ventura – dopo aver abbandonato la biologia e la Gran Bretagna
per l'antropologia culturale e la Nuova Guinea – di sposare Margaret
Mead, la più famosa delle antropologhe. Ma entrambe queste persone
a lui vicine, che potrebbero essere viste come fonte di privilegi socio-
intellettuali, si sono rivelate, a livello di esperienze biografiche, causa di
sgradevoli discriminazioni, comparazioni, assimilazioni. Basta sfogliare
un manuale "classico" dell'antropologia culturale, quale *L'evoluzione del
pensiero antropologico* di Marvin Harris (1968), per verificare la profondità
di queste discriminazioni assimilatrici; qui, infatti, sotto un paragrafo
già indicativo di per sé ("L'uso della fotografia da parte della Mead"),
si sostiene che costei, per superare diverse critiche che le erano state
mosse dopo i suoi celebri libri su Samoa,

> avesse cercato di perfezionare la capacità dimostrativa delle sue osservazioni
> ricorrendo a macchine fotografiche e registratori a nastro, per catturare gli
> eventi di comportamento caratteriologicamente significativi nel loro contesto
> situazionale, e pubblicando o esibendo queste registrazioni unitamente alle
> descrizioni verbali (...). Il ricorso della Mead alla macchina fotografica e
> cinematografica fu conseguenza diretta delle critiche mosse ai suoi primi tre
> libri di carattere configurazionale (p. 560).

In tale contesto, quindi, la figura di Bateson è quella dell'accompagnatore della «celebre antropologa»: è la Mead che porta con sé «un arsenale senza precedenti di materiale e pellicole fotografiche», con cui impressiona circa venticinquemila foto, con la sua Leica, e ventiduemila piedi di pellicola, con la cinepresa da 16 mm. E così conclude Harris:

> può darsi benissimo che questi primi esperimenti sull'impiego di mezzi meccanici per fornire l'etnografia di basi documentali inoppugnabili, costituiscano il più duraturo contributo della Mead allo sviluppo dell'antropologia come disciplina (p. 261).

In realtà, fu solo Bateson a utilizzare in modo originale, sistematico e, per certi versi, tuttora difficilmente eguagliabile fotografia e cinepresa: "noi normalmente lavoravamo insieme, Margaret Mead prendendo note verbali sul comportamento e Gregory Bateson muovendosi dentro e fuori le scene con due macchine fotografiche" (Bateson-Mead, 1942:49). La Mead aveva una straordinaria capacità di osservare l'evento etnografico e di trascriverlo nel suo taccuino senza doverlo guardare. Bateson inventò un modo innovativo (come vedremo in seguito) di assemblare per ciascuna pagina un determinato set di foto col suo commento a fronte. *Balinese Character* rimane un testo fondamentale – introvabile in Italia a più di cinquant'anni dalla sua pubblicazione – per comprendere come il modo di rappresentare la ricerca costituisca il senso più profondo di quello che si chiama *metodo*.

Eppure di tutto questo non rimane neppure l'ombra del ricordo: per Harris il ruolo di Bateson è quello generico di "accompagnatore".

Questo suo ruolo subalterno nella storia della disciplina (eccetto per quegli autori che dagli anni Ottanta stanno cercando di rinnovarla) diventa più o meno assenza di ruolo non appena ci si sposta in Italia. Qualche antropologo lo ricorda per i suoi lavori negli anni Trenta con la "moglie": di tutto il resto non si parla. Recentemente è stato tradotto *Con occhi di figlia*, il bellissimo libro di Mary Catherine, figlia dei due antropologi, straordinaria ricostruzione di un rapporto complesso dentro una famiglia veramente fuori dal comune, in un fitto intreccio tra livelli interpersonali e transcientifici: ebbene, anche questo libro è stato semplicemente ignorato dagli ambienti "accademici" nostrani.

Per converso, Bateson è stato riscoperto verso la fine degli anni Settanta da due punti di vista diversi che non hanno finora trovato, nonostante alcuni tentativi in questa direzione, possibilità di intercomunicare: da un lato, il movimento ecologista e la sua variante epistemologica della cosiddetta "sfida della complessità", che lo eleva alla dimensione oracolare di "maestro dell'ecologia della mente"; dall'altro, l'antropologia critica, che individua nel rapporto tra ricerca empirica sul campo e forme della rappresentazione il nocciolo sperimentale di una metodologia eversiva.

I primi lo imbalsamano come santone, i secondi lo rinnovano come sperimentatore.

Presi da una giusta critica contro i riduzionismi vari (essiccare una sezione della realtà – dalla patologia medica ai rapporti di parentela – e su questa concentrare un ragionamento adatto solo a quel fine preciso), ecologisti e epistemologi si sono dispersi nella riabilitazione di una visione olistica senza concetto, di tipo vagamente misticheggiante e autoreferenziale tra shivaismi, taoismi e politeismi (cfr. Bocchi, 1987; Formenti, 1987). Al contrario, la critica antropologica ha ripreso l'istanza della ricerca empirica come elemento caratterizzante ogni sperimentazione batesoniana, relazionandola all'inquietudine transdisciplinare che l'ha visto collaborare alla allora nascente cibernetica di Norbert Wiener. L'uso sperimentale delle nuove tecnologie – viste non più solo come incorporamento riduzionista di dominio o estraniazione, ma anche come luogo plurale di innovazioni comunicative possibili – si incrocia col rinnovamento in senso polifonico e con l'applicazione di determinati suoi concetti in ambiti comunicativi contemporanei.

Vediamo di stabilire un ordine.

Il suo concetto di *mente* rappresenta il più radicale tentativo di superamento dei vecchi dualismi tra materia e spirito, e di fusione tra natura e cultura[1]. Per Bateson, infatti, ogni «unità che presenta caratteristiche di funzionamento per tentativi ed errori sarà legittimamente chiamata un sistema mentale» (1972:477). In conseguenza di ciò, la «mente» appartiene di diritto non solo all'essere umano, bensì anche a ciascuna «unità immanente nel grande sistema biologico, l'ecosistema» (p. 478). Una foresta di sequoie o un'aragosta comunicano e agiscono entrambe con questo tipo di "mente", e «all'interno della mente nell'accezione più ampia ci sarà una gerarchia di sottosistemi, ciascuno dei quali possiamo chiamare mente individuale» (p. 477).

In questo senso, «la mente individuale è immanente, ma non solo nel corpo: essa è immanente anche in canali e messaggi esterni al corpo» (p. 479). Ciò vuol dire che, per dare un esempio, un uomo è unito *a livello mentale* con la fonte delle sue informazioni tramite uno specifico *medium*, per cui la "struttura che connette"[2] espande la mente nei canali esterni attraverso cui viaggia l'informazione.

«Il mondo mentale – la mente – il mondo dell'elaborazione dell'informazione – *non* è delimitato dall'epidermide» (p. 471). E ancora:

> ovviamente c'è un sacco di canali d'informazione fuori dell'epidermide, e questi canali e i messaggi da essi trasportati devono essere considerati parte del sistema mentale ogni volta che siano pertinenti (p. 476).

In sintonia con la *Cenerentola* di Rossini, dove si canta l'aria "avviluppante" come epigrafe di questo capitolo, per Bateson,

> la mente individuale è immanente anche in canali e messaggi esterni al corpo; e vi è una più vasta Mente di cui la mente individuale è solo un sottosistema. Questa più vasta Mente è paragonabile a Dio, ed è forse ciò che alcuni intendono per "Dio", ma essa è ancora immanente nel sistema sociale totale interconnesso e nell'ecologia planetaria (p. 479).

Dalla qual cosa egli trae una conseguenza che non è enfatico giudicare "enorme":

> la psicologia freudiana ha dilatato il concetto di mente verso l'interno, fino ad includervi l'intero sistema comunicazione all'interno del corpo (la componente neurovegetativa, quella dell'abitudine e la vasta gamma dei processi inconsci). Ciò che sto dicendo dilata la mente verso l'esterno (pp. 479-480).

Non si tratta più, quindi, di seguire Freud nel suo celebre principio di dilatare l'*io* dove prima c'era solo l'*es* per illuminare i disagi della civiltà, ma, al contrario, di annullare il più possibile l'ambito di controllo dell'*io* conscio e di cominciare a imparare a pensare in una maniera profondamente diversa, mettendo in discussione la *separazione* tra l'*io* e la natura; oppure tra l'*io* e la musica, per tornare a Rossini, in modo tale che il soggetto percepiente e la cosa percepita si fondano "in una sola unità".

In ciò Bateson ha coerentemente seguito le "scoperte" fatte nel corso delle sue prime ricerche empiriche in Nuova Guinea sul rito *Naven* (1936), che lo hanno convinto circa l'importanza di una visione neototemica e neoanimista, successivamente arricchitasi con le filosofie orientali, in particolare lo zen. Nel totemismo, infatti, si affermano parallelismi tra organizzazione dell'uomo, delle piante e degli animali; nell'animismo si sperimenta un sistema di comunicazione simbolica che attraversa le distinzioni tra oggetti ed esseri umani. Questi ultimi non sono più i soli possessori di un'anima (o come la si voglia chiamare), la quale invece percorre e vitalizza qualsiasi cosa vivente o meno: una particolare pietra è fonte di una corrente animista e animata, come un albero o un animale. Tutto il cosmo è visto come mosso da uno spirito che connette e mescola quei regni che normalmente noi siamo abituati a vedere come separati in diversi ordini: regno minerale, vegetale, animale. Ora tutto è *mentalmente* (direbbe Bateson) interconnesso, il che vuol dire che la natura è *olisticamente* inseparata e che quando la si riduce in sezioni – in "fette" – si compie un'operazione *auto*distruttiva. Tutto sta in tutto, quindi. Anche il mio dente cariato, il mio sesso annoiato, la difficoltà a trovare amicizie, a elaborare una ricerca, a pensare la morte.

Da tali premesse si possono trarre alcune conclusioni decisive non tanto per un'ecologia della mente che restauri un olismo pre-individuale. In un certo senso, infatti, Bateson partecipa di un clima culturale che è ancora quello di Nietzsche: un'ansia al superamento dell'uomo (*super-uomo*) in quanto soggetto separato dalla natura, come ragione che condanna e si contrappone agli istinti e alle emozioni[3].

Eppure questo singolare incrocio tra neoanimismo ecologico ed empirismo cibernetico è applicabile, forse contro le intenzioni del suo autore, proprio alla comunicazione visuale, che è comprensibile solo nel suo spessore ecologico. La *trama che connette* è, paradossalmente ma non troppo, già realizzata nel mondo contemporaneo, anche se in forma rovesciata rispetto agli auspici batesoniani, proprio dalla *comunicazione visuale riproducibile*, i cui canali e messaggi, appunto, sono diventati *immanenti* alla mente dell'individuo planetario. I media, quindi, proprio perché penetrano lungo i canali *interni* alla mente dello spettatore-audience hanno realizzato una vera trama ecologica che connette le informazioni all'interno di tale dilatato concetto di mente.

In questo senso batesoniano, le trame che i media interfacciano tra uomo e macchina sono ecologiche.

Ciò vuol dire sviluppare da un lato una critica della comunicazione che avviluppa sotto il segno del dominio, dall'altro una pratica alternativa, irriducibile a tali sistemi di comando storicamente stabiliti e anzi rivolta contro questi. Le reti dei social network, quindi, sono le vere eredi ecologiche di Bateson, coi loro spazi temporaneamente liberati, le loro interzone autoprodotte, diasporiche, scorporate e deterritorializzate (e non certo gli ambientalisti anti-tecnologici, ordinatori di mondi perfetti, statici e compatibili). Di conseguenza, qui si rivendica un diritto alla decontestualizzazione, per cui tutta la riflessione batesoniana – che è possibile vedere come ruotante sul concetto di comunicazione e le sue patologie – è indirizzabile qui e ora verso il cuore della comunicazione visuale contemporanea.

Il secondo aspetto del pensiero di Bateson che ora verrà "distorto" dal suo significato originario riguarda il suo concetto di "doppio vincolo", che sarà applicato ad alcuni modelli emersi dalla cultura visuale contemporanea. Vorrei precisare il valore metodologico di questo tentativo decontestualizzante, partendo da un aforisma di Nietzsche: *Ogni grande verità deve essere criticata, non adorata.* E quella di Bateson è realmente una *grande verità*. Per questo deve essere criticata: interpreto la frase in un modo molto semplice. Una grande verità è tale proprio in quanto legata a un determinato contesto storico-culturale. La sua propria verità illumina con particolare potenza esattamente questo angolo dell'essere che è situato in quello spazio e in quel tempo. Il suo essere "vero" dipende, quindi, da un insieme di relazioni storiche che, una volta mutate, spingono alla critica. Per questo la verità non è mai statica, ma deve essere sempre sfidata. La verità non acquieta, ma, al contrario, spinge all'inquietudine: a un'ansia che scruta le differenze tra quella verità – che tale è stata in quella fase – e quel senso di falsità che emana qui e ora. Di più: ogni verità può rimanere tale proprio perché si modifica. E allora il senso profondo dell'essere fedeli a una verità è quello di tradirla. Solo tradendo la verità si rimane a essa fedeli. Perciò, solo tradendo e rovesciando i neoanimismi batesoniani nei circuiti Internet si può continuare a rimanere fedeli al suo messaggio. Ovvero: la verità sta nel trasformare la sua ecologia in un'*anti-ecologia della mente e dei media*.

Essa oscilla tra perbenismo autoritario del potere comunicativo e perversione di un non-potere oppositivo, nascente e minoritario.

Ne consegue che tale anti-ecologia deve essere verificata empiricamente nei flussi comunicativi contemporanei, sistematizzata criticamente in una teoria inquieta, sperimentata praticamente con forme innovative e moltiplicative della rappresentazione.

Per questo è necessario *tradire* due concetti di base di Gregory Bateson: in primo luogo la "trama che connette" e, ora, il "doppio vincolo".

Doppio vincolo

> Una volta mi raccontò che lei (M. Mead) e Gregory si trovavano in una stanza
> surriscaldata e lei lo vedeva sudare e sapeva che lui stava morendo di caldo ma
> non pensava di togliersi la giacca; ed era consapevole che se (Margaret) gli avesse
> suggerito di toglierla lui si sarebbe infuriato per la sua interferenza, si sarebbe
> infuriato perché lei aveva capito la situazione prima di lui (Bateson M.C., 1984:109).

Questa memoria di una dinamica intrafamiliare è riportata dalla figlia per configurare la genesi di un concetto analitico, ormai acquisito (per quanto discusso) da parte della psichiatria contemporanea, che viene sperimentato dallo stesso Bateson all'interno del proprio territorio intrapsichico. Ancora una volta l'invenzione di un modello terapeutico coincide, almeno in parte, con l'aver sperimentato la patologia nella propria esperienza personale. È del dopoguerra, infatti, la sua decisione di entrare in analisi, nel momento in cui sempre più critico si andava facendo il suo matrimonio con Margaret Mead. La funzione della figura femminile della moglie si andava sempre più sovrapponendo a quella della madre. Dice sempre la figlia:

> il decennio iniziato con la ribellione nei confronti di Margaret, una ribellione
> carica di risentimento contro la propria famiglia, ed in particolar modo contro sua
> madre, terminò con un'analisi dei modelli di comunicazione nelle famiglie degli
> schizofrenici, e principalmente, in questo contesto, del ruolo della madre (p. 159).

Le risonanze tra il personale e il professionale[4] risalgono ai primissimi decisivi anni di Bateson, quando, dopo la morte nella Prima guerra mondiale del fratello primogenito e il successivo suicidio del secondogenito nel giorno preciso in cui ricorreva l'anniversario di quella morte, l'intera pressione delle aspettative familiari sulla continuità scientifica si riversò su di lui. Per questo dalla biologia passò all'antropologia, lasciando l'Inghilterra per la Nuova Guinea.

Gregory nutriva verso le donne sentimenti oscuramente complessi, a partire dalla sua stessa madre, dalla quale aveva desiderato ardentemente allontanarsi; ma alcune elaborazioni sulla madre schizofrenogena mi sembravano un'espressione di antipatia nei confronti della cultura americana e del ruolo della donna nella famiglia americana di quegli anni: il ruolo descritto come mammismo, una trappola per la madre, che a sua volta diventava una trappola avviluppante per i figli (p. 55).

Fu così che la contraddizione dei "tipi logici", che Bateson riprese da Bertrand Russel, fu applicata alla famiglia "schizofrenogena" che produce quel disordine mentale. Il concetto di "doppio vincolo" deriva da queste ricerche, rese possibili grazie a una borsa di studio.

La "funzione debole dell'ego" di uno schizofrenico non possiede quel «processo di discriminazione tra modi comunicativi all'interno dell'io, ovvero tra l'io e gli altri» (Bateson 1972:248); questo "attacco all'ego" è diretto contro l'uso di quei «segnali che identificano i messaggi», «cioè contro quei segnali senza i quali l'ego non si arrischia a distinguere i fatti dalla fantasia o il letterale dal metaforico» (p. 242). Ora è da tener presente che ci sono livelli "deboli" di schizofrenia che si può dire coinvolgano ogni persona "normale": chi non ha avuto un momento di incertezza, al risveglio, credendo di aver vissuto veramente quello che in realtà era solo un sogno? Ebbene, è proprio questo, sostiene Bateson, che lo schizofrenico non riesce a fare, non solo rispetto al sogno, ma anche per le metafore o, al suo estremo, per ciascun tipo di messaggio che risultasse non definito, per cui vive in un mondo "cronicamente sfocato". E anche per questo i messaggi di "gioco" e di "aggressività" sono stati da lui analizzati tra gli schizofrenici e tra i delfini.

Spesso Bateson citava il ricordo del giorno in cui aveva accompagnato a casa un suo paziente che vi mancava da circa cinque anni:

> la casa sembra una di quelle case "campione" che vengono arredate dagli agenti immobiliari per vendere al pubblico altre case: non una casa arredata per viverci, ma piuttosto per apparire una casa arredata (p. 241).

Sentendosi a disagio dopo l'arrivo della madre, Bateson uscì e decise di comprare qualcosa che fosse «bello e disordinato»: i fiori; tornato a riprendere il paziente, offrì un mazzo di gladioli alla madre dicendo, appunto, che desiderava che la casa avesse qualcosa di «bello e disordinato». «Oh! – mi rispose lei – questi non sono fiori disordinati: appena uno appassisce, lo si può tagliare via» (ib.).

Questo caso, terribilmente esemplificativo sulla diffusione di patologie domestiche "normali", ci introduce alla tematica del *doppio vincolo*. L'origine di tale concetto si deve a Bateson in conseguenza delle sue ricerche sulla schizofrenia: nella famiglia schizofrenogena si sviluppa una contraddizione attraverso cui la «funzione debole dell'ego» di uno schizofrenico non possiede quel «processo di discriminazione tra modi comunicativi all'interno dell'io, ovvero tra l'io e gli altri» (p. 248). Ciò produce l'avviluppamento di un doppio vincolo tra la "vittima" (cioè il figlio "debole") e, almeno in genere, la madre, con un insolubile dilemma di questo tipo: «*se voglio mantenere il legame con mia madre non devo dimostrarle che l'amo, ma se non le dimostro che l'amo, la perdo*» (p. 264).

Gli "attori" presenti devono essere almeno due: quella che Bateson chiama la *vittima* – per chiarezza e semplicità di definizione – e la *madre* che "infligge" il doppio vincolo, in genere da sola, ma qualche volta anche insieme al padre o ai fratelli.

In tale contesto, la madre dello schizofrenico esprime *contemporaneamente* due ordini di messaggi tra loro contraddittori, che oscillano tra un comportamento ostile, o di ripiegamento, che viene stimolato ogni volta che il bambino le si avvicina; e un affetto simulato, o un comportamento accattivante, che viene espresso quando il bambino reagisce al comportamento materno ostile e che è una falsa negazione.

> In altre parole, se la madre comincia a sentirsi affezionata e vicina al figlio, comincia anche a sentirsi in pericolo e deve ritrarsi da lui; ma ella non può accettare questo atto di ostilità e, per negarlo, deve simulare affetto e propensione per il bambino (p. 258).

A causa di questa simulazione, il bambino è posto nella condizione di non poter interpretare con precisione la comunicazione della madre e così deve sistematicamente distorcere la sua percezione di "segnali metacomunicativi". Ad esempio, una madre potrebbe dire al figlio una frase di questo genere: "Va' a dormire, sei stanco e voglio che ti riposi", frase che però tende a negare un diverso sentimento, del tipo "Va' fuori dai piedi, perché sono stufa di te".

> Se il bambino interpretasse correttamente i segnali metacomunicativi, dovrebbe fare i conti col fatto che la madre non desidera averlo vicino e per di più lo sta ingannando dimostrandosi affettuosa. Egli sarebbe 'punito' per aver appreso a distinguere con cura gli ordini dei messaggi, e quindi, piuttosto che riconoscere l'inganno materno, tende ad accettare l'idea di essere stanco. Questo significa che, allo scopo di sostenere l'inganno della madre, il bambino deve ingannare se stesso circa il suo stato interno: per continuare a vivere con lei, egli deve discriminare in modo errato i suoi messaggi interni, oltre che discriminare in modo errato i messaggi altrui (p. 259).

Di conseguenza, il bambino non sviluppa capacità di «comunicare sulla comunicazione», per cui diventa incapace di determinare il vero significato di ciò che gli altri dicono e di esprimere ciò che egli stesso intende. In tal modo, un individuo coinvolto in un rapporto intenso di importanza vitale si trova prigioniero, "vincolato" all'altra persona – la madre – che emette nello stesso tempo messaggi di due ordini, «uno dei quali nega l'altro»: «il bambino è punito se discrimina correttamente i messaggi della madre, ed è punito se li discrimina erroneamente: è preso in un doppio vincolo» (p. 260)[5]. Nel primo caso, capisce che la madre non lo vuole e questo è per il figlio-vittima insopportabile; nel secondo, non può che incorporare una stanchezza inesistente e andare a letto. Nel primo caso perde la madre, nel secondo perde se stesso.

Questa conclusione è il risultato di un'interazione familiare che non si cristallizza in *una* esperienza traumatica durante l'infanzia, ma piuttosto in *strutture di sequenze* con caratteristiche tali per cui il paziente andrà via via "assumendo" le abitudini mentali che sono esemplificate nella comunicazione schizofrenica. La ripetizione di un tema ricorrente con tre tipi di ingiunzioni tra loro contrastanti – ognuna delle quali nega l'altra – impedisce alla vittima di sfuggire al conflitto. Comportamenti ostili per l'*avvicinamento* del bambino e affetti simulati per il suo *allontanamento* vengono alternati senza che la "vittima" possa o riesca a decodificare i segnali metacomunicativi, cioè quelli che comunicano qualcosa che va "oltre" il semplice linguaggio verbale di tipo esplicito. E per questo è punito.

Questo tema ricorrente consiste in tre ingiunzioni: una prima, a carattere negativo, del tipo "Non fare così altrimenti ti punirò", laddove per punizione si intende la negazione dell'affetto, o una dimostrazione di odio o di collera, oppure ancora, «ed è la forma più tremenda, in quella sorta di abbandono che deriva dalla manifestazione di assoluta impotenza da parte del genitore» (p. 250). Un'ingiunzione secondaria, «in conflitto con la prima a un livello più astratto e, come la prima, sostenuta da punizioni o da segnali che minacciano la sopravvivenza» (ib.). Spesso questo tipo di comunicazione è non verbale e si trasmette con l'atteggiamento, il gesto, il tono della voce, ecc.

Ad esempio "Non considerare ciò una punizione", "Non mettere in dubbio il mio amore", "Non considerarmi un castigatore", ecc. Un'ingiunzione negativa terziaria, che impedisce alla vittima di sfuggire al conflitto. Infine, quando il doppio vincolo è stato "appreso" dalla vittima, può intervenire anche solo una sequenza parziale di questo processo per «scatenare panico e rabbia».

⁘ La comunicazione visuale

È possibile estrarre il modello del "doppio vincolo" di Bateson dalla dinamica familiare, ove, come griglia metodologica per la comprensione di un certo tipo di disagio psichico, può favorire determinate terapie. Già in diversi punti, lo stesso Bateson sostiene che il doppio vincolo si può applicare a fenomeni diversi, quali l'*umorismo*, che contiene sempre il salto tra diversi tipi logici (per esempio il senso metaforico diventa letterale e viceversa); il *gioco*, che confonde, unisce e pubblicizza moduli aggressivi e moduli ludici, che solo il contesto – nei suoi comportamenti impliciti, come gesti, tono di voce, espressione facciale, ecc. – può far selezionare come appartenente al primo o al secondo genere (un metamessaggio interpretato male[6] può scatenare la lotta tra animali come tra gli uomini); il *rito*, che assegna in modo straordinariamente reale determinati tipi logici, che sono difesi «con lo stesso vigore con cui lo schizofrenico difende la "realtà" delle sue illusioni» (p. 268); la *poesia*, le cui metafore, a volte anche «molto insolite», hanno una capacità di comunicazione molto forte, in contrasto con le «metafore non qualificate» degli schizofrenici.

In generale, a Bateson interessa anche tutto il campo della «comunicazione fantastica», non tanto a livello dell'analisi del contenuto, quanto per «i problemi formali impliciti nell'esistenza simultanea di livelli multipli di messaggi nella presentazione fantastica della "realtà"» (p. 269). E a tal fine egli cita il *teatro*, che produce un'interazione tra realtà drammaturgica e realtà effettiva; e una trasmissione radiofonica all'epoca di successo come *Big Sister*, dove tale personaggio immaginario riceve da molti ascoltatori, quando nella finzione prende ad esempio un raffreddore, un flacone di aspirine o consigli di cura. «Questi ascoltatori sono evidentemente fuori strada nell'identificazione del tipo di comunicazione che il loro apparecchio sta diffondendo« (p. 239).

In realtà è impreciso affermare che gli spettatori sono «fuori strada», poiché tutto il sistema dei media – a partire proprio dalla radio, si pensi alla trasmissione di Orson Welles sull'invasione dei marziani – è spinto a trovare quei linguaggi innovativi che devono far sembrare sempre più "realtà" ciò che è metafora. Eppure anche in questa affermazione permane un senso di inadeguatezza: ogni messaggio mediale, nel momento in cui è recepito dal cervello, non è più solo metafora, proprio in quanto viaggia dentro una sistemica (anti)ecologia della mente. Un'immagine visuale o una voce radiofonica sono altrettanto "reali" di una sedia.

L'espansione planetaria della comunicazione visuale prima col cinema e poi con la TV – i cui messaggi sono sempre più presi in una contiguità letterale piuttosto che come discorso metaforico – e il mutamento della forma-famiglia, in particolare nella società occidentale, hanno prodotto la possibilità e anche la necessità di applicare il modello del doppio vincolo alla comunicazione visuale, che può assumere la funzione di un più vasto paradigma psicoculturale.

A ~ *La comunicazione visuale.* Da alcuni autori è stata segnalata con un forte anticipo la crisi dell'ideologia, in quanto incapace di configurare un progetto unitario e universale, "nascondendo" al suo interno precisi interessi di parte e di classe, di sesso e di etnicità (Adorno-Horkheimer,1950). E, di fronte e contro tale *dissolvenza*, si è andata affermando un'altra *tendenza* più decentrata e micrologica che diffonde complessi di idee e mini-visioni del mondo *spontaneamente* dall'interno di quelle "cose" che si caratterizzano come postindustriali. Tra queste, le *merci-visuali* sembrano parlare direttamente da sole – grazie alla loro "natura" transculturale, polisemica e ventriloqua – e così sgretolano i limiti generazionali, le identità nazionali, le solidarietà di classe, i vincoli etnici. Per tutto ciò, la comunicazione visuale dà il tempo della mutazione ideologica, secondo nuovi e vincolanti moduli percettivi, i cui canali e messaggi connettono il singolo individuo, l'ambiente culturale e simbolico, i mezzi riproducibili in una trama comunicativa mentale unitaria e *immanente*. La più generale cultura visuale si caratterizza ecologicamente con una circolarità continua tra il livello tecnologico e quello auratico.

B ~ *La forma-famiglia.* Da tempo le scienze sociali hanno individuato un profondo mutamento della forma-famiglia nella società occidentale (e non solo), che ora riassumeremo in modo schematico. Com'è noto, la decadenza della figura paterna (in particolare nelle classi medie e operaie) ha prodotto, dagli anni Trenta ai Cinquanta, la diffusione della cosiddetta *personalità autoritaria.* L'impotenza del ruolo sociale del padre si ripercuoteva all'interno della famiglia, facendo sorgere una domanda di "surrogato" dalla configurazione sadomasochista che sarà proiettata nella figura sociale del "capo" o "duce". Le ricerche del gruppo di Bateson hanno dato risalto al versante "patologico" individuale che questa dinamica ha sviluppato e avviluppato contro il soggetto debole all'interno della famiglia. Non è casuale che il doppio vincolo nasca negli anni Cinquanta e si basi sull'assenza della figura paterna e sulla "perversa" funzione dell'eccessiva quanto distorta presenza della madre (il mammismo). Ma a partire dagli anni Sessanta questo processo ha mutato direzione. La figura della madre che lavora e partorisce sempre meno rompe gran parte dei legami primari col figlio (unico), il quale, abituato a convivere con baby sitter, asili nido e televisori, sperimenta il blocco della relazione affettiva. Questo processo, ampiamente analizzato, produce l'assenza della figura materna e diffonde la cosiddetta *personalità narcisista*[7]. Per questo, secondo la nostra ipotesi, il modello di Bateson sul doppio vincolo si deve "emancipare" – per così dire – dalla presenza-assenza della madre o del padre, per essere applicato ai legami oggettuali (in senso psicanalitico) con le "cose" emanate dalla cultura visuale. In conclusione, è possibile affermare che il modello comunicativo dei messaggi visuali eredita e diffonde la "normalità patologica" del doppio vincolo, in tutta una serie di manifestazioni anche drammaturgiche emancipate dalle originarie dinamiche intrafamiliari.

Ora saranno analizzati in dettaglio alcuni di questi ambiti che coinvolgono gli spettatori o gli attori sociali in un vero crescendo rossiniano – "avviluppato" e "rintrecciato" – partendo dal concetto antropologico per eccellenza di acculturazione, che offre lo scenario-mondo concettuale del mutamento culturale[8].

> Quando delle società, che in precedenza sono state relativamente isolate, vengono a intenso, diretto contatto con società più grandi, più potenti, più progredite tecnologicamente, entrambi i gruppi subiscono un processo di adattamento, che viene chiamato *acculturazione* (Bock, 1969:247).

Ed è altresì chiaro che i mutamenti acculturativi sono fondati su un dislivello che coinvolge maggiormente i gruppi più deboli e periferici. Così un singolo individuo, una classe di individui o un'etnia, se sono costretti a collegarsi a un mondo caratterizzato da un tasso di acculturazione crescente che si irradia dai "centri" dell'Occidente, debbono dimostrare di accettare il mutamento e rifiutare l'isolamento che, nel mondo che cambia, li renderebbe residui, scorie, marginali: ma se la *diacronia* viene praticata, essi si perdono, in quanto il legame con i modelli tradizionali è fortissimo e il loro abbandono è vissuto come colpa, ansia, sconfitta; e lo stesso accade se rimangono *sincronici*, in quanto il legame inverso con i modelli innovativi è seduttivo e la rinuncia a esso è vissuta come dispiacere, emarginazione, risentimento. Vale a dire che il modello acculturativo che si diffonde irresistibilmente nelle "periferie" può produrre un *doppio vincolo antropologico*, in quanto coinvolge l'intera gamma delle espressioni esplicite e implicite, i valori strumentali ed espressivi, i comportamenti razionali e quelli emotivi, i linguaggi verbali e corporali del singolo o del gruppo. La transizione verso la "modernità" è avvertita come obbligata e, insieme, giudicata come uno smarrimento della propria identità. Il consumatore "periferico" di *Avatar* o di *Her* è punito se discrimina correttamente i messaggi visuali di tipo acculturativo, legati indissolubilmente a un mondo "altro", ed è punito se li discrimina erroneamente come vivibili subito nel suo proprio mondo: è preso da un doppio vincolo visuale.

L'acculturazione si presenta come una sorta di antiecologia della mente. Sempre più numerose parti dell'umanità si trovano avvolte da lacci contraddittori secondo i quali o ci si deve rivitalizzare per morire culturalmente, oppure, per non cambiare, ci si deve rifugiare in atteggiamenti passivizzanti, di anomia folklorica: il vecchio modello di vita è inservibile, quello nuovo inutilizzabile.

In tal modo, il processo di mutamento culturale che avviene lungo questo processo acculturativo sempre più frammentario e incessante può costituire un *frame* antiecologico per interpretare una serie di stili di vita legati a particolari codici comportamentali:

C ~ lo *zainetto*. La funzione della moda attuale è profondamente diversa da quella tradizionale, perché non solo è molto più rapido il mutamento, ma anche perché si è moltiplicata in una serie di "segni" articolati per differenti classi e sottoclassi, in una sorta di sottosistemi che coinvolgono i tradizionali segni "maggiori". Esempio, la tradizionale cartella scolastica da tempo è stata sostituita uno zainetto, a sua volta fonte di varie sottoclassi di segni in genere fatti a mano con penne e pennarelli. In questo nuovo "segno" sembra preservarsi e illuminarsi una sorta di "avventurismo ecologico", dai colori forti, da portarsi – in particolare per gli studenti più grandi – con una sola bretella appoggiata a una sola spalla. Quando questo nuovo modello ha incominciato a diffondersi, specie tra gli studenti di scuola media, ogni ragazzo si è trovato preso in una sorta di *doppio vincolo della comunicazione coetanea*: o accetta di acquisire lo zainetto e si omologa alla crescente grande maggioranza dei compagni di scuola, oppure lo rifiuta e, per non adeguarsi, gli sembrerà di non vivere il suo tempo ed essere discriminato. Accettando la moda dello zainetto, egli deve conformarsi al modello implicito che pubblicizza l'avventura, ma che, in realtà, si risolve nell'andare a scuola: cioè nell'esatto contrario rispetto alle premesse. La via d'uscita potrebbe essere l'uso della vecchia borsa buttata in soffitta o l'invenzione di una borsa assolutamente "soggettiva". Ma, in generale, la scelta dell'adeguazione è quella vincente in quanto vincolante: il suo "segno" rivitalizza il suo possessore per morire poi di noia (*l'avventura è una fregatura*); oppure, per non accettare il mutamento, ci si blocca e si regredisce a un passato immobile. Rinunciare ai segni "emergenti" è un costo pagato con la discriminazione, accettarli significa sperimentare l'inappagamento;

D ~ il *telecomando*. Per una genealogia del telecomando, *lui* è, probabilmente, lo strumento che più ha ereditato – insieme alla pubblicità televisiva – le funzioni "materne" del doppio vincolo. Esso, infatti, permette la ricerca costante e inesauribile di brani di programmi, in genere brevissimi, in particolare quando i programmi "totali" sono avvertiti come inaccettabili. Paradossalmente la restrizione temporale della consumabilità per frazione di canale prolunga il consumo complessivo del sistema televisivo. Il telecomando rinvia e rinnova, grazie alla moltiplicazione dei canali e dell'offerta, una disponibilità alla felicità, al divertimento, alla distrazione, che invariabilmente viene negata e riproposta – in una sorta di parodia della hegeliana "negazione della negazione" – all'infinito. Se i singoli programmi sono inadeguati rispetto alle loro promesse, la somma di frazioni minime dei programmi totali non solo è tollerabile, ma è gradevole "gioco" all'infinito di congiunzioni casuali; il senso di rinnovabile e inesauribile onnipotenza del telecomando si "schiaccia" di fronte alla paralisi di esperienza, ai brandelli di una comunicazione ormai indifferenziata.

La funzione ipnotica e "vincolante" del telecomando è evidente. La possibilità ansiosa di raggiungere il programma giusto e definitivo fa accelerare i ritmi. Minacce e promesse ludiche si susseguono nei passaggi tra tipi logici differenti. La chiromante ammiccante, il prete ispirato, la pubblicità implacabile, la scena più *osé*, si pongono nel medesimo piano orizzontale e puntiforme; e la discriminazione tra messaggi diversi diventa non più difficile, quanto inutile. Ogni *frame* è come un tassello di un nuovo gioco dell'oca, dove l'*alea* dei dadi lanciati dalle mani è sostituita dalla pressione delle dita sui tasti del telecomando stesso.

La rivitalizzazione dello schermo passa attraverso la nullificazione delle storie. Chi, viceversa, sceglie un po' pateticamente la linea della resistenza (o della fermezza) manuale, è costretto ad alzarsi in continuazione per cambiare i programmi e così non potrà che vedere – magari finendo con l'addormentarsi – sempre lo stesso soporifero canale, oppure dovrà attaccarsi simbioticamente alla TV e, girando e subito verificando i canali, stringersi in un titillamento sensuale, assordante e accecante, con il *medium*. Il telecomando (che pure è un grande strumento di "democrazia visuale", poiché permette a tutti di far sparire velocemente i programmi non graditi) può sia disabituare alla decodifica di messaggi lunghi e metaforici, che incrementare le capacità percettive, in quanto lo spettatore riesce a decifrare in frazioni di secondo una serie crescente di codici (numero del canale, sigla della televisione, genere filmico, tipo di attore, cantante, spot, ecc.). Il consumo di frazioni di programma si allunga solo quando appare un segno visuale che può colpire per l'alto livello di immagine, e allora sopravvive qualche secondo in più, oppure esso viene immediatamente sostituito da quelli successivi[9].

Il telecomando fu solo l'inizio.

Ora una folla di password, remote control, codici si diffondono tra appartamenti privadi e spazi pubblici. La penetrazione delle cose intelligenti (*smart cities* o *Internet of things*) nella quotidianità di ogni persona dilata e confonde lo spazio domestico tradizionale. La dicotomia pubblico-privato fu una grande rivoluzione borghese contro le totalità aristocratiche. La dimensione soggettiva fui uno spazio prezioso definito nell'*interieur* della casa borghese, dove l'individualità ebbe la sua area privata da dedicare alla cultura o agli aspetti più segreti maschili. Il palazzo aristocratico non aveva il privato e ancor meno le case popolari. L'invenzione del corridoio fu una rivoluzione urbanistica e politica – psicologica e borghese. Dopo, tale dicotomia pubblico-privato si è diffusa in altri segmenti sociali e diventò "naturale". La rivoluzione digitale imprime un radicale mutamento nella comunicazione politica e dichiara tale dicotomia obsoleta: la pratica quotidiana è ubiqua, si afferma la tendenza di spezzare tale dicotomia e navigare in una matassa ambigua dove l'inizio del publico e il finale del privato é sempre più inesistente o comunque problematico. Con la proliferazione dei remote controls si accede alla fine della democrazia rappresentativa e la nascita di una politica sconosciuta (da molti definita "populista"). La soggettività si estende alle cose pulsanti, agli ex-oggetti sempre più con *diritti antropomorfici*.

E ~ la *pubblicità*. Il messaggio della pubblicità televisiva sembra il più adatto a emanare confusione e indistinzione tra i segnali di amicizia e di punizione. Sono numerosi i generi di *spot* che iniziano o con la comunicazione di un affetto simulato o con la minaccia che deriva dal non eseguire un determinato consiglio. Seduzione e disprezzo sono compresenti nei metalinguaggi pubblicitari (i panni sporchi e il sapone risolutivo): ciò implica uno smarrimento che, in alcuni casi, è risolto non casualmente dall'umorismo. La battuta arguta, la *gag*, permette con facilità il passaggio da un tipo logico a un altro. Questa confusione tra promessa e minaccia insita nel messaggio pubblicitario sviluppa legami contraddittori che sembrano avviluppare seguendo lo schema di Bateson. Il messaggio inizia dicendo: "attento ai tuoi denti, ai tuoi capelli, ai tuoi odori, alla cellulite, alla gola, al naso, agli occhi, a come cammini, a come respiri, a come dormi"... e subito dopo conclude: "ma io ti amo e ti offro questo prodotto". Ancora una volta *comportamenti ostili* e *affetti simulati*.

È stato calcolato che uno spettatore "normale" vede in media centoventi ore di pubblicità all'anno: ebbene questa massa di comunicazione visuale produce un doppio vincolo; infatti, la medesima fonte di comunicazione emette determinati tipi di messaggi che al ricevente non possono non apparire contraddittori. Già la medesima "natura" pubblicitaria si presenta come un soggetto materno, che si prende cura dell'utente-figlio ventiquattro ore al giorno per informarlo, curarlo, divertirlo, distrarlo. Il tipo di messaggio "primario", emesso a livello esplicito, entra in aperta contraddizione col messaggio "secondario", implicito, che, in analogia con quanto Bateson dice per il doppio vincolo "classico", è percepito dallo spettatore – il figlio "debole" – non tanto nel suo linguaggio verbale, quanto in quello gestuale e comportamentale. Alla fine dell'intera quota di pubblicità assorbita giornalmente per individuo, e ancor più in quella annuale, questo puro "ricevente" si ritroverà vincolato da una serie infinita di prodotti tra loro in contrapposizione o in giustapposizione, immessi nella sua "mente" senza che il suo "corpo" abbia mai la possibilità di esaudire non certo la totalità, ma neanche una discreta parzialità di tutto questo investimento visuale. E allora l'ansia e il rancore si generano in questa forbice implicita che vincola e, insieme, non risolve il legame visuale;

F ~ lo *sport*. Ancor più evidente, e sempre più spesso anche socialmente tragico, è il doppio vincolo attuato dallo sport, in particolare quello competitivo a squadre. Per esempio, nel calcio è manifesto il paradosso di una diffusione estrema, tra i tifosi di squadre, anche le più antagoniste, dei medesimi moduli espressivi di tipo verbale, gestuale, scritto (striscioni delle curve, bandiere "rotolanti", cori trionfali, codici neonazi, "onde" umane); ma questa *imitazione* reciproca è obbligata ad accompagnarsi contemporaneamente a una *distinzione* dall'avversario che, per farsi visibile, deve essere sempre più accentuata. Questi codici estremi di mimesi e di negazione entrano in perfetta sintonia con la semplice constatazione secondo cui questo sport non può che farsi in due e quindi, anche se pur sempre in competizione, con almeno un minimo riconoscimento obbligato di solidarietà o di complementarietà. Invece alla squadra avversaria vengono riservate le più esplicite minacce di morte in un clima da guerra civile, ma con metalinguaggio implicito che vale per entrambe le metà in gara; ogni tifoseria "riscopre" a ogni *match* il gioco perverso di reciprocità coatta (tra due squadre) e, insieme, di annullamento desiderante (di una delle due). E nell'incapacità di scegliere tra questi due poli estremi – che sono, ahimè!, i veri "estremismi" strutturali e vincolanti – si erge la necessità di elevare il livello della distinzione, per arginare la confusione con l'altro, aumentando le quote di violenza "audiovisiva" in pubblico. Questo *disordine dell'identità* ignora le pure condanne verbali, in quanto la comunicazione corre su un altro codice linguistico (corporale, gestuale e visuale). Ma il paradosso è che ogni settimana si verifica una sorta di *omeostasi* generale che ristabilisce un equilibrio autoregolatore tra le varie tifoserie e che i *media*, a prescindere dalla loro più o meno dichiarata buona volontà, contribuiscono a diffondere proprio sotto forma di visibilità autoevidente. Le "leggi" antropologiche della reciprocità e dell'etnocentrismo si aggrovigliano nel fenomeno sportivo contemporaneo in una spirale a *doppio vincolo* di cui è difficile poter vedere una tendenza contraria. Ancora una volta le ideologie che si diffondono non stanno nelle parole piene di buoni sentimenti e, più spesso, di ipocrisia, bensì direttamente e "ventriloquisticamente" nei segni che i vari gruppi manifestano in modo eloquente in pubblico: razzi, monetine, bombe carta, minisimboli di morte preferibilmente in lingua anglosassone (la lingua dominante a livello mediale) non hanno bisogno di altre parole per diffondersi spontaneamente e irresistibilmente. Il più estremista dei tifosi è tanto carico di istanze di morte nei confronti del suo partner, quanto è vincolato a esso senza poterne fare a meno neanche per un secondo (vedi il senso spettrale e cadaverico che si diffuse durante una partita di calcio giocata senza pubblico in quanto "squalificato").

In conclusione, gli esempi descritti all'interno del processo di acculturazione – lo zainetto, il telecomando, la pubblicità televisiva, lo sport – sono un campo possibile di applicazione dei concetti batesoniani di "doppio vincolo" e "trama che connette". Essi tendono a dimostrare quanto il confine tra "normalità" e "devianza" sia labile anche e soprattutto nella comunicazione visuale, la quale diffonde, per così dire, spontaneamente metalinguaggi tra loro contraddittori che il pubblico ha un'obiettiva difficoltà a decodificare in modo non conflittuale. La schizofrenia è un precipitato indifeso contro un meccanismo totalizzante che si coalizza all'interno della particolarità familiare e che, ora, sempre più trasborda nella cultura visuale in generale; anche per questo il salto verso la trasformazione della "normalità" – a livello individuale, di gruppo e, ancor di più, di massa – in comportamenti "patologici" è un meccanismo che coinvolgerà sempre più i paesi cosiddetti "avanzati" (vedi, ad esempio, i tifosi inglesi). Nel grande sport o nel film spettacolare il passaggio tra i due codici diversi ma contigui, quello amicale e quello aggressivo, sarà sempre più una pratica "normale", perché sempre più indistinguibile diventa la linea metaforica che separa i messaggi di "gioco" da quelli di "guerra", specie da gruppi di persone socialmente deboli, organizzati con un esternamente eccessivo quanto internamente labile livello di identità, troppo simili a quelli cui pretenderebbero contrapporsi. Il tifoso juventino è realmente *vincolato* a doppia mandata col suo sosia romanista. Ma riconoscere questa semplice verità sarebbe veramente troppo per entrambi.

Lusor Basiliensis

È forse doveroso ricordare ora che, all'interno della medesima persona – Gregory Bateson – sono convissute configurazioni tra loro diverse. Lo stesso antropologo, durante la Seconda guerra mondiale, in qualità di membro dell'*Office of Strategic Service*, escogitò lo stratagemma di lanciare sul Giappone, tramite l'aviazione, le ceneri dei suoi soldati uccisi e cremati per intaccare il morale nemico. «L'aviazione degli Stati Uniti rifiutò decisamente di essere coinvolta in quella che appariva una macabra operazione», ricorda la figlia (Bateson M.C. 1984, p. 36). E fu proprio Bateson, che si trascinò fino alla fine della guerra le ceneri del povero soldato nipponico, a sollevare questa obiezione: «E perché dire al pilota cosa conteneva il pacco?"». È questo lo stesso Bateson che faceva dire alla figlia:

> la sua tenerezza, sia verso i bambini sia verso gli animali, conteneva sempre un elemento della sollecitudine del naturalista, tollerante e colmo di ammirazione per la grazia del vivente (p. 30).

Oppure, quello che rimetteva accuratamente le pietre al loro posto, lungo la spiaggia californiana, dopo averle sollevate per scoprire eventuali granchi.

Sulla sua visione del mondo è possibile fondare un'estetica in cui equilibrio e simmetria forniscano le basi di una pace ecologica. La *trama che connette* è il concetto antropologico che può aprire le porte all'ecologia della mente e alla sua morale. Ma anche, come abbiamo visto, al suo contrario: i media come *videodrome*, che penetrano e connettono e modificano le menti rese spettatrici in cerca disperata di nuovi video-testi; oppure come infiniti sincretismi postmedia che possono moltiplicare le forme percettive e le espressioni retoriche, i modelli valoriali e gli schemi teorici.

La più bella citazione che è possibile estrapolare dai suoi scritti è, forse, proprio questa: «quale struttura connette il granchio con l'aragosta, l'orchidea con la primula, e tutti e quattro con me, e me con voi?». La contiguità e la profonda identità tra "mente" umana e "mente" naturale emerge con il riscontro più vivo e suggestivo di un discorso in forma di catena significante (granchio-orchidea-me-voi) che è nello stesso tempo poetica e autopoietica.

È singolare che uno scrittore come Hermann Hesse abbia scritto, più o meno contemporaneamente a Bateson, un romanzo – *Il gioco delle perle di vetro* – così affine alla trama che connette, un romanzo alla ricerca di una lingua nuova,

> lingua di segni e formule, nella quale avevano ugualmente parte la matematica e la musica, sicché fu possibile unire for-mule astronomiche e musicali e ridurre la matematica e la musica, per così dire, a un comune denominatore (Hesse, 1973, pp. 28-29).

Hesse chiamò *Lusor Basiliensis* il primo grande riformatore del gioco delle perle di vetro, nome che a me sembra poter dedicare a Gregory Bateson. Tale gioco ebbe questa ulteriore definizione:

> sotto l'alterna egemonia di questa o di quella scienza o arte, il Giuoco
> dei giuochi era diventato una specie di linguaggio universale col quale i
> giocatori erano in grado di esprimere valori mediante simboli e di metterli
> in vicendevole rapporto. Il Giuoco fu sempre strettamente connesso con la
> musica e si svolgeva sempre per lo più secondo norme musicali matematiche.
> Si fissavano, si eseguivano e variavano un tema, due temi, tre temi, ai quali
> toccava all'incirca la sorte del tema di una fuga o di uno di quei tempi d'un
> concerto. Un giuoco poteva, per esempio, prendere le mosse da una data
> configurazione astronomica o dal tema di una fuga di Bach o da una tesi
> di Leibnitz o dalle Upanishad e da questo tema, a seconda delle intenzioni
> e dell'ingegnoso giocatore, l'idea conduttrice che ne era evocata poteva o
> continuare e ampliare la sua espressione o arricchirla con reminescenze di
> idee affini. Mentre il principiante era, poniamo, capace di stabilire, mediante
> i segni del giuoco, un ponte tra una musica classica e la formula di una legge
> fisica, l'esperto e il maestro portavano il giuoco liberamente dal tema iniziale
> fino a combinazioni illimitate (1973:31).

Ecco: la ricerca di un comune denominatore – tra simmetrie estetiche, analogie giocose, incroci illimitati – unifica Hesse e Bateson. Per entrambi, come nello zen, l'azione deve sorgere spontanea, perché solo così il bersaglio, la freccia e l'arco diventano un tutt'uno. Il vero bersaglio dell'arciere è interno e può essere centrato solo abbandonando la presa della mira cosciente, dell'io calcolatore. Il gioco delle perle di vetro è l'ecologia della mente. E entrambi hanno dei limiti precisi.

In primo luogo, lo scambio tra Oriente e Occidente è eccessivamente squilibrato e rischia di appiattire in un etnocentrismo rovesciato le enormi possibilità affermative di proficui sincretismi culturali. E poi le trame metafisiche che passano dalle opere d'arte alle leggi della fisica sono possibili solo col metodo surrealista di casualità che dona senso attraverso il *collage* e non attraverso l'universalismo legislativo dell'*encyclopédie*, come si ostina a immaginare Hesse. Lo stesso discorso vale per la resurrezione animista che, in Bateson, fonde animali, persone, piante e cose grazie allo «spirito che muove» – nuovo *mana* naturalistico – per una natura totemizzata da un'ansia verso l'indistinto.

Del padre così ha detto la figlia Mary Catherine: «per lui era fondamentale vedere la foresta, non i singoli alberi» (Bateson M.C., 1984:91).

Questo giudizio ci introduce ad alcuni nodi problematici dell'ecologia della mente, sui quali non si potrà non tornare costantemente. Secondo Bateson, attraverso successivi livelli di astrazione è possibile stabilire connessioni tra tutti i campi della conoscenza; alla fine «l'involucro di pelle attorno a un organismo non è altro che una variazione di consistenza nelle strutture di trasferimento di informazioni e di controllo cibernetico» (Bateson, 1972:229). La stessa separazione tra pensiero e sentimento è da respingere: «una lacrima è un fatto intellettuale». Ed è a questo punto che si può udire l'estremo suono: «il suono di una sola mano che applaude possa condurli [i discepoli] all'illuminazione» (p. 95).

In senso contario a questo processo "ecologico", i pericoli reali vengono, sempre secondo Bateson, dalle idee. Non solo. Egli reputava che «il tentativo di correzione aumentava l'errore, in un processo che in cibernetica si chiama feedback rigenerativo» (p. 93). Contro questo modello logico organizzò, insieme alla figlia, un seminario interdisciplinare a Burg Wartenstein, in Austria – finanziato dalla Wenner-Gren Foundation for Anthropological Research – che aveva per tema la discussione sulla seguente proposizione: «la natura cibernetica dell'io e del mondo tende a sfuggire alla coscienza nella misura in cui i contenuti dello "schermo" della coscienza sono determinati da considerazioni di finalità» (p. 180).

La distorsione psichica prodotta dalle *finalità* (l'*a priori* di ogni ipotesi di ricerca che vede, seleziona e interpreta i "propri" fatti) sarebbe la causa centrale di una crisi che coinvolge e travolge la cultura occidentale.

Questa è la parte più delicata e "tremante" di Bateson: la fusione con la natura o, meglio, la *natura fusa* dentro l'uomo. Per risolvere l'incedere dei finalismi catastrofici, l'ecologia della mente si realizza pensando come pensa la natura, "vivendo", più che affermando, nei comportamenti quotidiani la "trama che connette" granchi, orchidee e uomini.

L'itinerario iniziato con l'individuazione delle emozioni come luogo ineludibile della ricerca sul campo che riguarda sia gli "osservati" che gli "osservatori", si conclude paradossalmente con la tradizionalistica mutilazione del soggetto individuale che deve retroflettersi in una trama indistinta. Ma è proprio questa nebulosa dell'indistinto a essere indifferente alle emozioni, il cui senso è avvertibile proprio perché le possiamo *anche* osservare. Anziché mutilanti regressioni verso un "uno" indistinto, un nirvana dove tutto è – o sarebbe – pieno di senso, la critica comunicativa sceglie la moltiplicazione dei punti di vista e afferma: solo osservandosi mentre ci si emoziona, imparando a perdersi mentre ci si fonde, solo collocando il proprio sé emozionato e tremante in un *frame* che è nello stesso tempo osservato da un altro sé esterno alla cornice, solo addestrandosi a godere delle proprie emozioni come componente ineludibile dell'atto cognitivo – accanto, sopra e sotto l'attività razionale – e quindi *anche* separato da esso, è possibile esplorare nuove frontiere della conoscenza. Chiudere verso l'attività cosciente, non vederne le possibilità produttive estetiche, emotive, irrazionali, significa arrendersi alla tradizionale, ottocentesca centralità comunitaria di carni e di suoli, che tutto fonde in un unico blocco di acciaio contro un'alterità di volta in volta costruibile. Al contrario, ragione, coscienza, conoscenza possono essere moltiplicate nelle loro specifiche attività grazie a decentrati rimescolamenti con tutto quello che tradizionalmente è visto come ad esse nemico.

È nello spezzare il carattere monologico dei finalismi e delle emozioni, delle razionalità e delle comunicazioni che si produce mutazione progressiva. Solo la certezza di un ritorno dalle emozioni e dalla fusionalità con la natura mi permette non solo di godere l'abbandono, quanto di *pensarlo*. Il modello di un'antropologia alternativa deve essere moltiplicativo e non subire il fascino dell'azzeramento – il regredire allo zero assoluto preindividuale.

Inoltre tutto questo discorso è mutilato da una tradizionalissima aporia del pensiero occidentale, che vuole annullare il pensiero razionale attraverso un discorso altrettanto razionale: da questo punto di vista, il finalismo razionale è identico al finalismo ecologico, essendo comunque *finalismo*. Questo è un problema che riguarda i tipi logici: non si può sostenere di pensare come pensa la natura e, nello stesso tempo, esprimere tale pensiero con tipo logico diverso che riguarda la cultura. Ma è proprio la natura a essere pensabile solo attraverso un atto che presuppone una tensione con il polo separato della cultura. Una cultura che contiene coevolutivamente al suo interno – e a sua volta è contenuta da – la natura. Come in quel quadro di Escher con raffigurato l'anello di Moebius, in cui, lungo una prospettiva "falsa" (e proprio per questo verissima!), i monaci che salgono le scale sono gli stessi che le discendono. Per questo una soluzione non può che essere prefigurata da un approccio frammentato, decentrato e plurale, fatto da corse fusionali e rincorse coscienti (e viceversa).

È l'alterità, le tante alterità possibili – polifoniche, sincretiche, dialogiche – che "pervertono" l'ecologia della mente da fusione indistinta a frammenti plurali tanto più radicali quanto goduti nel corso di giustapposizioni instabili e irrequiete.

Il desiderio di fusione con la natura è tanto più realizzabile concretamente nella misura in cui è possibile mantenere come irrinunciabile e irriducibile la *dichiarazione di alterità* dalla natura stessa. Se sapessi o, ancor più, se dichiarassi di non voler tornare indietro da tale fusione, vedrei la mia professione di identità come irreversibile regressione. L'*unità* con la natura è la premessa per affermare l'identità e, contemporaneamente, la *non-identità* con essa da parte di un'antropologia sincretica, polifonica e dialogica. Quest'ultima proposizione, infatti, fa saltare i principi logici della nostra civiltà, che si sono basati sul principio di identità, non contraddizione, terzo escluso. Un'identità senza distinzioni con la natura è *solo* un'ansia del cittadino: è una vera e propria invenzione della metropoli.

La prospettiva che si apre si può forse riassumere in questo modo: nell'incrocio della *complessità dissolvente*, da cui diparte a raggiera la comunicazione visuale riproducibile, Gregory Bateson deve incontrare Walter Benjamin, solitario esule nella *Bibliothèque Nationale* che intravede le sperimentazioni liberatorie della riproducibilità tecnica.

È tempo di sovvertire l'ecologia della mente.

Ma prima ancora di iniziare il viaggio dentro il "volto" e le sue mutazioni nel prossimo capitolo, è necessario presentare criticamente e in dettaglio l'altro lato del pensiero batesoniano – quello legato alla ricerca sul campo e alla sperimentazione dei linguaggi – che ci spinge dentro le questioni innovative del nesso tra metodo decentrato e forme plurali della rappresentazione.

> Mettere insieme i dati è quel che io intendo per *spiegazione*.
>
> Gregory Bateson

Il carattere e il corpo balinese

Vorrei ora analizzare criticamente il più importante testo antropologico che utilizzò (come già accennato) in modo sistematico la cinepresa e la fotografia nella ricerca sul campo: *Balinese Character*, di Margaret Mead e Gregory Bateson. Quest'ultimo elaborerà alcuni tratti distintivi dell'antropologia visuale in un modo così paradigmatico, che tale testo rimane tuttora – dopo più di ottanta anni dalla sua pubblicazione – esemplare per la ricerca etnografica. Tuttavia, quei risultati verranno riconsiderati con uno sguardo indisciplinato, mettendo in luce alcuni aspetti per molti versi criticabili. D'altronde un testo non rimane mai "fermo", ma muta le sue suggestioni in relazione al mutare delle sensibilità dei diversi osservatori e delle condizioni storico-culturali. Tra testo originale, contesto storico e lettore si attesta una tensione irrisolvibile una volta per tutte.

È possibile sostenere, infatti, che con tale testo si afferma il passaggio dall'antropologia visuale in senso tecnico all'antropologia della comunicazione in senso metodologico. Bateson costruisce un paradigma della rappresentazione etnografica che la successiva prospettiva ecologico-mentale (precedentemente discussa e in ogni caso già presente fin dal suo primo saggio *Naven* del 1936) sfortunatamente abbandonerà, in quanto si dedicherà solo alla ricerca, all'esposizione orale, a conferenze e non più all'aspetto decisivo – in congiunzione inquieta con le prospettive critiche dei paradigmi scientifici – delle forme innovative e sperimentali della rappresentazione. Qui di seguito si vuole ribadire che i risultati della ricerca sul campo non sono più distinguibili dalla forma della sua esposizione, che tra forme o, meglio, le diverse *trame* della rappresentazione (un complesso non riducibile a unità di linguaggi ma moltiplicativo dei punti di vista del soggetto ricercatore) e prospettiva critica si estende un complesso quanto intricato filo cognitivo che non è più riassumibile nel punto di vista etico del soggetto ricercatore, bensì nelle innovazioni sperimentali e moltiplicative (polifoniche e dialogiche) della rappresentazione stessa.

Di conseguenza, la nuova critica della comunicazione non è collocata più al sicuro nella presunta opzione di campo (ideologica) del ricercatore – ridotta a una sorta di salvacondotto per buoni sentimenti e correttezze analitiche – bensì nelle capacità di saper attraversare, scomporre, moltiplicare, dialogicizzare i fili della narrazione. Le trame della rappresentazione devono contenere al loro interno la capacità di saper dissolvere – attraverso il feticismo metodologico – gli aspetti reificati visuali della "cosa".

Cercheremo di osservare *Balinese Character* da questi instabili punti di vista, affinché le osservazioni critiche su alcuni suoi contenuti (quelli in gran parte datati) siano in tensione con l'ancora inesausto valore paradigmatico del metodo.

Questa premessa serve a chiarire che la riflessione su un libro come *Balinese Character* deriva dal fatto che la coppia più celebre dell'antropologia è stata ridiscussa recentemente, specie negli Stati Uniti, con opposti risultati circa il dibattito sulle tendenze delle scienze etnoantropologiche.

Tanto è stata criticata la Mead[10], quanto crescente si è fatto l'interesse di alcuni antropologi innovatori – per fortuna al di fuori dei flussi ecologico-ambientalisti o degli epistemologi della complessità – su un autore singolare come Bateson, "un pensatore isolato che lavora negli interstizi delle discipline" (Marcus, 1984:427). Il riferimento a George Marcus – il più attento reinterprete di Bateson in questi ultimi anni (1984, 1985, 1988) – ci consente di accennare alla "miseria" della componente ormai egemonica dell'etnoantropologia italiana (tranne le note, poche eccezioni) ridotta allo studio autarchico e inesausto di processioni e proverbi e giochi del lotto con le tradizionali forme retoriche. È, questa, una costatazione tanto più dolorosa quanto più si nota come gli anni Ottanta abbiano costituito negli USA un punto di svolta per la disciplina. Una nuova generazione di antropologi, infatti, ha sottoposto ad analisi i testi "classici", trattandoli come veri e propri *fieldworks* e verificando le forme di autorità nella rappresentazione dell'alterità e, dialogicamente, del proprio sé. Il risultato è fondamentale e appare prioritario rispetto al come fare ricerca e alla conseguente scrittura di testi.

Si badi bene che le analisi delle forme retoriche della scrittura etnografica si sono svincolate dalle asettiche o neutrali semiologie che confondono – per usare la terminologia di Bateson – i codici (la mappa) con l'universo (il territorio): anzi, in esse è di nuovo presente il conflitto contemporaneo, ricostruito attraverso *il poetico e il politico dell'etnografia*. E questo è anche il sottotitolo dato al libro curato dallo stesso George Marcus e da James Clifford (1986), i quali – insieme alle forze più innovative dell'antropologia statunitense – hanno ripensato lo statuto epistemologico della disciplina e la sperimentazione di nuove forme di scrittura, secondo quello straordinario modello che è stato il doppio scambio tra avanguardia artistica e ricerca etnografica degli anni Venti e Trenta in Europa - in particolare il *surrealismo etnografico* di Leiris, Bataille, Metraux e persino di Mauss (Clifford-Marcus:1986; Clifford, 1988; Crapanzano, 1980; Tedlock, 1983; Rosaldo, 1989; Boon, 1982; Marcus-Fisher, 1986; Rabinow, 1977).

Quindi non è casuale che lo stesso Marcus – reinterprete di Bateson – sia anche promotore del seminario sulle forme della scrittura. L'uno è la premessa dell'altro. Il Bateson che interessa a questo gruppo e in particolare a Marcus è il primo Bateson, quello più propriamente etnografico. Non tanto perché qui è racchiuso il successivo sviluppo dell'ecologia mentale, quanto perché nei suoi primi due testi – per lui *Naven* e per me anche *Balinese Character* – egli sperimenta nuovi modelli di rappresentazione della ricerca sul campo, nuove forme del linguaggio: nel primo caso con la scrittura tra gli Iatmul e nel secondo con la fotografia e il cinema tra i Balinesi[11].

In conclusione il Bateson che interessa qui non è quello la cui biografia personale rappresenta "la trasmissione delle idee del XIX secolo al XX attraverso la tradizione familiare", né il pensatore socratico che influenzerà gli ambientalisti, bensì quello nelle cui forme della rappresentazione – scrittura, fotografia o cinema – "è inserita una critica precoce e profonda del paradigma etnografico", che ne fa "un'ispirazione per le tendenze contemporanee della scrittura etnografica sperimentale" (pp. 427-8).

Il taccuino e la Leica

Dunque, dal 1936 al 1938 – con alcuni brevi intervalli – la Mead e Bateson sono a Bali per svolgere insieme la loro ricerca, ma il loro vero problema era iniziato prima: nell'introduzione dell'opera essi affermano esplicitamente che la spinta a tale nuova ricerca si colloca tra il 1928 e il 1936, quando, separatamente, scrivono libri che saranno duramente criticati. Da un lato, *Coming of Age in Samoa, Growing up in New Guinea, Sex and Temperament* sono accusati di aver "trasgredito i canoni di un'esposizione scientifica precisa e operazionale caratteristica della scienza" (1942:XI), per scivolare sul terreno "idiosincratico" della letteratura, se non proprio del giornalismo più impressionista. Dall'altro, *Naven* cerca di rappresentare un rituale di travestimento in Nuova Guinea secondo un metodo giudicato troppo analitico e troppo interessato alle *emozioni*, le cui soluzioni anche formali vanno ben oltre i truismi del funzionalismo. Ciò che interessa a Bateson è l'*ethos* degli iatmul, da lui definito come "un sistema culturalmente standardizzato per l'organizzazione degli istinti e delle emozioni degli individui" (ibidem). Sono le emozioni dell'osservato e dell'osservatore – rimosse da Malinowski e deviate nella scrittura "notturna" del suo diario scritto in polacco e non destinato alla pubblicazione – a diventare per la prima volta oggetto specifico dell'indagine etnografica.

L'incontro sul campo tra i due – fatale anche per il loro cosiddetto matrimonio etnologico[12] – favorisce un progetto ambizioso. Per superare quelle critiche – sulla "selezione arbitraria di casi fortemente coloriti" o sugli eccessi analitici privi di "ordine" intellettuale – Mead e Bateson decidono di seguire strategie narrative diverse.

> In questa monografia noi stiamo sperimentando un nuovo metodo di enunciare le relazioni intangibili tra tipi differenti di comportamenti cultural-mente standardizzati collocando di lato fotografie reciprocamente rilevanti (p.XII).

Quindi la Mead si arma del suo perenne taccuino e Bateson della Leica (con cui realizza le venticinquemila fotografie mal conservate e ancora non catalogate nell'*Academy* di Washington). In tal modo Margaret osserva le scene, scrive appunti e dà indicazioni (anch'esse annotate) e Gregory, sempre armato di almeno due Leica, fissa il tutto. Quelle che seguono sono alcune riflessioni sulle note di quest'ultimo circa i metodi e le tecniche usati per fotografare.

Il fatto di andare sempre in giro con le Leica, senza dover chiedere il permesso di fotografare, diventa un tale fatto di *routine* che il fotografo e i balinesi cessano di essere entrambi "consapevoli della presenza della macchina fotografica" («camera consciuous»). Questo risultato è favorito dal fatto che a essere fotografati sono generalmente piccoli bambini, per cui i genitori si sentono – erroneamente – non inclusi nei loro interessi. A volte egli usa un particolare specchio – un "mirino per visioni angolari" («angular view finder») – ma solo nei casi in cui i balinesi non si aspettano né avrebbero gradito essere ripresi, come durante il pasto. In altri casi, specie quelli a carattere spettacolare – come per le danze – "noi creammo il contesto" («we created the context»), nel senso che i due antropologi pagano per le rappresentazioni, cosa in parte normale in quanto ogni rito include offerte. Il grandangolo è usato raramente e solo dal 1937 sarà possibile usare il teleobiettivo. Nella successiva scelta delle immagini, il conflitto "tra la rilevanza scientifica e il valore fotografico" è sempre stato a favore del primo; in due casi le foto sono state ritoccate da un grafico.

Ma la cosa più importante, da un punto di vista metodologico, è la selezione delle foto e la scelta della loro esposizione. Nel primo caso, "siamo stati guidati in primo luogo da certe ipotesi prioritarie, per esempio che le relazioni genitori-figli e le relazioni tra fratelli fossero più significative delle tecniche agricole" (p.50). Dalla qual cosa ne discende che la maggior parte delle foto riguardano questo tipo di sequenze riprese secondo una prospettiva metodologica su cui torneremo:

> scoprimmo che ogni tentativo di selezionare dettagli particolari era fatale e che il miglior risultato sarebbe stato conseguito quando la foto era più rapida e quasi casuale. Il fotografo reputava che il contesto fosse interessante e fotografava per quanto possibile ogni movimento che il soggetto facesse, senza domandarsi quale movimento potesse essere il più significativo (ibidem).

Una volta tornati in America, quindi "a tavolino", la Mead e Bateson elaborano una lista di categorie che intendono illustrare e quindi inseriscono le varie foto (scelte solo tra la parte iniziale del lavoro sul campo a causa della loro enorme quantità) dentro questa griglia, salvo verificare l'importanza di nuove categorie. Il risultato finale – del tutto originale – è il seguente: il libro di formato grande è suddiviso in 100 tavole, una per ogni pagina, che comprende un numero variabile da 6, più spesso 7-8, al massimo 11 foto. A fronte, prima un commento generale (*general statement*), anche sul "contextual setting" dove le foto sono state prese, poi un'analisi dettagliata di ogni singola foto.

Nel testo, dopo la premessa congiunta, vi è un saggio introduttivo della Mead sul "carattere balinese" con riferimenti generici alle foto. Infine vi è una conclusione a carattere storico, con dati etnografici su Bali, i nomi delle persone fotografate e delle località, e un glossario finale.

In questo modo, ciò che i due autori vogliono dimostrare è che le critiche di esotismo giornalistico o di schematizzazione analitica rivolte ai loro precedenti lavori sono superate, grazie a una presunta «oggettività delle fotografie»: "noi abbiamo ipotizzato che l'obiettività delle stesse foto giustificasse qualche libertà nella scrittura delle didascalie" (p.52).

Questa scelta ha origine dalla constatazione che la crisi epistemologica inizia con la contraddizione tra differenze culturali e concetti verbali: l'*ethos* di un determinato popolo è etnograficamente descrivibile solo usando una struttura linguistica *altra* che, proprio per questa irriducibile alterità, non può che *alterare* profondamente il senso dell'operazione (così, ogni traduzione è sempre un tradimento). Per loro questa contraddizione si può risolvere (cosa che ora appare alquanto ingenua) inserendo un nuovo tipo di linguaggio, questa volta tecnico e quindi per gli autori "oggettivo", che è per l'appunto la fotografia.

Balinese Character si presenta come un testo innovativo – al di là del valore scientifico stesso che, come vedremo, presenta non pochi risvolti ormai datati – nell'esigenza di moltiplicare i linguaggi per la rappresentazione di una determinata realtà che, in tal modo, è tanto più comprensibile in quanto la tradizionale forma-saggio è superata. L'aggiunta di foto, commenti, note e, soprattutto, della stessa *trama* dell'esposizione (una pagina di foto in sequenza e, a fianco, una di commento) configura un modo originale di comunicare.

●● Dieci categorie per cento tavole

Abbiamo visto che le tavole con cui sono organizzate le foto sono cento, per un totale di 759 foto. A loro volta queste tavole sono raggruppate in dieci capitoli per altrettante categorie attraverso cui leggere il carattere balinese. È da sottolineare che questa griglia interpretativa – che ora analizzeremo in dettaglio – è stata elaborata successivamente "a tavolino" e non predeterminata.

1 ~ Il primo capitolo è una *introduzione geografica, socioeconomica* e *psicoculturale* al villaggio di montagna preso in esame (Bajoeng Gede): l'agricoltura con il particolare tipo di irrigazione, quella che chiamano «industrializzazione» (che sarebbe stato meglio definire "artigianato") e, intrecciati a questi temi "strutturali" – a sottolineare la loro non centralità – compaiono da subito due argomenti complementari (se non opposti) sull'*ethos*: quel senso di piacere a essere immersi nella *folla* e quel particolare comportamento individuale definito "awayness",

cioè assenza, allontanamento dalla contingenza, lo star via, l'isolarsi in pubblico. Infine si introduce il concetto di *trance* come altro aspetto caratteriale balinese. *Crowd*, *awayness* e *trance* assurgono così a tre comportamenti di base che devono essere spiegati non in conseguenza delle forme della produzione, bensì dell'*ethos*.

2 ~ Il secondo affronta l'*organizzazione sociale* riferita alle offerte, che hanno una valenza economica e religiosa, psicologica e gerarchica, rilevata attraverso l'orientamento spaziale del corpo.

3 ~ Il terzo è dedicato all'*apprendimento* (forse *il* tema costante di Bateson), di tipo cinestetico e visuale che è raramente dipendente dall'insegnamento verbale, quanto piuttosto da quello corporale. La danza, da questo punto di vista, è un esempio ricco di suggestioni di come il maestro, solo muovendo le mani sue o dell'allievo, insegni la grammatica del corpo senza mai usare la parola. Il capitolo si chiude introducendo il concetto, per me centrale, di *beroek* che esprime una fantasia presente nelle azioni drammaturgiche e in quelle artistiche (statue, disegni): il corpo è costruito da parti separate e può sempre cadere in pezzi. Queste fratture costantemente possibili assumono un valore decisivo per la costruzione del carattere balinese:

> il corpo è una unità singola tanto perfettamente integrata quanto qualsiasi singolo organo e indicazioni contrastanti che il corpo è costituito di parti separate e può cadere in pezzi: *beroek* (p.88).

4 ~ Al punto successivo, dedicato all'*integrazione e disintegrazione del corpo*, è necessario dedicare un'attenzione particolare per commentare una tavola che interpreta la *trance* e il *beroek*. I ruoli presenti in scena sono i seguenti: il burattinaio, la marionetta, l'attrice posseduta, la spettatrice-assistente.

> La parola *beroek* è usata dai balinesi per descrivere un cadavere che sta cadendo a pezzi per la putrefazione. È qui usato per riassumere la fantasia di un corpo fatto di parti separate e indipendenti. Questa fantasia prende molte forme, tra cui la nozione che il corpo è come una marionetta, fissata insieme alle giunture, e la stessa fantasia è strettamente collegata con fenomeni quali l'estasi e la trance (p. 91).

Nella prima foto, le marionette sono legate a una corda tesa da due bastoni tenuti per mano da due uomini. Esse sono divinità sotto forma di bambole. Gli uomini contraggono le braccia e fanno danzare le marionette-divine, volgendo lo sguardo altrove, come a voler significare che loro non sono responsabili di questo movimento: "il resoconto introspettivo nativo

Balinese Character di Mead e Bateson, 1942

è che non sono gli uomini che fanno danzare le bambole – *esse danzano da sole e gli uomini non le possono fermare*" (ibidem).

Bateson ha quindi fotografato il sedere della bambola, rilevando il modo in cui la corda la sostiene e come una piccola campana appesa in fondo ai piedi abbia la doppia funzione di suonare e di tenderla, mantenendola in posizione eretta. Nella terza fotografia, due piccole ragazze afferrano i bastoni agitati con indifferenza dagli uomini e cadono in *trance* subito. Alle loro spalle, siedono due ragazze più adulte che – nella quarta foto – sostengono, con le mani sotto le ascelle, le bambine-marionette.

In questa sequenza vi è anticipato quello che diventerà il paradigma successivo di Bateson: l'ecologia della mente attraverso la trama (*pattern*) che connette. Il contesto comunicativo di questa esperienza rituale performativa stabilisce una contiguità metonimica tra le varie parti, anziché un salto metaforico. Tra *uomo, bastone, filo, marionetta, attrice-in-trance, ragazza-assistente* vi è una lunga catena sintagmatica (che Lovejoy chiamerà "la lunga catena dell'essere") percorsa tutta dal tremore divino che quanto più muove tanto più immobilizza. Esso riduce tutti a *maschera*, a una forma che comunica rimanendo sempre rigida. Maschera degli dèi, immobile e immodificabile. In definitiva le *performance* balinesi funzionano perché il rituale mette in comunicazione l'esterno trans-individuale con l'interno intra-individuale.

Tra fonte dell'agire teatrale, mezzo su cui viaggia l'informazione rituale, e la decodifica degli spettatori vi è una rete di significati e di simboli che connette (e non separa) i tre livelli[13]. L'io non è "compreso" in un singolo personaggio o soggetto, ma viaggia contemporaneamente lungo l'intera catena che, presa nel suo insieme di corde e bastoni, bambole e bambine, costituisce una *mente* unitaria. Una *mente ecologica*.

L'io non è più limitato dall'epidermide individuale, come nella psicologia freudiana, ma prosegue lungo canali dove viaggia l'informazione – in questo caso la *performance*.

Si può dire che la mente ecologica di Bateson ha la stessa funzione della *trance* balinese: eliminare il *beroek*, ovvero quella condizione umana di "cadavere ridotto in tanti pezzi". E questo risultato è ottenibile attraverso la *performance* rituale che ricompone ecologicamente l'unitarietà del cadavere e lo fa rivivere: i fili, i bastoni, le braccia sono tante parti di un unico corpo che la *trance* ha il potere di ri-connettere.

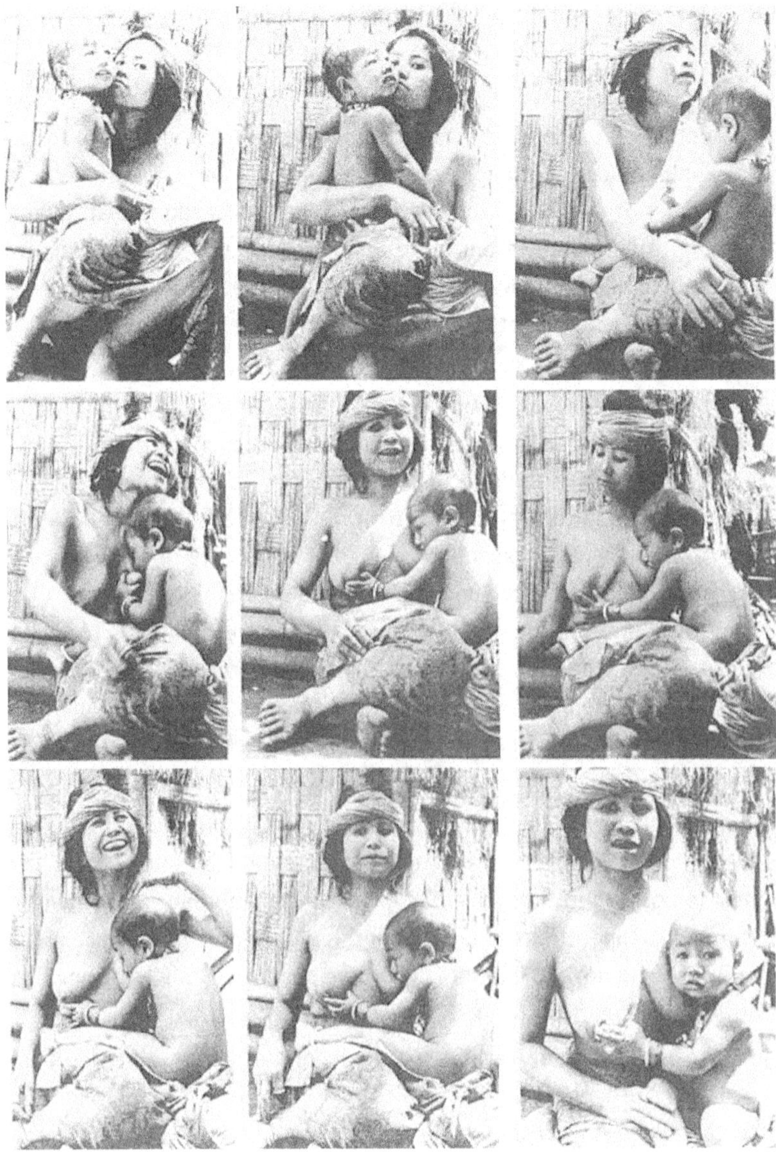

Balinese Character di Mead e Bateson, 1942

5 ~ Il quinto analizza gli *orifizi del corpo*, mettendo in correlazione la bocca e l'ano – ovvero i comportamenti legati al mangiare e al defecare – investiti entrambi da vergogna (*shame*), in opposizione al bere e all'urinare che invece sono attuati normalmente anche in pubblico (devo precisare, però, che gli esempi si riferiscono solo all'uomo). I balinesi quando mangiano insieme si voltano reciprocamente le spalle a causa di un atto avvertito come vergognoso e, proprio per non offendere la loro sensibilità, Bateson sceglie di usare lo specchio angolare. Da qui alcune interessanti note sulla manipolazione della bocca con tabacco, betel, polpastrelli, cibo, allattamento ecc.

«The body as a tube», un tubo che va, appunto, dalla bocca fino all'ano espresso anche in giochi infantili. Lo stesso cibo può essere identificato con le feci, quando è posto sul terreno per essere offerto a demoni o spiriti di basso rango: queste offerte sono normalmente mangiate dai cani che, in un'eccezionale foto, mangiano anche le feci di un bambino nell'atto della loro espulsione. Al succhiare il seno materno è, ovviamente, dedicato un grosso spazio: il carattere del balinese adulto è giudicato come formato dalla prima infanzia e in particolare dall'allattamento. Alcune foto inquadrano quell'atteggiamento già definito di "awayness", che la madre mostra durante l'allattamento e che dovrebbe, secondo gli autori, plasmare un tipo di carattere senza *climax*, distaccato, assente. Il carattere balinese è "in uno stato di dissociazione rilassata come da sogno" (p.47).

6 ~ Quindi si passa ai *simboli autocosmici*, cioè alla costruzione del mondo attraverso la manipolazione degli organi genitali o con giocattoli usati come protesi falliche. Dentro questa vera e propria cosmologia corporale si inserisce il celebre combattimento dei galli, forse a causa della stretta correlazione gallo-pene[14].

7 ~ Questo è il capitolo più esteso, ed è dedicato – ovviamente – alla relazione *genitori-figli*. Esso inizia con suggestive immagini in cui il bambino è mostrato prima come un dio e poi, in contrasto, come pieno di "paura", causata dal comportamento materno che trasmette questo sentimento direttamente al bambino. Questa paura è per gli autori correlata alla "awayness" nel gioco balinese delle emozioni. È importante soffermarsi sulla parte «stimulation and frustration», poiché anche qui è anticipato quello che diventerà il già descritto modello interpretativo di Bateson e della scuola di Palo Alto: il *doppio vincolo* come difficoltà

meta-comunicativa nella relazione madre-figlio. Qui una madre prima stimola il figlio con carezze varie, anche sul pene, e, quando il bambino cerca i capezzoli con entrambe le mani e con la bocca, la madre si distrae, diventa assente come se pensasse ad altro. Ciò produce frustrazione nel bambino, che avverte la lontananza materna e accentua – senza successo – la manipolazione dei seni. Alla fine entrambi – madre e figlio – si mostrano annoiati (*bored*). La sequenza anticipa il paradigma del *double bind* perché la madre prima esprime il suo amore per il figlio, poi – quando questo reagisce con una richiesta accentuata di coinvolgimento emotivo – essa ha quasi paura di mostrare in modo esplicito il proprio affetto e si ritrae. Di conseguenza il figlio ha due messaggi tra loro contraddittori, di amore quando è lontano e allontanamento quando è vicino. Tutto questo è rappresentato in una magistrale serie di foto che dimostrano la centralità delle esperienze etnografiche per i successivi sviluppi epistemologici di Bateson.

Il capitolo continua analizzando il narcisismo materno, il suo mostrarsi, curarsi e isolarsi di fronte ai figli che ne rimangono, di nuovo, frustrati.

Un altro atteggiamento che produce frustrazione e noia è un particolare gioco della madre che, nel prendere in braccio o anche allattare i figli di altre donne (in genere parenti), cerca di suscitare una risposta aggressiva e gelosa del proprio figlio, stemperata da un contesto metacomunicativo affettuoso. Ma di fronte alla reazione filiale – un misto di impotenza e rabbia da lei sollecitato – la madre appare come lontana. Ancora una volta "awayness". Infine tale comportamento annoiato si trasmette dalla madre al figlio e il gioco iniziale si chiude nel suo contrario.

All'interno della stessa sezione è compresa la *trance*, "un misto di agonia ed estasi". Ciò può sembrare singolare, perché non viene riconosciuta un'autonomia relativa a questo aspetto così celebre della cultura balinese. Tuttavia questa scelta è del tutto coerente con l'impostazione della ricerca e, nello stesso tempo, ne manifesta i limiti. Se l'ipotesi di partenza è che la vita adulta è determinata dall'infanzia, non può che essere la relazione madre-figlio a spiegare anche la *trance*. L'intera *performance* è compresa dai modi in cui sono culturalmente soddisfatti gli impulsi primari:

> Questo dramma è esaminato qui alla fine delle serie di tavole che trattano la relazione madre-figlio, in quanto la relazione tra la strega e l'uomo che l'attacca ricorda sotto molti aspetti la relazione tra la madre e il bambino (p. 164).

Sulla *trance* vi è anche un altro aspetto aporetico: se l'intera cultura balinese è definita come priva di *climax* («a state of dreamy-relaxed dissociation»), cioè se la relazione madre-figlio costituisce un modello che tende a eliminare l'innalzamento delle emozioni, diventa difficile inquadrarvi queste *performance* così drammatiche e dalla grande risonanza pubblica. La loro soluzione a tale aporia del paradigma è singolare: quei comportamenti che si manifestano in una serie di vere e proprie *climax orgasmiche* («orgasmic climax») sono spiegati come un "ritorno di modelli comportamentali estinti o inibiti" (p. 168). La più radicale critica alle loro ipotesi viene così "risolta" con questa semplicistica e, in verità, anche grossolana spiegazione.

La natura "ideologica" dell'affermazione è evidente, non solo per l'impossibilità di poterne verificare l'assunto. Infatti, anche se per pura ipotesi fosse vera l'affermazione del "ritorno del rimosso" sotto forma para-teatrale, sarebbe proprio questo ritorno a dover essere *spiegato*. Il processo logico è qui rovesciato. Proprio quello che contesta l'ipotesi viene "rimosso con la rimozione" dagli autori.

Ciò apre due considerazioni critiche: la prima sulla citata "finalità cosciente" e la seconda sul rapporto soggettività-comportamento. La loro scelta di focalizzarsi sul solo comportamento e sulla comunicazione delle emozioni fa sorgere un altro problema metodologico sulla validità di resoconti basati solamente su interpretazioni assunte come "oggettive" del comportamento, senza ricercare una soggettività balinese entrando con loro in una relazione dialogica. Questo manca. Gli autori sembrano convinti che il loro tipo di osservazione oggettiva (appunti e foto) sia sufficiente a determinare questo *ethos*, senza far emergere quella che è l'eventuale spiegazione conscia di un determinato atteggiamento da un punto di vista nativo.

Da un lato, l'ipotesi di partenza organizza e distorce i materiali empirici secondo una *finalità cosciente*, dall'altro, a questo eccesso di soggettività dell'osservatore corrisponde una simmetrica assenza di soggettività nell'osservato. Il tutto serve a fondare un'oggettività del quadro di riferimento.

8 ~ I punti successivi continuano il medesimo argomento, focalizzando sui *siblings*, cioè sulle relazioni tra fratelli (deviate in rivalità dai giochi materni), sul modello precedente e sugli stadi di sviluppo dall'infanzia all'adolescenza.

9 ~ L'ultimo capitolo si chiude coi *riti di passaggio*: la nascita, il matrimonio, la morte. In particolare il funerale è analizzato nelle sue varie fasi, prima il seppellimento, poi la riesumazione del cadavere (compreso il ridere rituale), la pulizia delle sue ossa, la ricostituzione del corpo con una bambola al fianco rappresentante l'anima, l'esposizione di entrambi (ossa e bambole) coperte con un panno su cui è dipinto un corpo intero, fino all'incenerimento. Il paragrafo finale – il n. 100 – è dedicato alla continuità della vita e spiega un altro fondamentale aspetto della cultura balinese, che sarebbe stato utile collegare al più volte citato senso di "awayness": le anime dei morti si reincarnano nei bambini secondo il seguente schema: il bisnonno trasmette il nome al pronipote, costruendo un cosmo statico, suddiviso in tre stadi, ciascuno per ogni generazione: "ogni individuo è in qualche modo dentro questo ciclo a tre generazioni, in cui la sua posizione è determinata dai tecnonimi".

Se un bambino si chiama "tizio", il genitore si chiamerà "padre di tizio" e il nonno "nonno-di-tizio". Solo l'eventuale sopravvivenza del bisnonno può produrre una sovrapposizione col nome del pronipote, che viene superata con una serie di accorgimenti terminologici. Ciò significa che ogni individuo sta dentro questo grande ciclo olistico della vita balinese in cui si alternano le nascite e le morti, il naturale e il soprannaturale, attraverso la classificazione di "nomi ciclici".

Il committente schizoide

Nei ringraziamenti iniziali, la Mead e Bateson includono i finanziatori dell'impresa etnografica, tra i quali, oltre l'*American Museum of Natural History* e il *Social Sciences Research Council*, anche il *Commettee for Research in Dementia Precox*. Alla fine dell'introduzione metodologica, si vuole sottolineare la rilevanza della ricerca per il periodo storico in cui stanno vivendo. La frase successiva è sorprendente: "la cultura balinese è sotto molti aspetti molto meno simile alla nostra di ogni altra cultura attualmente registrata" (p, XVI). Questa affermazione sembra incomprensibile e del tutto incongruente per una ricerca etnografica che, in quegli anni, non poteva non svolgersi in culture "altre", per l'appunto. Il motivo di questa accentuazione delle differenze lo scopriamo subito dopo, ma sfortunatamente aumenta ancor di più il senso di disagio nel lettore.

È anche una cultura in cui il regolamento ordinario dell'individuo si approssima
alla forma di una sorta di malessere che, nella nostra cultura, definiamo schizoide
(ibidem).

Quindi la cultura, che loro intendono nel significato tyloriano di tipo
globalistico, sviluppa un *pattern* condiviso fino a diventare un vero e
proprio *ethos balinese*, un "carattere nazionale" che per loro sarebbe
globalmente schizoide. È una conclusione sconcertante sotto molti punti
di vista: com'è possibile che due antropologi così avvertiti sui rischi degli
etnocentrismi, dei luoghi comuni, delle semplicistiche generalizzazioni,
concludano una ricerca pluriennale – che costituisce per tanti versi
una pietra miliare della ricerca sul campo – riconfermando all'estremo
la vischiosità centrica che riconduce il tutto a supposti modelli di
"normalità" coincidenti coi propri valori? Essi finiscono col rafforzare
esattamente quanto gli antropologi dovrebbero sottoporre a verifica, se
non contestare in modo dettagliato e motivato.

Eppure oltre a questo vizio etnocentrico vi è qualcosa, se possibile,
di più oscuro. Così proseguono i due autori, illuminando il più profondo
senso dell'operazione:

> poiché la *dementia precox* tra la nostra popolazione continua a crescere,
> diventa sempre più importante per noi conoscere le basi nell'esperienza
> infantile che predispongano a questa condizione, e noi dobbiamo conoscere
> come tali predisposizioni possano essere trattate culturalmente, in modo tale
> da non diventare malessere (XII).

Tutto questo serve a ricondurre l'apparente estraneità balinese all'interno
di un malessere che è sempre più anche americano. L'enfasi su questo
maladjustment è determinata dal committente. Aumentarlo fino a livello
di *ethos* testimonia che la concreta "finalità cosciente" può penetrare fin
dentro una delle più importanti ricerche e, di conseguenza, nella storia
dell'antropologia. *Balinese Character* è anche una testimonianza – infelice
– di come i finanziamenti possano distorcere le conclusioni.

Queste considerazioni impongono di focalizzare un altro problema: il
quadro di riferimento teorico che ha permesso la diffusione di una tale
pericolosa "finalità etnocentrica" è il concetto di *carattere nazionale*, che
si proietta fin dentro il titolo dell'opera.

> Questo non è un libro sul costume balinese, ma sul balinese – sul modo in cui
> essi, in quanto persone viventi che si muovono, stanno ferme, mangiano, dormono,
> danzano e vanno in *trance*, incorporano quella astrazione che – dopo che l'abbiamo
> resa astratta – definiamo tecnicamente cultura (XII).

Nonostante la consapevolezza delle differenze tra individui, gruppi, aree geografiche, la globalità della cultura è confermata dal presupposto che gli "elementi intrusivi" sarebbero una sedimentazione avvenuta nei secoli, e quindi non determinante (vedi il caso già citato della trance). La necessità di sottolineare la pervasività del concetto di cultura deriva dall'affermare, secondo loro, i caratteri di *naturalismo scientifico*[15] all'antropologia. Globalità e scientificità appaiono così come derivazioni della prospettiva olistica.

Ma non si possono ignorare queste differenze, per cui gli stessi antropologi non possono non affermare:

> è vero che a Bali ogni villaggio differisce da ogni altro sotto molti aspetti, che vi sono differenze ancor più forti tra distretti, in modo tale che nessuna singola e concreta affermazione su Bali è vera per tutta Bali (XIV).

Tuttavia essi ribadiscono che attraverso queste diversità «there runs a common ethos».

In realtà sono proprio queste differenze a essere degne di interesse, secondo la sensibilità antropologica attuale, più che lo sforzo (molto ideologico) di trovare una base scientifico-naturale alla propria disciplina. Focalizzare i presunti olismi della cultura – oltre a produrre un errore epistemologico e politico-culturale che arriva fino ai nostri giorni – è il segno di una scuola e di un'epoca. Attualmente, il carattere nazionale è stato criticato anche dai nuovi indirizzi di antropologia psicologica, che sottolineano giustamente il rischio di trasformare le generalizzazioni in stereotipi (Bourguignon, 1979:137-145). Appare quindi singolare che la conclusione di questa pionieristica ricerca affermi esserci

> nessuna apparente differenza nella struttura del carattere di persone in villaggi in cui la trance è condivisa da tutti da quelle in villaggi dove nessuno va in trance; persone in villaggi dove ogni altra donna è ritenuta essere una strega e quelle in villaggi in cui nessuna è ritenuta essere una strega (XIV),

in quanto le apparenti differenze culturali sono fili inestricabili di un tessuto unitario su cui è tessuta la personalità di ogni membro di quella cultura. Al massimo, si ammette che le differenze sono solo "di grado".

Queste osservazioni finali ripartono dalla questione se la sola analisi del comportamento possa far emergere il carattere di un singolo individuo, di un gruppo o di un'intera etnia. Le principali correnti antropologiche attuali negano tale assunto, sia in quanto prive di relazione dialogica con la soggettività dell'osservato e sia per la crisi del concetto globalistico di cultura (oltre che del "carattere nazionale"). Ma se l'equazione comportamento = carattere è semplificatrice, questo testo rimane una pietra miliare per essere la prima sistematica ricerca etnografica sul corpo, che utilizza cinema e fotografia come strumento tanto decisivo quanto non conclusivo. Non è vero, cioè, che le foto "parlano da sole" in quanto "oggettive": accanto alle foto – che sono sempre una lettura soggettiva della realtà – rimane fondamentale la scrittura come altro elemento cognitivo che si aggiunge a quello iconico. Nella ricerca etnografica, linguaggio iconico, linguaggio verbale e linguaggio scritto si rafforzano reciprocamente secondo modalità polifoniche. Tuttavia linguaggio del corpo e forme della rappresentazione sono due aspetti – strettamente connessi – che fanno di *Balinese Character* un testo di straordinaria attualità. Basti pensare che, forse a causa di una lunga egemonia dello strutturalismo francese, in genere si citano le celebri "tecniche del corpo" di Mauss (e l'introduzione di Claude Lévi-Strauss) come una sorta di dichiarazione di intenti dell'antropologia cui non è stato dato seguito. Come abbiamo cercato di dimostrare, ciò è del tutto falso. Forse la persistenza di questa impressione dipende dal fatto che *Balinese Character* è, come detto, di difficile reperimento. O forse perché in certe scuole etno-antropologiche è stato censurato il valore sperimentale delle prime opere etnografiche di Bateson.

Questo libro è una pionieristica ricerca sulla comunicazione corporale, per quanto distorta dall'ipotesi iniziale di trovare un nesso rigido tra personalità dell'adulto e inculturazione. Per questo è giusto affermare che (nonostante le loro intenzioni) quello che la Mead e Bateson intendono per "carattere" balinese potrebbe essere tradotto con *corpo*.

Il carattere balinese è il corpo balinese.

L'analisi "oggettiva" sul comportamento dei balinesi focalizza il loro corpo come attore comportamentale che espone in pubblico un determinato *ethos* plasmato da emozioni drammatizzate.

Ma se il carattere balinese è il suo corpo, il testo è la testimonianza di come il corpo possa essere analizzato all'infinito nelle più minuziose particolarità, più che ricomposto in un'omogenea globalità. Paradossalmente, è l'immagine del *beroek*, del corpo frantumato, che ritorna attualissima, più che gli sforzi "ecologici" qui anticipati. Ciò che emerge da tale corpo anatomizzato è la centralità delle emozioni. Per la prima volta nella storia dell'antropologia[15] le emozioni corporali assurgono al livello di sistematica ricerca scientifica.

Ma per arrivare pienamente dal *corpo* al *carattere* (individuale o "gruppale" più che "nazionale") sarebbe stato necessario entrare in relazione dialogica con la soggettività dei vari balinesi. Ebbene, Bateson non è interessato al discorso del soggetto etnografico, quanto al comportamento dell'uomo naturale.

Quindi, nonostante il suo amore per il metalogo e il socratismo, non è la dialogica ad affermarsi con lui. E anche se la sua è una «epistemologia dell'osservatore molto più che su quella dell'osservato» (Marcus, 1985:305), un approccio antropologico sulla comunicazione corporale e le sue emozioni non può che ripartire da *Balinese Character*.

Le forme della rappresentazione

L'itinerario della rappresentazione etnografica di Bateson va da *Naven* – un "saggio impazzito", del tutto frainteso oltre che stroncato da Malinowski – a *Balinese Character*. Nel primo egli cerca di far emergere dalla stessa natura della spiegazione l'organizzazione del discorso. Quello che chiamerà *deuteroapprendimento* – cioè la capacità di apprendere ad apprendere – è qui sperimentato in modo ancora impreciso ma deciso e decisivo. In realtà, «*Naven* era uno studio sulla natura della spiegazione» (Bateson 1936, p. 264). Non è soltanto un resoconto etnografico, quanto «uno studio dei modi in cui i dati possono essere messi insieme; *e mettere insieme i dati è quel che io intendo per "spiegazione"*» (ib., corsivo mio).

Nel secondo, egli rinuncia ad altri esperimenti nella forma della scrittura e sceglie la fotografia con note scritte – secondo le modalità già dette – per cercare nuove soluzioni alla sua inquietudine espressiva. Dopo di che la scelta si sposta nell'oralità (conferenze, dialoghi, metaloghi).

Naven e *Balinese Character* diventano così la scoperta dei limiti della scrittura etnografica. Paradossalmente, oggi questi due saggi sono importanti proprio per il loro fallimento, e possiamo utilizzarli in modo diverso grazie alla svolta dell'antropologia recente in senso dialogico, epistemologico, sperimentale.

Ciò è stato possibile in quanto, per Marcus, ora l'accento si è spostato dai contenuti al «prodotto scritto della pratica etnografica, il testo etnografico» (Marcus 1988, p. 293). In un certo senso questi due primi e unici testi etnografici hanno un'importanza crescente proprio perché mettono in discussione «le convenzioni della scrittura etnografica» (ibidem). Qualcosa di più del metodo funzionalista è sottoposto a critica: è la stessa base epistemologica dell'antropologia culturale

È altresì possibile sostenere che i suoi lavori successivi, che hanno attraversato e connesso diverse discipline, sono caratterizzati dal cercare di precisare, dimostrare e mettere in pratica quanto affermato in questi due primi lavori, come ho cercato di dimostrare in almeno due casi: il *doppio vincolo* e la *trama che connette*. Non è casuale che, dopo di essi, Bateson non scriverà più nulla o quasi. Più che alla scrittura, la scelta di Bateson andrà verso il dialogo[16].

L'ecologia della mente è il risultato di trascrizioni di conferenze e gli stessi metaloghi, ivi inclusi, cercano nuove soluzioni teoriche utilizzando la forma orale per eccellenza: il dialogo, più che la dialogica in senso stretto. La definizione di *metalogo* da parte di Bateson ruota intorno agli stessi problemi di *Naven*: è un lavorare sul montaggio del parlato (ovvero i "dati" in forma di conversazione) col fine di «rendere rilevanti non solo gli interventi dei partecipanti, ma la struttura (*pattern*) stessa dell'intero dibattito» (Bateson, 1972:33). In sostanza, anche il metalogo è "incorniciato" nella sua costante tensione epistemologica di tipo ecologico-mentale.

Il metalogo è Naven in forma di conversazione. Entrambi cercano di risolvere non tanto i problemi di inversione sessuale o del "perché le cose finiscono in disordine": quanto *la natura della spiegazione come trama della comunicazione*.

Per tornare all'esempio citato all'inizio sulla casualità delle foto, una volta deciso l'interesse per un determinato fenomeno (ma nel contesto balinese più o meno ogni contesto è di interesse fotografico), Bateson fotografa tutto, senza direttive precise. Nel senso che egli non ha stabilito a priori quello che merita di essere fotografato. Il metodo è spostato dal campo al tavolo. Per questo le foto pubblicate sono una piccola selezione solo delle primissime foto fatte: tutte le altre forse non sono state neanche riviste con un minimo di sistematicità. Probabilmente perché rianalizzare tutte le ventimila foto avrebbe significato ricominciare da capo la ricerca: come se così tante immagini non fossero una *mappa*, ma la stessa paradossale duplicazione "oggettiva" del *territorio* della ricerca.

Da qui emerge una verità che antropologi e scienziati sociali in generale sembrano in genere nascondere. «Per Bateson, il metodo non si esprimeva tanto in ciò che si fa sul campo, quanto ciò che si fa con i dati, a tavolino» (Marcus, 1985: 295). Cioè, è nella *stesura* e non nella *raccolta* che si produce il metodo.

Questo radicale mutamento della prospettiva permette l'incontro tra chi lavora sulle forme retoriche della rappresentazione, non più come puro gioco semiotico, bensì come un terreno decisivo che unisce il carattere epistemico con quello più propriamente interpretativo. Ovvero, sotto un altro punto di vista, il *poetico* e il *politico* dell'etnografia si concentrano nel modo in cui si scrive su una determinata cultura o come questa stessa cultura rappresenta dialogicamente se stessa. Così per Clifford (1988) il testo di una ricerca sul campo diventa un'allegoria sull'autorità (*authority*) che l'antropologia contemporanea deve assumere come campo di ricerca (*fieldwork* nel senso più pregnante del termine) da smontare retoricamente. L'uso delle metafore e la presenza dialogica del soggetto etnografico – non più ridotto a massa di informazioni senza un *io* e assoggettato al potere della scrittura antropologica – diventano il cuore di una riflessione che ripensa lo statuto della disciplina: la problematicità delle sue categorie. Tutto questo è definito da James Clifford nello stesso titolo del suo importante libro, *The Predicament of Culture* (in italiano tradotto con "I frutti puri impazziscono"...), alla ricerca di nuove alleanze tra avanguardie artistico-letterarie e avanguardie politicoculturali.

Da qui discende una prospettiva teorica (per me) straordinaria: il collegamento possibile tra due persone che non si incontrarono mai nella loro vita, che vissero nel modo più opposto possibile, dalla politica alla professione, che lavorarono in contesti diversissimi: Gregory Bateson e Walter Benjamin. Tra l'antropologo che viaggiò in mondi esotici e il filosofo (ma forse entrambe le etichette accademiche sono del tutto inadeguate) che rimase fermo fino a quando fu troppo tardi nel "cerchio magico" della *Bibliothéque Nationale* è possibile vedere un legame proprio nelle forme della scrittura in quanto determinanti la scelta del metodo (Canevacci, 1993; 1994; 1995).

Dice Walter Benjamin in un appunto dei suoi *Passagen*: «metodo di questo lavoro: montaggio letterario» (1982:595). Intorno alla metà degli anni Trenta, egli sta lavorando sia sugli aspetti progressivi della riproducibilità tecnica, sia sul montaggio come forma espositiva adeguata all'oggetto (la metropoli) – ed è bene ricordare che aveva già scritto il suo celebre testo per la libera docenza sull'allegoria, mai approvato perché "incomprensibile" al pensiero accademico dell'epoca.

Questa sua sensibilità verso il «montaggio di frammenti» in una forma-mosaico che non ha un finale preciso si muove sperimentando nuove forme retoriche della rappresentazione che, proprio su questa base e negli stessi anni, lo legano a Bateson e ai suoi nuovi linguaggi antropologici. Benjamin afferma nel *Dramma Barocco*:

> la rappresentazione è la quintessenza del metodo. Il metodo è una via indiretta
> (...) costantemente il pensiero riprende da capo, circostanziatamente ritorna alla
> cosa stessa, con rinnovati avvii e ritmiche intermittenti, come nei mosaici, in cui
> la frammentazione in capricciose particelle non lede la maestà, la considerazione
> filosofica non soffre una perdita di empito (...) Il valore dei frammenti di pensiero
> è tanto più decisivo quanto *meno* essi sanno commisurarsi immediatamente con
> la concezione di fondo(1963: 8-9).

L'atteggiamento micrologico trova qui la sua presentazione. E per questo il «contenuto di verità» può essere colto solo «penetrando con estrema precisione i particolari di un certo stato di cose» (ib.).

E anche *Naven* è proprio questa «successione di sempre nuovi avvii che ritornano in modo circolare sul proprio oggetto» (ib.). *Naven* e, aggiungo io, *Balinese Character* assurgono a testi sperimentali, tanto più innovativi in quanto *testi mosaico* (come i *Passagen-Werk*). «Due, tre, quattro, cinque descrizioni stratificate e sovrapposte» sono meglio di una (Marcus, 1985: 296).

Per questo, conclude Marcus in un altro suo saggio, "una comune idea sulla costruzione di testi è di legare insieme un gruppo di saggi separati affrontando con differenti temi o interpretazioni lo stesso soggetto"45.

Se l'oggetto antropologico non è più qualcosa di globale e unitario, cui corrisponda un isomorfo concetto di cultura, bensì un oggetto frammentario e ibrido, la composizione antropologica non può che essere un montaggio-mosaico che, nella sua stessa forma espositiva, "parla" – meta-comunica – sulla complessità della rappresentazione etnografica. *La nuova antropologia è sincretica e polifonica nell'oggetto e nel metodo.*

1. Su tali questioni, cfr. il saggio di Geertz sul rapporto tra mente, cultura ed evoluzione, che ha il merito di porre questa connessione in termini più rigorosi anche se forse più "tradizionali": «La cultura, più che agire per integrare, sviluppare ed estendere capacità su base organica logicamente e geneticamente precedente ad essa, parrebbe essere un ingrediente di questa stessa capacità. (...) Come il cavolo a cui tanto somiglia, il cervello dell'*Homo sapiens*, essendo sorto nel contesto organizzato della cultura umana, non sarebbe efficiente al di fuori di essa» (Geertz, 1973•114).

2. La parola *pattern* è stata tradotta con "struttura", producendo gravi fraintendimenti sedimentati su tale concetto, anziché "modello" secondo la tradizione antropologica. A entrambe preferisco "trama", in quanto evocativa di una molteplicità di fili che compongono ("tessono") il concetto.

3. Lo stesso Nietzsche fu decisivo per Ruth Benedict, che interpretò le differenze tra i popoli nativi pueblo e della pianura utilizzando l'*Origine della tragedia*, fraintendendo "tragicamente" le categorie di *apollineo* e *dionisiaco* tratte da quel libro straordinario, per due ordini di motivi: il primo (eurocentrico) in quanto applica meccanicamente *patterns* utilizzati per la cultura greca classica tra i nativi precolombiani; il secondo (filologico) in quanto per Nietzsche queste categorie sono mescolate all'interno dello stesso spirito greco e quindi non separabili ontologicamente.

4. Dice ancora la figlia: «Quando Gregory rispondeva alle domande sui conflitti (con Margaret) di quel periodo pensavo con orrore che aveva lo stesso tono dei pazienti di cui avevo ascoltato le registrazioni» (Bateson M.C., p. 55).

5. Questa relazione è analoga a quell'esempio del buddismo Zen, in cui il maestro, cercando di indurre il discepolo ad avere l'illuminazione, alza il bastone sulla testa del discepolo e gli dice: «Se tu dici che questo bastone è reale, ti colpisco. Se tu dici che questo bastone non è reale, ti colpisco. Se non dici nulla, ti colpisco» (p. 251).

6. Con *metamessaggio* si intende quella comunicazione in genere non verbale (per esempio un ammiccare con gli occhi) che comunica un senso diverso e aggiuntivo sul linguaggio verbale. Esso comunica sulla comunicazione. Se un padre dice al figlio "E adesso ti mangerò", il figlio capisce benissimo da un insieme di codici corporali che il padre sta giocando. Se invece prende alla lettera il gioco, significa che non riesce a decodificare i segnali ludici espressi in forma metaforica e scoppierà a piangere. Oppure che il padre ha esagerato. Tutta la comunicazione visuale si basa sul conflitto labilissimo tra metafora e realtà, il cui confine ogni volta deve essere sfidato e infranto dai media per avere un buon successo.

7. Sulla personalità autoritaria, cfr. i celebri studi curati da Adorno (1950); sulla personalità narcisista: K. Strzyz 1978; Lasch 1979.

8. Tra neo-animismo batesoniano (le cose della natura sono animate da potenze interne) e il feticismo marxiano (le merci della produzione sono animate come potenze estranee) si configura una singolare affinità asimmetrica.

9. Si pensi a *Blob*, che è una specie di meta-racconto su un possibile telecomando, con cui sono montati pezzi di storie apparentemente separate dai singoli canali, in "realtà" unificate dal mezzo complessivo. Per questo le proteste di cinismo sono senza senso (o senza codice, il che è lo stesso), in quanto tutti noi sperimentiamo normalmente il "salto" tra un discorso del papa, un gol diTotti, una strage in Siria e via di seguito. *Blob* è una grande sperimentazione verso questa antiecologia della mente.

10. Cfr. Freeman (1983) e il suo successivo intervento su *Current Anthropology* con relativa bibliografia (1991).

11. «(...) An isolated thinker working in the interstices of disciplines» (Marcus, 1984:427),

che i funzionalisti (Malinowski) non capirono e stroncarono quelle opere. Bateson ha favorito "the transmission of 19th century ideas to the 20th century through family tradition» (Marcus, ib.).

12. «Their marriage, he wrote her mother, had been the result of anthropological – not romantic – motives. As they were committed to cooperative research which would require at least four years of work together, getting married seemed the simplest thing to do» (Lipset,1980:149-150).

13. Il termine "teatrale" - del tutto impreciso - sottolinea le difficoltà di nominare aspetti di una cultura altra.

14. In inglese gallo si traduce *cock*, che è anche un'espressione per indicare il pene. Su questo gioco di parole interviene Crapanzano (1986) per criticare il celebre combattimento dei galli a Bali di Geertz, il quale gli risponderà con altrettanta durezza (1988). Devo dire che molte delle osservazioni di Crapanzano mi sembrano più che giuste, ma sul conflitto tra antropologia interpretativa e le nuove tendenze sarebbe necessario un altro discorso.

15. Ricordo che le emozioni furono studiate anche da Darwin.

16. Dice Marcus che, dopo di allora, «quel che Bateson diceva divenne enormemente più importante di ciò che scriveva» (1985:292). «I canali principali per trasmettere il suo pensiero divennero la conversazione, l'insegnamento socratico, le occasionali conferenze» (p. 294).

3

Scritture in montaggio

La sociologia è scienza della vita, con un'innata predilezione per i vivi
e svantaggio per i morti. Al contrario, l'arte è un modo moderno per
superarequesta distinzione creando un'uguaglianza fra la vita e la morte.
Groys, 2013:13

A partire dalle conclusioni appena svolte su Gregory Bateson, cercherò di mettere in pratica una trama sperimentale per la rappresentazione della comunicazione visuale. Questa trama contiene in sé il metodo, ovvero il metodo è diluito nella stessa forma dell'esposizione. In tal modo, l'esigenza di esplorare narrazioni diverse conferisce un *senso* alla ricerca: la sfida di costruire modelli adeguati ai moduli decentrati della comunicazione. Lo schema elaborato ha la forma di una matassa di cui si possono solo percorrere le spirali dei diversi fili senza che sia possibile definirla o *sbrogliarla*[1]. Le spire della comunicazione visuale impongono un lavoro interpretativo alla Sisifo: la matassa-macigno spinta in cima rotola subito giù in quanto tutto cambia nella comunicazione visuale. Si perdono frammenti di sassolini o di fili e se ne aggiungono altri, senza che sia possibile tessere un disegno conclusivo, perché le spire si riavvolgono immediatamente. Come nel mito... In primo luogo, si assume un celebre paradosso, la cui possibile soluzione *imbroglia* ancor più la matassa. All'interno di questa sono stati collocati undici spire transmediali, selezionate per il loro valore qualitativo, come "campioni" dei seguenti generi: film, fumetto, fotografia, pubblicità per TV, per giornali e per strada, brand, graffiti, design, Facebook. A sua volta il primo "spot" è una scatola doppia che nasconde la spirale segreta dell'Antropologia di comunicazione visuale, che ha nei profumi selezionati un ulteriore paradosso. In tal modo, si vuole suggerire nella stessa forma narrativa un modo per connettere le diverse trame comunicative i cui fili transitano tra media, metropoli, corpi: dalle spirali della matassa emergono i paradossi della comunicazione che producono i lacci dei doppi vincoli visuali. Lo stile prescelto è quello micrologico, che penetra nei dettagli minimi di ogni immagine per coglierne i significati espliciti, visibili, tutti da vedere e da *farsi-vedere*, che non sono mai casuali né subliminali: perché la regola è che nella pubblicità (come nel cinema o nel design) ogni dettaglio non è accidentale né ingenuo, bensì è semioticamente elaborato. Infine, dato che i generi sono *imbrogliati*, obbligo il lettore a "saltare" tra i lacci di immagini e storie: ovvero a "saltare" tra i tipi logici, per sottolineare che la comunicazione visuale è inquieta e disordinata come la sua decifrazione. La comunicazione visuale non si presenta lineare né omogenea e tanto meno disciplinata, è un artificio composto da continue miscelazioni, dissociazioni, astrazioni. Tutto si riavvolge continuamente nel suo contrario. Nella nostra matassa, le spirali policrome non sono mai le stesse, perché – nel loro riavvolgersi – l'ordine prodotto o immaginato è caotico. Inoltre, si è cercato di praticare isomorfismi tra l'oggetto visuale e il soggetto della scrittura. In un certo senso la scrittura tende a farsi visuale – a farsi-occhio, farsi-vedere - rifiutando il nesso ordinato delle sequenze discorsive e mettendo in crisi la dicotomia soggetto/oggetto.

IL METODO È IL MONTAGGIO

Le spire della scrittura vanno alla ricerca di un tessuto dialogico, in cui alla "voce" di tipo saggistico si aggiungeranno altri fili narrativi adeguati alla transmedialità. Polifonia e transmedialità cercheranno di aprire la comunicazione a un modello "mitologico", il cui lavoro di Sisifo avrà un senso infinito composto dalle variazione cromatiche presenti temporaneamente nella matassa.

Il paradosso del prigioniero

Vorrei cominciare ricordando il paradosso del prigioniero di Wittgenstein: *c'era una volta un re che si era trovato di fronte a un dilemma irrisolvibile, emanando una legge per la quale ogni straniero che arrivava nel suo regno avrebbe dovuto dire – sotto la minaccia della pena capitale – il vero motivo del suo viaggio. Ma il re non aveva previsto l'arrivo di un sofista che spiegò candidamente che era venuto per essere giustiziato in base a questa sua legge.*

Sembrerebbe, dunque, che da tale situazione il re non possa uscire in alcun modo e, a quanto si sa, queste sono anche le conclusioni sia di Wittgenstein che di Watzlawick. Il re sta in una posizione di stallo: non può né andare avanti né tornare indietro. È immobilizzato nei lacci del doppio vincolo. Eppure, secondo me, una via d'uscita c'è, ed è proprio un approccio etnografico a suggerire la possibile soluzione: per uscire fuori dal gioco – o dalla metafora – io penso che la chiave per risolvere questo paradosso del *prigioniero che imprigiona* può aiutarci a capire se la comunicazione visuale imprigioni il suo consumatore in una condizione d'immobilità stazionaria, sotto il segno implacabile dell'omologazione, o attivi il suo lettore in una prassi decodificatrice.

Il dilemma citato, infatti, nella sua purezza logico-formale, sembra bloccare ogni possibilità di mutamento. Eppure ciò che vorrei dimostrare (e non solo per risolvere il paradosso) è proprio l'insopprimibilità del mutamento nei vari livelli sociali, psichici e culturali – cioè più globalmente antropologici – correlato al necessario rinnovamento del metodo espositivo, in quanto il mutamento non può che trascinare con sé i parametri di lettura del suo s/oggetto in parte nuovi.

Nel commentare questo paradosso, Watzlawick si domanda: "Che regole dovrà mai dare il re per sfuggire alla spiacevole situazione in cui l'ha messo il prigioniero? – Che problema é mai questo?" (1971:234). Il dilemma può essere inserito nella teoria di Bateson sul doppio vincolo. Secondo tale impostazione, il re non può scegliere perché è preso da un legame contraddittorio da cui non riuscirà mai a liberarsi: infatti, egli non può condannare a morte il prigioniero perché ha detto la verità; allo stesso tempo, non può salvarlo perché andrebbe contro la propria legge e contro alla richiesta del prigioniero.

In conclusione, il re sarebbe costretto ad accettare nel suo regno uno straniero che, con ogni probabilità, cercava sottilmente di dimostrare che il re non fosse più capace di governare e di far rispettare le sue stesse leggi. Sembrerebbe, dunque, che da tale situazione il re non potrà uscire in alcun modo e, a quanto si sa, queste sono anche le conclusioni di Wittgenstein e di Watzlawick.

Il re sta in una posizione di stallo: non può né andare avanti né tornare indietro. È immobilizzato nei lacci del doppio vincolo. Eppure secondo me una via di uscita dal gioco (o dalla metafora) c'è e illumina proprio il problema della comunicazione. Il dilemma, infatti, si basa su una premessa epistemologica formale o, meglio, su una logica astratta e immobile, una logica senza tempo, che non prevede alcun mutamento culturale. Per questo, vorrei dimostrare che tale paradosso può essere risolto inserendo prospettive storico-culturali nel corpo della logica.

A tal fine, incrocio il *Ramo d'oro* di Frazer, in cui il giovane successore sfida il re invecchiato (1911) e *Edipo alla luce del folklore* di Propp, in cui un altro giovane è sfidato dal padre autoritario (1975) con il *paradosso del prigioniero* dove ancora il re-padre è sfidato da un giovane quanto ambizioso straniero.

Seguendo Vladimir Propp, che illumina il paradosso della logica con il folklore della fiaba, la figlia del re non può che appassionarsi per il giovane straniero, mentre il re-padre vede nell'eventuale genero il rischio di perdere l'autorità su famiglia e regno. Fiaba e paradosso illuminano un altro classico mito: quello dello straniero che – solo – può risolvere i problemi dello stato dilaniato da conflitti interni - dinastici e familistici - dai quali il potere non riesce a trovare una soluzione. Lo straniero arriva come un dio per conquistare amore e potere. La figlia, sposando lo straniero enigmatico, si autonomizza dal padre invecchiato e dal diritto patriarcale. Nel suo bel saggio, Propp afferma che questo tipo di dinamica familiare riflette la fase storica in cui l'eredità si trasmette al genero attraverso la figlia, una fase anteriore alla regola che assegnerà al figlio primogenito il diritto naturale al potere. Da tale variazione sulla successione, nascono le variazioni sul mito di Edipo-figlio perseguitato da padre-Laio (cfr. Cap. VI).

Inserisco nel paradosso del prigioniero il doppio vincolo nel processo in cui il mito (o la fiaba) transfigura con la storia le sue latenze più o meno inconsce. Così la situazione di stallo secondo la logica formale, trasforma il paradosso in metafora sulle mutazioni culturali possibili. Il prigioniero non è più imprigionabile. Di conseguenza, spezzando la logica formale del paradosso, il re è costretto ad abdicare e il *prigioniero si trasforma in successore*.

▪▪ ETNOGRAFIA TRANSMEDIALE

La scatola nera di Bella di Giorno

Nel 1966, un grande regista spagnolo, Luis Buñuel, diresse il film *Bella di Giorno*. In una delle scene più note un uomo asiatico mostra, nell'immaginaria casa di tolleranza dove lavora Bella di Giorno interpretata da Catherine Deneuve, una scatola nera a una prostituta. La apre lentamente e da essa esce un suono tra il metallico e l'animalesco che fa inorridire la donna, ma eccita a tal punto Bella di Giorno che accetta subito di seguire l'orientale. Soli nella stanza, lui suona dei campanelli con le mani e non vuole che lei si tolga il reggiseno. E lei lo abbraccia desiderante. Quando, dopo l'uscita dell'uomo, la donna delle pulizie entra nella camera da letto in cui Catherine Deneuve giace distesa bocconi, preoccupata le dice "Povera ragazza, chi sa cosa hai dovuto subire!", Bella di Giorno alza il viso raggiante e le risponde: "Ma che ne sai tu?".

Com'è noto, l'attrazione fascinosa o la repulsione orrorifica della scatola nera sta, per il regista, nel fatto che essa apre all'inconscio dei desideri più segreti dell'animo umano, per cui, se il lettore si domandasse cosa mai ci fosse in quella scatola sonante, probabilmente ognuno potrebbe aprirsi alle proprie fantasie erotiche o subito censurarle. Ebbene, almeno per quel che mi riguarda, io ho scelto: vi darò la mia personale risposta, ma non ora, bensì alla fine del capitolo. E allora: cosa nasconde allo spettatore e cosa rivela all'immaginazione questa scatola di così seduttivo e audace che è possibile e anzi desiderabile perdersi per essa? Ogni scatola chiusa sembra contenere un segreto che, per essere disvelato, la persona estranea deve compiere un piccolo rito di passaggio individuale. Ogni scatola nera si deve aprire lentamente e la fissità dello sguardo esprime al massimo l'eccitazione stupita di Bella di Giorno - e l'estrema curiosità di ognuno. Il suono stridulo e ambiguo accende un enigma che sarà impossibile disvelare. Qualsiasi tentativo non potrà che rafforzare l'estrema enigmaticità del desiderio, un desiderio nascosto dentro una scatola e che può riuscire in qualsiasi momento purché si accetti la sfida di non rivelarlo e di abbandonarsi senza resistenza alla sua fuoriuscita eccitata. L'erotica è un enigma.

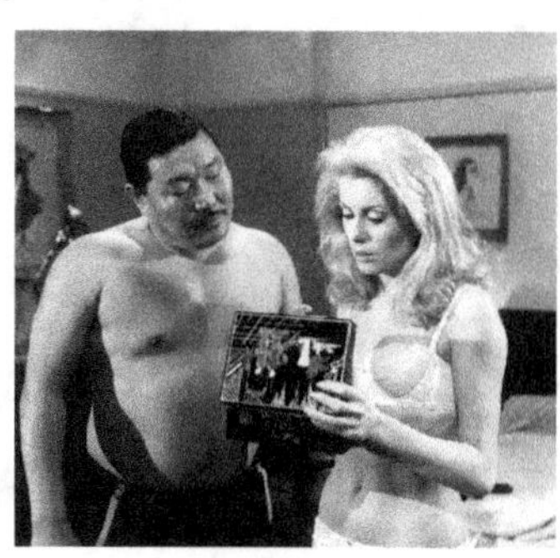

Iska Khan e Catherine Deneuve
in *Belle de Jour*, 1967

●● Superman e la metacomunicazione

Vorrei commentare un semplice quanto "geniale" fumetto tratto dalla storia *Solo quando rido* (1990). Oswald, un comico televisivo in crisi, con l'indice di ascolto in precipizio, mostra a Lane, presentatrice di successo da lui presa prigioniera, le «*stupide schifezze* che i programmatori televisivi ammanniscono ai bambini» – e in diversi teleschermi appaiono le figure note di Popeye, Mazinga, Erick, i Puffi e... Superman. Poi così continua: «cartoni animati che non sono altro che *spot* per i giocattoli!». E infine, in crescendo: «spettacoli "culturali" pieni di *prediche*! – Non c'è nulla come lo show di *zio Oswald!*» (ib.).

La genialità della striscia sta in questo: il "cattivo" assume su di sé il punto di vista analitico sull'intreccio reciprocamente vantaggioso cartoon - produzione di giocattoli e comunica alla parte scolarizzata del lettore una critica "sociologica" sulla stupidità dei media, per attirare e rovesciare il concetto di predica – che Oswald proietta sui comics – su se stesso, in quanto rappresentante del "male". Di conseguenza la "critica" si neutralizza e, insieme, si salvano Superman e tutti gli altri cartoon campioni del "bene".

Il fumetto così dice una "prima verità" trasparente sulla trama che connette cartoon-giocattoli-spot, ma contemporaneamente fa passare tale verità come una "falsità" – o "ideologia del male" – essendo chi parla il "brutto e cattivo" Oswald, un presentatore perdente che usa tecniche visuali superate e in quanto tale deve andarsene in pensione, sconfitto dal nuovo ciclo integrato della comunicazione mediale. Tutto

Solo quando rido, 1990

ciò obbliga la lettura a passare a una seconda e più complessa verità. Il pubblico giovanile dell'attuale Superman ha sviluppato istanze interpretative perché inserito fin dall'infanzia nell'alfabetizzazione dei codici visuali; quindi, per attirare la sua attenzione e le sue addestrate capacità decodificatrici, questo medium – il cartoon – deve passare a un tipo logico superiore. Su questo piano metacomunicativo la vera predica, anziché di zio Oswald, è degli autori: o meglio, la loro è una predica la cui abilità sta nel costringere i lettori a passare di livello logico, cioè a quello metacomunicativo, che "vede" l'intreccio testo-cartoon/contesto-pubblicità dei giocattoli.

Il fumetto, quindi, ha imparato a sviluppare al suo interno forme metacomunicative, con giudizi e messaggi che comunicano sulla comunicazione in un modo sempre più vorticoso e complesso, in quanto il tutto è concentrato in un unico *frame* della storia (un semplice quadratino), che si presenta, infine, come uno straordinario esempio di didattica applicata in modo polisemico alla comunicazione visuale attraverso la comunicazione visuale stessa.

Ma a questo livello, diciamo così, "secondario", l'interpretazione antropologica non solo non è finita, ma deve ricominciare, e la domanda da porsi è la seguente: ciò favorisce lo sviluppo di istanze critiche e capacità semantiche del lettore o è un sempre più raffinato meccanismo per rincorrere e neutralizzare, esplicitando il problema, le capacità critiche? La mia risposta è la seguente: la comunicazione concentrata nel fumetto sta a significare che anche il contesto su cui sviluppare la critica o l'analisi decodificatrice è passato di livello: ora si trova in un secondo livello, ovvero – come direbbe Bateson – nella metacomunicazione. E il contesto dei contesti con cui ora giocano i media e lo spostamento logico rende enormemente più complessa la comunicazione e la rende più seducente: questo è il territorio dove passa come vincente non la "maligna" predica di zio Oswald (di natura, potremmo dire, *apotropaica* in quanto attira su di sé il male come le statue orrorifiche presenti fuori tante chiese, templi o palazzi), bensì la metapredica degli autori di Superman contro un'ermeneutica a lungo semplificatrice dei media e rilanciando in tal modo la sfida sulla comunicazione. "Loro", gli autori, conoscono meglio di chiunque altro il target mutante dei loro potenziali lettori.

❊ ❊ Logo vs Logos

La tendenza a meta-comunicare sta diventando iconica e senza parole scritte: l'era "wordless logo" diffonde l'identità di un prodotto solo con la forza storicamente costruita dell'immagine. La tattica comunicazionale di un branding più "evoluto" é chiamata "debranding" o "decorporatizing" per lo scegliere una visibilità meno legata all'industria e più al soggetto ("less corporate and more personal"). Tale strategia "friendly" coinvolge il consumatore nello stare più attento ai codici resi familiari senza parole: la comunicazione orale o scritta è muta, per così dire, in quanto è il codice che parla "ventriloquisticamente" e per questo il brand si trasforma in simbolo globalmente riconosciuto.

❊ ❊ Marche ventriloque

L'ubiquità del prodotto de-corporalizzato é determinata dalla scelta di eliminare *logos* dal *logo*: pare un gioco di parole, invece ciò significa che la marca di un prodotto vuole assumere una leadership precisa attraverso l'eliminazione di ogni parola, dialogando con concetti iconici tra prodotto e consumo. Ciò che comunica con maggiore forza semiotica é un'immagine che trasforma il segno in simbolo. Tale capacità muta, senza *logos*, applica una meta-comunicazione ancor più potente dell'esempio *Superman*. É chiaro che questo processo meta-comunicazionale é basato nella capacità di far intendere una idea oltre la parola. Se un gesto contraddice un discorso (cfr. cap. 8, il saggio di recitazione in *Mulholland Drive*), la metacomunicazione é più potente di una comunicazione lineare e così il soggetto rimane più coinvolto per tale dislocante logica-senza-logos. La logica iconica é il logo. La capacità discorsiva (*logos*) diventa superflua. Le categorie di spazio-tempo si sono radicalmente trasformate e il *logo less-corporate* diventa ubiquo. Grazie a tale *immaterialità meta-comunicazionale*, l'oggetto-cosa-merce diventa materiale, cioè consumabile in ogni luogo e "per sempre". In conclusione, logo è più astratto del logos...

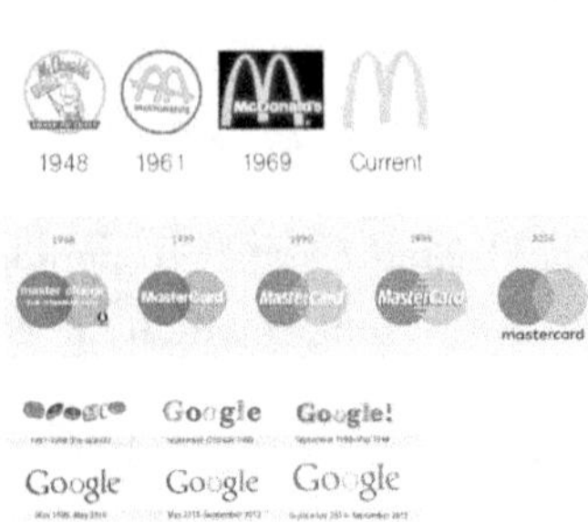

Una coppia su un'auto anni Sessanta – accompagnata da una musica che ne sottolinea l'epoca – si trova in difficoltà su una strada da Far West; l'uomo, tipo classe media, cerca di aprire il tappo dell'acqua ma si scotta. Arriva un giovane solitario e piacente, in jeans: si leva il fazzoletto dal collo, apre il tappo e si capisce che è finita la benzina. Allora il giovane si toglie i jeans e la ragazza, carina ma non appariscente, mostra una palese curiosità di guardare il ragazzo in mutande. Questi lega una parte estrema dei calzoni al paraurti della sua macchina e l'altra a quella senza benzina. La strada è in salita, per cui la ragazza sale nella prima macchina, guidata dal giovane in mutande, e nell'altra rimane il suo compagno "square". I jeans si tendono e, inquadrati in primo piano, riescono chiaramente a sopportare lo sforzo di trascinare l'auto. Ma il giovane portatore del successo non si accontenta di questo primo risultato "materiale" e accelera di scatto: la sua macchina fa un balzo in avanti, i jeans resistono legati al proprio paraurti, mentre l'altro paraurti cede, staccandosi dall'auto ove rimane imprecando, impotente e solo, il nostro cittadino medio. Il secondo risultato dei jeans è di tipo qualitativo: la ragazza è ben felice di rimanere preda del giovane in mutande. Questo spot USA riesce a condensare in pochissime immagini e senza alcun commento esterno (segno questo di una scelta per me "avanzata" nell'uso della pubblicità) una storia esemplare che dura 60" con 38 tagli di montaggio. In tale testo, la comparsa dei jeans funziona da zona liminoide, per usare una celebre definizione di Victor Turner (1982), che cioè è affine a quella liminale dei riti di passaggio, ma ne differisce per essere interna ai mutamenti propri della cultura contemporanea. In tale contesto liminoide, i jeans fissano una zona di passaggio, un transito, dopo il quale la relazione dei personaggi non sarà più quella precedente. Come dopo ogni rito che si rispetti, oltrepassata la soglia, il gruppo o ritrova una nuova e

Levis 501, spot del 1989

superiore integrazione oppure si scinde riconoscendo la necessità di una separazione. Lo spot lascia presagire proprio questo: chi porta certi jeans, riesce non solo ad agganciare automobili in crisi, ma tanta è la loro forza e resistenza – la loro "durezza" fallica: durante lo sforzo massimo i jeans sono inquadrati come fossero a gambe larghe, divaricate, con un chiaro riferimento sessuale – che si trascinano dietro anche ogni ragazza, come un premio. Questo fine è raggiunto, a livello formale, con altissime possibilità di decodifica transculturale, adeguato a un mercato di larga scala, che non ha bisogno di alcun commento esterno (voce-off): sono i jeans che "giocano" ironicamente nel regno dell'avventura, della seduzione, dell'"illegalità".

●● JEANS LEVI'S 501

Assassina di strada

La comunicazione visuale si distende anche in città, anzi si potrebbe dire che le metropoli diventano tali quando esprimono al massimo il mutamento visuale dei e nei propri territori. Su questo tema ho fato la mia prima ricerca empirica su São Paulo (2013) e i flussi polifonici sorprendenti continuano a manifestarsi in particolare nella spontaneità creatrice di persone anonime, artisti di strada, e ancor più nel casuale montaggio di figure che la mano veloce di un fotografo può immortalare. Questo caso si deve a Marco Giovannetti, un amico italiano che ha l'ossessione di fotografare tutto nella metropoli paulistana. Ha sempre la macchina fotografica pronta e l'occhio esperto può cogliere l'imprevedibile e, come in questo caso, anche il perturbante mostruoso. Nel risultato, è ancor più vero come l'hic et nunc dell'inconscio ottico, che fissa rapido una scena, si innesta immanentemente con la riproducibilità tecnica, uccidendo la dialettica hegelo-marxista.

Su questa foto, infatti, sarebbe possibile scrivere un racconto intero. Le suggestioni che nascono dall'osservare ossessivamente la scena difficilmente hanno un limite e si scontrano con l'impossibilità di avere una spiegazione finale condivisa. Forse per questo è un'opera d'arte. Un'arte multipla, per così dire, ovvero estremamente polifonica, in cui il graffito è già un'opera d'arte autonoma e mobile che si vivifica con incontri casuali di strada. La prima voce graffiata è emessa dall'inquietante orrore degli occhi neri-vuoti che identificano una donna dai capelli verdi che impugna un affilato coltello insanguinato. La seconda voce dormiente è una artista di strada, una donna senza casa, senza famiglia nè amore e nè scarpe, che possiede solo un cartone abbandonato come lei e un copricapo rosso come il sangue che cola dal coltello. Perché si è sdraiata proprio là? Forse, dopo aver visto il graffito assassino, ha deciso di stendervisi per raggiungere una dolce morte. Nel sonno, il coltello le sarebbe penetrato dentro il corpo e l'avrebbe fatta finita di una vita miserabile. Le due donne si attraggono enigmaticamente. Entrambe sono artiste spontanee di strada che si dovevano incontrare. Tutti vorremmo morire nel sonno senza svegliarsi. Oppure immagino una terza voce, quella espressa dall'artista del graffito, che mette tutti i giorni il cartone sotto la sua opera aspettando che qualche vittima accetti di farsi accoppare dall'arte. Qualche suicida potenziale che cade in trappola.

Bruno Giovannetti, São Paulo

Si sa che l'arte può uccidere. Tutti lo sanno, anche i barboni. Così il graffitaro aspetta la vittima che, ignara, decide di accettare l'offerta e si sdraia per dimenticare l'orrore della vita. Della sua vita. E allora, come in un celebre film dell'orrore, il visuale si trasfigura in assassino. Il graffito si anima, esce dal muro e diventa una specie di bambola sanguinaria.

Infine, la quarta voce è dell'amico Giovannetti, che cammina lento come un *flaneur* per sorprendere un'immagine indisciplinata e trascinarla per sempre nella sua collezione infinita. Il clic della camera fotografica è un coltello identico a quello della ragazza dai capelli verdi. Nel momento fatale dello scatto, la povera donna innocente muore trafitta. In tale modo, il fotografo è un collezionista e il suo archivio coincide con la mappa della metropoli, è il segreto raccolto di una toponomastica per immagini senza fine. Lui, in quanto artista esplicito, mi ha confidato che passava di là, ha visto la scena inquieta e immediatamente ha deciso di fotografarla. L'incosciente ottico è più veloce della ragione scaltra.

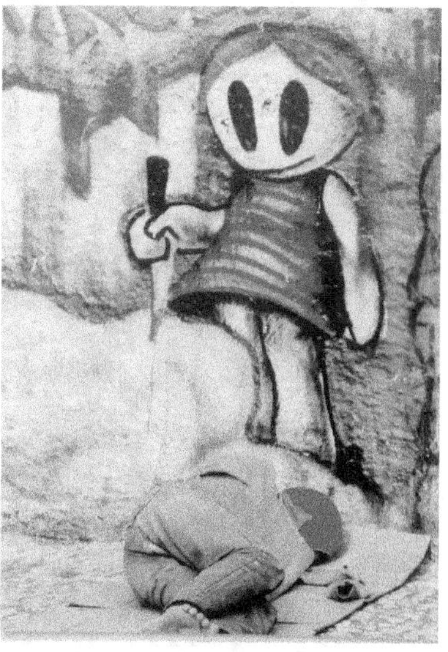

Bruno Giovannetti, *Sao Paulo* (2015)

La metropoli è *il montaggio*. Camminando con lo sguardo attento e l'occhio obliquo, si incontrano infiniti accostamenti visuali che fanno dell'esperienza urbana il centro della simultaneità, come già i futuristi avevano visto: e ora ancor più dell'ubiquità nell'esperienza digitale. In fondo, questa straordinaria foto rappresenta al massimo livello come dall'incrocio di diversi attori – un graffitaro, una donna, un fotografo – si produce quella che è arte spontanea e che dura il tempo di un sonno.

TIFO ETNICO

Questa sbiadita fotografia ripresa all'inizio del 1990 contiene un'enorme quantità di suggestioni politico-sportive. E dei razzismi crescenti. Ricordo che nelle elezioni regionali italiane di quegli anni si assistette all'iniziale infausto successo della Lega Lombarda, in cui la protesta verso il centralismo di Roma si univa a una immaginaria rivendicazione "antropologica" della diversità lombarda dalle regioni a sud del Po. Vorrei sottolineare l'aspetto politico che il fenomeno anticipava (che raggiunse il venti per cento) persino a livello europeo, attraverso l'emergere di una politica comunicativa e un agire sportivo sempre più centralizzati nel conflitto razzializzato. Da tempo nello stadio di calcio si erano diffusi comportamenti di massa che in origine avevano un loro valore simbolico extra-sportivo, in genere politico, ma che venivano decontestualizzati e usati some segni nella cornice sportiva. Vedi le "brigate giallorosse" o "rossonere" della squadra della Roma o del Milan – ove si cita o si gioca con l'evocazione bellicosa delle "brigate rosse" (o i Feddayn)...

Genealogia dello sport/politica

La politica stava incorporando il linguaggio sportivo non solo come innocente metafora linguistica (i cui esempi sono infiniti e trasversali), quanto come stile retorico e comportamentale in pubblico o negli infausti talk-show elettorali.

Questa mutazione comunicazionale ebbe a lungo anche e forse soprattutto un'accelerazione visuale. L'organizzazione militar-coreografica delle curve in ogni stadio nazionale - con il sorriso compiacente delle tribune "borghesi" - inventava slogan mortuari e razzisti senza alcun controllo da parte delle autorità o, forse meglio, un compiacimento istituzionale implicito affine alle tribune. La svolta politica degli anni '90 sta in gran parte qua, se si inquadra la connessione immanente tra tifo-calcio-tv-politica. Una *struttura che connette* il potere. Addio Bateson... La visione nei TG delle coreografie erano lezioni didattiche su come organizzare la prossima sfida aumentando la quota di violenza visuale per frame-tifo.

In questa prospettiva, è estremamente significato riproporre la foto in cui tifosi del Milan espongono a mani tese le sciarpe col colore della propria squadra, ma con la scritta *Lega Lombarda*. L'identità del proprio gruppo è creata e delimitata in un intreccio politico-tifoso in espansione. Tale piccola foto, nella sua supposta ingenuità, fissa un modulo espressivo che, da minoritario, si affermerà come clamorosamente maggioritario e vincente nel 1994, nel 2008 e potrebbe essere egemone nel 2017-18. In essa è concentrato tutto il valore paradigmatico di una tendenza che contamina due codici tra loro ormai inseparabili – il politico e lo sportivo. Non è più il becero nazionalismo razziale delle Olimpiadi di Berlino, ma l'emergere di una tifoseria partitica che "confonde" su un piano elettorale i due codici: vincere le elezioni politiche e governare la cosa sportiva. Il partito è la squadra. La curva è la sua avanguardia. La tifoseria è la massa.

Questo tipo di gesto pubblico riassume qualcosa di diverso rispetto a quei comportamenti analoghi in cui, negli anni Sessanta, i militanti extraparlamentari esponevano il proprio giornale nelle manifestazioni per comunicare, appunto, la centralità territoriale della loro presenza politica. Lo stesso gesto, in tempi di confusione politica, è emigrato nel territorio dei tifosi, ove i giovani sono i soggetti più attenti alla *lotta dei segni* che ha invaso la comunicazione sportiva non solo nel mondo occidentale.

La ripresa di nuovi localismi a carattere etnico o cittadino – di cui la connessione sport-visuale è un moltiplicatore formidabile – ha prodotto una sorta di sintesi semiotica: la sciarpa con la scritta "Lega Lombarda" esposta allo stadio di San Siro dai tifosi del Milan rappresenta la perversa dialettica tra la dimensione sportiva e quella politica. Fare il "tifo" a Milano significa automaticamente dichiararsi per una squadra – il Milan – e per un partito politico, la Lega; e viceversa, dare il "voto" alla Lega significa esplicitare l'"amore" per il Milan. Il risultato può sembrare rovesciato: *tifo alla Lega e voto al Milan*. In realtà è stato come assimilato a quello tradizionalmente "corretto" che distribuisce il voto alla Lega e il tifo al Milan. Nelle curve (e non solo) da tempo si assiste tra i tifosi-elettori alla "confusione" tra i termini che hanno prodotto la seguente equivalenza: Il tifoso organizzato nelle curve vota la squadra-partito. Pubblico e privato si accordano nello spazio della nuova agorà: lo *stadio*. Lo stadio è il luogo pubblico che definisce il privato e le scelte politiche individuali. Di conseguenza, essere tifosi è votare e, per questo, votare Milan è tifare Lega.

Qui si sperimentò in anticipo l'alleanza strategica tra il localismo leghista di Umberto Bossi, il presidenzialismo milanista di Silvio Berlusconi, il nazionalismo razzista di Gianfranco Fini che ha governato l'Italia. E che, ormai senza il primo, il terzo nè il Milan, l'immortale secondo potrà di nuovo egemonizzare il prossimo governo, grazie all'"acuta" convergenza tra neofascisti e neoleghisti.

È evidente l'importanza della comunicazione visuale sulla scelta da parte dei giovani di questi codici linguistici. Lo sport visuale è inserito all'interno dell'economia politico-comunicativa. Infatti, l'organizzazione delle tifoserie è costruita secondo coreografie crescenti che acquistano un senso preciso solo perché è riprodotto da televisione e social network – sempre meno da giornali, rotocalchi, settimanali, fanzine autoprodotte. Lo sdegno del giornalista che commenta la normale violenza durante la ripresa nei servizi domenicali è parte di queste grandiose scenografie digital/ auratiche. Di nuovo è l'intreccio indissolubile tra le pratiche auratiche nelle curve e la riproducibilità TV/FB che batte il senso del potere politico delle immagini. Le connessioni sport-tifo-politica-razza si afferma per la prima volta con il documentario di Leni Riefensthal (*Olympia*, 1936): è il medium che scopre per primo il potere delle emozioni sportive attraverso il primo piano dei tifosi piuttosto che degli atleti. Il *visus* teso selezionato dalla regista cambia la storia delle emozioni e della politica.

Di conseguenza, se analizzassimo storicamente o in *time-lapse* le coreografie nei diversi stadi, focalizzando l'evoluzione semiotica del tifo, si potrebbe comprendere il continuo processo osmotico di segni tra le varie tifoserie che, a ogni evento sportivo, studiano "alla moviola" i codici avversari, pronti a imitare quelli più innovativi la settimana successiva. Il paradosso del tifo calcistico riprodotto visualmente dalla comunicazione visuale diventa quindi il seguente: la diffusione tra tutti i tifosi degli stessi moduli espressivi obbliga a trovare distinzioni estreme dall'avversario per evitare ogni possibile confusione con l'odiato altro di cui non si può fare a meno. La soluzione è inevitabile: l'imitazione si rivela insufficiente e spinge ad aumentare le quote visuali di violenza pubblica riproducibili nella piazza-dello-stadio: esse sole sembrano poter esprimere una disperata differenza alleata a una solidarietà razzista.

Paradossi olfattivi

Attrazioni *Égoïste*

Osserviamo ora la pubblicità del profumo Égoïste, girata dal regista francese Jean Paul Goude, 30" con 18 stacchi di montaggio. Forse il più sublime esempio di plot polisemico messo in scena dalla TV. Il video inizia in bianco e nero, con inquadrature nervose su donne tipo modelle di alta moda, che urlano ingiurie dalle finestre di un grande albergo fine secolo: "Egoista! Dove sei? La pagherai! Io sarò implacabile! Se non mi vendico non so chi sono! Fatti vedere!!". Infine, tutte insieme convergendo verso l'unica finestra chiusa, gridano: "Egoista!". L'inquadratura della telecamera è obliqua, oscilla come irata, poi, quando "vede" la finestra chiusa, si raddrizza e converge in un primo piano. E allora la finestra si socchiude appena ed esce un braccio nudo, la cui mano stringe imperiosa la boccetta di profumo Égoïste e la colloca sul davanzale, per richiudersi subito dopo. Il colore pervade il profumo in primo piano, mentre una voce fuori campo dice: "Per l'uomo".

Jean Paul Goude, *Égoïste*, 1996

Poi una delle donne, con aria furente e altera, indignata o discriminata, spalanca la finestra, urla la parola *égoïste* e chiude vigorosamente le persiane. Dopo l'iniziale bianco e nero, la scena è coloratissima e brevissima. Subito dopo un'altra donna, con identici atteggiamenti, compie gli stessi gesti, conchiusi dal grido finale e la sbattuta delle finestre. E infine una terza. Con montaggio rapido e ritmico, il campo visuale si allarga per altre cinque volte e inquadra quattro donne che compiono simultaneamente lo stesso gesto e lo stesso grido. Subito dopo nuovo allargamento di campo: nove donne eseguono la medesima azione. Ritmicamente per brevissime inquadrature, la scena si allarga ancora: sono sedici donne, poi venti; infine la macchina da presa inquadra l'intero palazzo, molto aristocratico e isolato, immerso nel verde (ricostruito dal regista in Brasile) e da ogni finestra si affaccia una donna che grida *égoïste* all'unisono per richiudere definitivamente la finestra. Oltre ai ritmi di esecuzione e alla notevole resa formale, ciò che colpisce in questo spot è l'ambivalenza polisemica del messaggio seduttivo concentrata in soli 30": è la donna che rinfaccia aggressivamente al maschio "invisibile" la sua natura egoista, per cui gli sbatte la finestra in faccia per non rivederlo più; oppure il grido esterno è un'invocazione, una rivendicazione della natura profondamente seduttiva dell'egoismo, come valore qualificativo della cultura egemonica video-narcisista? Infine, la panoramica finale può intendersi da un lato come resa soddisfatta all'interno di uno spazio vitale ove regna la confusione della metafora e della metonimia, cioè la camera dei maschili profumi egoisti; dall'altro, come clausura autosufficiente all'interno del proprio palazzo-gineceo, abitato solo da bellissime e altere femmine fatali fieramente decise a respingere il piacere dell'egoismo maschile. Il messaggio finale è quindi una geniale ambivalente incitazione a "saltare" tra attrazione e repulsione, per mescolare un "egoismo dialettico" cui in definitiva non rimane altro che arrendersi per riceverne i doni.

Rileviamo, infine, come un carattere generalmente considerato negativo, quale l'egoismo, può diventare seduttivo attraverso la sua esplicitazione e rivendicazione. E un meccanismo linguistico e retorico affine a quello della vignetta di Superman: attraverso l'esplicitazione del "male", si fa passare il messaggio. Ancora una volta la comunicazione visuale, in questo caso pubblicitaria, comunica attraverso la comunicazione e, di conseguenza, per un'opportuna decifrazione del testo è necessario passare a un più alto livello metacomunicativo. Arrivare cioè al contesto dei contesti. L'ambivalenza della metacomunicazione sottolinea il suo successo possibile, in quanto permette sia la decodificazione della donna che implacabilmente accusa, che di quella che orgogliosamente rivendica. Cioè un'estrema mobilità digitale, ovvero sia l'ostilità che l'affettività, sia l'avvicinamento che l'allontanamento. In conclusione, il profumo Égoïste intriga, avvolge e immette in un doppio vincolo pubblicitario. È una geniale variazione sul paradosso del prigioniero.

LIBERAZIONI FRAGRANCE

Dopo quasi venti anni, lo spot Kenzo *Fragrance* sembra rispondere al doppio vincolo dell'egoismo (2016). Una donna seduta in una sala per conferenze ascolta un discorso profondamente noioso di una voce senza volto e per questo ancora più autoritaria, uniche parole dell'intero clip. Dopo qualche secondo, chiede scusa e si alza: il suo abito è verde, brutto, quel tipo di stile che si usa solamente nelle peggiori feste istituzionali. In un attimo – e dopo il secondo taglio di montaggio - lei sta sola fuori della sala, guarda in camera, cioè a noi, e il viso inizia a danzare. I suoi occhi si muovono storti, obliqui, allucinati; poi è la lingua che esce dalla bocca senza controllo, il collo si rovescia e l'intero corpo sembra in trance, un corpo posseduto da una forza irresistibile ed estranea. Una musica ritmata accompagna la corsa della donna, le gambe scalciate in aria come fosse un animale senza guida o direzione; di fronte a un grande specchio inizia a muoversi come una scimmia, ginocchia piegate, braccia allungate, corpo ruotando. Lei non ha più regole, né comportamenti consueti e, finalmente

Spike Jonze, *Fragrance,* 2016

sola, si specchia come immagina essere nella sua natura profonda e non più repressa dalla cultura. Di fronte a una statua dal *visus* serio, forse di un grande compositore, il corpo è ancora più tremolante e a lingua esce per leccare impertinente quella faccia fissa. Il rappresentante della cultura ufficiale è in parte ridicolizzato e in parte contento nella sua immobilità pensosa. La corsa continua: ora lei corre su una scala sempre disordinando il vestito attraverso movimenti scomposti delle gambe. Sopra, incontra un uomo che parla al cellulare; si avvicina lentamente e quando lui la guarda, lei gli butta per terra l'aggeggio. Adesso cammina come una super-eroina, sparando con la punta delle dita contro i muri – distruggendoli. Sale su un divano, una mano si autonomizza dal corpo, vibra disconnessa come un essere vivente separato; poi è una gamba asimmetrica che imita questa crescente autonomizzazione corporale: *ogni arto* è altro. Ora la camera la illumina da lontano mentre danza in uno scenario vuoto di un teatro. Sembra lo stesso di *Mulholland Drive* qualche anno prima (cfr. cap. 8), ancora nuovo, poltrone rosse e solitarie. Dopo la donna dionisiaca esce correndo fuori del teatro, realizza un salto mortale contorto, e – in un momento di suspense, con uno scatto si solleva in aria: la camera inquadra un grande occhio colorato, l'occhio-Kenzo, e lei lo penetra volando nella pupilla, cade dall'altro lato, si alza libera, ricoperta da una pioggia di petali (petali pupille) guarda di nuovo in camera e si batte il petto come una donna-scimmia. Titolo: *The New Fragrance. Kenzo World*.

Tutto questo in venticinque tagli di montaggio, durata 3'.48". Il direttore è Spike Jonze (*Her*), la musica di Sam Spiegel (suo fratello) si intitola ovviamente *Ape Drums,* la ballerina è Margaret Qualley. Lo spot è rimasto nelle prime pagine di molti giornali e diventò virale nei social network. Lei vive nel doppio vincolo familiar-sociale e la pubblicità spezza questo schema imprigionante. Nella mia fantasia, lei è la figlia della donna in verde di *Egoïste*: quella che grida contro l'insolente che pur lei stessa desidera; si libera dal Palazzo-prigione e afferma la libertà irregolare della sua individualità. Il potere animalesco di lei (donna primate) la immerge nel corpo profumato attraversando il big-occhio sospeso e sollevato come quello di un dio pagano, fora la pupilla e si re-incontra libera e coperta di petali-pupille. Il doppio vincolo della pubblicità è spezzato. La donna è libera. Il corpo sta fuori della capsula che la rinchiude. Bateson (ed io con lui) può solo aspettare il terzo e definitivo spot sul profumo, per sapere se una volta, nella strada o nella vita, la donna o la pubblicità praticano il cammino danzante e indisciplinato verso la reciproca liberazione.

Recentemente gli spazi milanesi sono stati invasi da una *montagna di Carl*. Deformando o plasmando l'immaginario italiano in relazione alla birra, a partire da quella classica nazionale, la Peroni (ora purtroppo di proprietà della giapponese Asahi) richiamava la connessione semiotica tra il giallo della bevanda e il biondo dei capelli. In realtà erano e sono ancora due colori complementari sessualmente: l'uno è virile e l'altro femminile. La schiuma biancastra, infatti, fuoriesce da una bottiglia dalla evidente connotazione fallica; le mani della donna che la afferra sono avvolti da vaporosi capelli biondi e atteggiamenti neanche poco allusivi. Il gioco era fatto e il successo sicuro. Erano anche anni di una accentuata liberazione sessuale, per cui ai più diversi spot era concesso tutto, in quanto i censori erano sempre di destra ultra-conservatrice. *Chi mi ama mi segua....* Una rivoluzione non solo pubblicitaria... Il problema è che le cose sono cambiate e molto. Gli outdoor erano di dimensioni standard e collocati in spazi ad essi preposti, in un certo senso legittimati per le loro richieste. Ora le ristrutturazioni di edifici pubblici e privati hanno bisogno di diversi capitali e la pubblicità è pronta a offrire le sue soluzioni con una mano nel cuore "culturale" e l'altra nel portafoglio azionario. La gigantografia pubblicitaria si è subito connessa ai paesaggi metropolitani più suggestivi. Pochi l'hanno vista come intrusiva e in genere si chiudeva un occhio per l'indubbio vantaggio reciproco nelle ristrutturazioni architettoniche storiche. Ma fu subito chiaro che le distinzioni pubblico/ privato stanno saltando non solo nelle identità digitali, ma anche nei paesaggi urbani. Anzi: la metropoli, specie Milano, devono accettare la sfida di transitare dall'era industriale a quella post-industriale. Per questo la *metropoli comunicazionale* è in un contesto mobile che definisce le identità in modi altri rispetto a quella moderna, strettamente interna ai processi dei social network e di Internet in senso più ampio. Corpo e metropoli sono da tempo incrociati col digitale. Per capire gli uni, è

Solvi Stubing in una pubblicità Peroni,
Studio Testa, anni Settanta

fondamentale saper penetrare gli altri. Milano è di nuovo all'avanguardia in tale processo dopo il non breve periodo di crisi determinato dall'eccesso di industrie presenti nel suo territorio diventate *terrain vague*... Passeggiando intorno all'area della Bicocca, è impressionante verificare come i cognomi che ritmavano il progresso industriale e il conflitto sociale ora sono diventati nomi di strade o di edifici. Omaggio ad un passato che non esiste più.

Il problema è nato con Carlsberg, la cui birra ha giocato col monte-di-venere di ignare bionde danesi al centro di Milano. La probabilità di "farvi" questa birra e una danese è veramente scarsa, eppure il doppio senso funziona anche se tutti decifrano un "senso unico": far coincidere la sete diabolica e la straniera sedotta. La sfacciataggine della trovata, tutt'altro che originale e graficamente penosa, è stata vitalizzata da alcune proteste. Quelle allusioni esplicite che negli anni della rivoluzione sessuale venivano viste con un sorriso compiacente o indifferente, ora che il disastro liberatorio è sotto gli occhi di tutti (femminicidi in crescita, razzismi urlati, omofobie rivendicate) alcune donne hanno utilizzato la Rete per contestare il messaggio. Subito si è attivata la delegata del sindaco alle pari oppurtunità che ha sottolineato come il linguaggio pubblicitario sia rimasto indietro. *È vero*: ma più per il *concept* che per il contenuto.

Credo che la censura sia poco adatta ad affrontare tali questioni delicate; molto più efficace sarebbe quella estetica o performatica.

Pubblicità Carlsberg, Milano, aprile 2016

Isolare la grossolana allusione sessuale dallo stile semiotico rischia di favorire quella censura che dovrebbe appartenere solo ai reazionari. La censura evocata dalle persone più sensibili e critiche verso la cultura metropolitana denuncia l'incapacità e il "ritardo" nell'affrontare in modi adeguati e progressivi il problema. Il precedente è oltremodo pericoloso. Si offrirebbe legittimità alla Regione lombarda di censurare le campagne pubblicitarie o pedagogiche a favore del *gender*. Il problema quindi è l'idea di poter censurare, di averne la legittimità. L'ACV vorrebbe sperimentare altri percorsi... Insegnando a Milano, avrei portato i miei studenti di fronte a questo cartellone della *Carlsberg* e avrei fatto una lezione su antropologia, feticismi e pubblicità.

SELFIE D'ARTE

Prima su *Instagram* e poi su *Facebook* è nata una discussione su Cindy Sherman e le foto – da lei postate - dopo che l'artista ha reso pubblico il proprio profilo Instagram. Le domande ruotano intorno a che tipo di arte sia, che valore potrebbe avere e quanta diffusione e/o controllo potrà (o non) avere l'artista sulle opere. Caroline Elbaor su *Art World* afferma:

Prima dell'era dei social media, l'artista Cindy Sherman aveva già stabilito se stessa come regina dell'arte mondiale della *self-reinvention*, usando la fotografia per il *morphing* di un personaggio dopo l'altro (...). I selfie *stage-managed* sono diventati così ubiqui che sono ora nutrimento per le esposizioni e spesso citate come una forma d'arte in quanto tale (Elbaor: 2017).

Dal profilo Instagram di Cindy Sherman

Una serie di selfie sulla scia dello stile tradizionale dell'artista, ma applicato nei contesti ubiqui dei social network sperimenta l'immaterialità non controllabile dal mercato delle arti oppure se stia generando un'ulteriore scala di valore.

I commenti dei follower sono perlopiù entusiasti, sintomo chiaro che l'esperimento sta riuscendo. Cindy Sherman con i social network sta frantumando i confini delle arti, così come Andy Warhol fece con i mass media. Il feticismo visuale di Warhol filtrava gli oggetti del consumo assimilando Campbell e Mao, Elvis e la Coca Cola; il feticismo metodologico di Sherman trasforma se stessa in qualcosa che, in tale metamorfosi, si riconfigura in soggetto che dissolve il potere dello stereotipo. Potere cui Warhol era assolutamente indifferente.

Cindy Sherman è l'artista contemporanea che maggiormente ha saputo giocare con le identità sincretiche. Lei è cresciuta nell'era della televisione e dei mass media, stando dentro la cultura visuale riproducibile. La sua composizione fotografica penetra e disloca il senso comune sull'influenza dei media e dell'industria culturale. Mentre l'agenzia-famiglia plasma la donna su quello che dovrà essere l'unico modello futuro, al contrario le agenzie-media erodono il sé unificato con la molteplicità di persone. I media emettono quel mix narrativo, attraverso pubblicità, fiction ecc., che presenta pluralità identitarie del soggetto-donna in contraddizione col modello fisso familista. Quindi, la manipolazione della TV si rovescia nel suo contrario: può favorire le tante manipolazioni possibili che ciascun utente può produrre dispiegando la molteplicità dei propri sé.

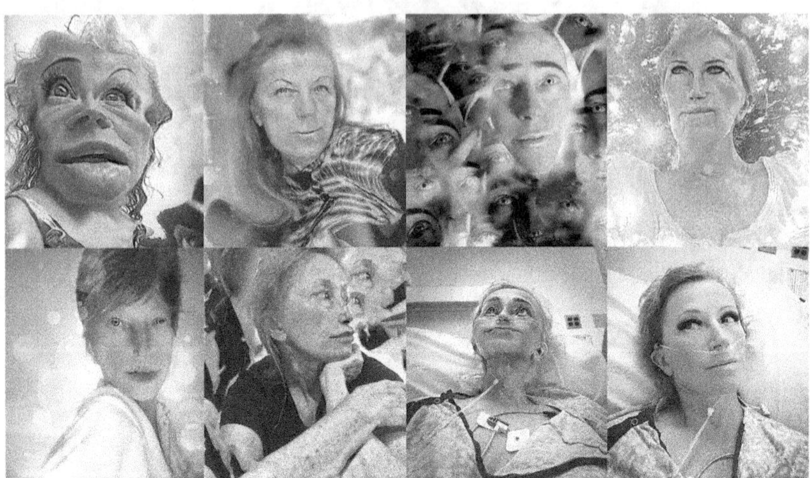

Selfies dal profilo Instagram di Cindy Sherman

Il feticismo metodologico è un metodo applicato spontaneamente da Cindy Sherman. Lei crea la rappresentazione stupita dello stereotipo per dissolverne il potere reificato, spinge l'osservatore a interrogarsi sul senso dell'opera, crea le condizioni riflessive sui propri valori, rifiuta i banali pregiudizi moralistici. Il contesto mediatico è parte dell'esperienza del soggetto: nessuno vive fuori o senza media. E allora lei li usa per mostrare la riproduzione degli stereotipi e così dissolverli attraverso lo slittamento dei codici incorporati.

Lo scenario che sta emergendo intreccia arte e digitale, offrendo prospettive inedite. E allora anziché opposizione dialettica tra aura e riproducibilità, le articolazioni digitali mescolano queste due prospettive che - da dicotomiche - diventano sincretiche, polifoniche, ubique. Emerge una *comunicazione auratica riproducibile* che il digitale scioglie oltre il dualismo delle tecnologie (e filosofie) analogiche. Anziché arte collettiva, si affermano *artisti connettivi*. Da qui la crisi del *copyright*...

Per Sherman tutte le immagini femminili dei media sono co-presenti nella sua arte visuale attraverso lo *stupore del molteplice*. Il suo corpo sincronizza gli scenari quotidiani dove la donna è collocata, tra squallide stanze, strade solitarie, mostruosi sex-toys. In tal modo, lei accompagna il transito dai mass-media classici ai post-media contemporanei, dove il referente non è più il concetto sociologico di massa. La comunicazione digitale post-media favorisce l'emergere di una soggettività che non ha più un'identità stabile, fissa, compatta basata su un unico lavoro, un solo territorio, una famiglia eterna, un sesso già deciso; bensì da identità mutanti composte da inquieti "ii".

Il digitale è auraticamente riproducibile.

• • PERVERSIONI VICEVERSA

Ci sono alcune pubblicità fotografiche che si segnalano per la presenza eccessiva e irregolare di un "gioco dei corpi" che costruisce sincretici ideogrammi verso nuove simboliche sessuali, impensabili per audacia solo fino a qualche anno fa. Esse si configurano come una spiazzante apologia e, insieme, un'elegia corporale, e comunicano un contorto quanto intrigante senso di ambivalenza rispetto ai ruoli tradizionali tra maschio e femmina. Su tali ambivalenze corporali queste immagini costruiscono e agglutinano il loro preciso target, già allenato a decodificare ideogrammi corporali innovativi. Per questi prodotti sembra ancor più legittimo pensare che siano essi a "guardare" i possibili lettori-acquirenti, selezionandoli tra una élite privilegiata che sa "giocare" sul rovesciamento dei ruoli e che proprio dentro queste seduttive inversioni si scateni il fascino dell'eccesso.

Questi prodotti osservano e prescelgono i loro fruitori in un sottile gioco di complicità e protezioni, legittimato, per esempio, dalla rivista "seria" che – nel pubblicare la foto – rassicura e, insieme, eccita verso l'ingresso nel mondo sregolato dell'innovazione dei codici. Essi coinvolgono il possibile cliente non per i benefici tratti dall'uso eventuale del prodotto, bensì per le polimorfe possibilità che si aprono nell'entrare dentro il regno (*frame*) delle inversioni e torsioni corporali, fonte di inusitate e inaspettate eccitazioni.

Questo gioco verso perversioni legittimate sembra aver avuto un effetto di attrazione anche su di me, che mi sono sentito subito spinto (o "prescelto") a interpretare il profumo *Fragrance pour homme* di Steve Meisel per Ferrè appena vista la sua prima immagine fotografica: un groviglio corporale, fatto di intricate androginie neoplatoniche, che mi si annunciò come l'allegoria trionfante e postmoderna di nuovi e inesplorati "giochi dei corpi" dal significato "plurisessuale" ambivalente e oscuro.

IL GROVIGLIO DEI CORPI

La foto è tagliata all'altezza delle labbra e appena sotto i fianchi. I due corpi – quello maschile e quello femminile – sono rovesciati rispetto alle loro possibili posizioni di ortodossia (o eterodossia) sessuale. Ed è

grazie a tale rovesciamento spiazzante e innovativo – fonte perversa di oscure attrazioni – che l'immagine realizza il suo scopo. La "fantasia" eccitata dall'immagine sembra stimolare decodifiche plurime. Inizialmente sembra suggerire un rapporto sessuale impossibile in cui una donna "prende" da dietro un uomo, come in un gioco di omosessualità incrociate: una donna-maschio possiede un uomo-femmina. La donna, infatti, è "incollata" alla

Steve Meisel, *Viceversa*, 1999

schiena dell'uomo che, per aderire meglio alla sua metà, inarca la schiena e le natiche. Il tutto diffonde una sorta di spiazzante e incerta variazione sul mito dell'androgino platonico, proprio perché la coppia appare come composta da un omosessuale maschio circuito – o posseduto? – da un'omosessuale femmina (nel mito platonico la coppia perfetta – anziché eterosessuale – è fatta da due uomini, prima della separazione divina che immette alla ricerca della riunificazione amorosa).

Il gioco delle inversioni sessuali (passivizzazione dell'uomo e attivizzazione della donna) e delle interconnessioni corporali è esaltato geometricamente dall'incrocio a doppio angolo retto (quasi una svastica) delle rispettive braccia sinistre. Quella virile, come a sconfessare o bilanciare l'eccesso di femminilizzazione acceso dal primo sguardo d'insieme, è muscolosa, potente, attraversata da grosse, emergenti vene sotterranee: effluvio di tanti immissari che confluiscono nel grande fiume arterioso, che sottolinea e accompagna la linea dal bicipite all'avambraccio. In senso inverso, la sua spalla, sporgente in fuori, sembra come stemperare l'eccesso di forza col secondo e più attento sguardo: è un movimento quasi lezioso, che serve a costruire una serie di frammenti corporali in cui ciascuno nega l'altro. Infatti, alla sua estremità opposta, si allarga la presa virilmente predatoria della mano che circonda e afferra il fianco femminile, forse per impadronirsene o per allontanarlo, ma forse anche per sospingerlo con forza verso il proprio corpo e accentuare la pressione dominante della donna. È un gesto di fantasiosa ambivalenza: esso sembra suggerire sia la sottomissione al suo (di lei) potere e sia sottolineare il suo (di lui) governo. Il tutto è come fissato sull'arco del pollice che trionfa ben aperto sul femore femminile. A causa di tale movimento all'indietro del braccio, l'ascella si apre e mostra un ciuffo di peluria castana, che inserisce un senso cromatico di ulteriore ambivalenza (né troppo virile né troppo femminile) in ovvia opposizione ai capelli di lei, fieramente neri e a caschetto: è una cavità odorosa e sessuata, ma anche zona oscura e contaminata dal possibile ristagno degli effluvi corporali.

È, questo, un braccio ambivalente e contraddittorio. Troppo muscoloso per essere "femminile" e troppo rovesciato per esercitare il potere maschile. Esso va alla ricerca di un possesso che, mantenendosi in quella posizione, non potrà mai raggiungere. È un *possesso subordinato*: quanto più è saldo e tanto più contribuisce all'irrigidimento dell'inversione dei ruoli.

IL POTERE DEL NASO E DEL MIGNOLO

Il potere del naso è arcaico – ci ricorda Freud nel suo celebre *Disagio della civiltà* – e gli odori corporali della natura devono essere "civilizzati" dalla supremazia profumata della cultura. Gli odori puri sono pericolosi: essi ci potrebbero far regredire alla condizione delle bestie, quando il solo atto sessuale conosciuto è – come dicevano i latini – *more ferarum*. L'uomo primitivo, attratto dagli odori eccessivi emanati dalle parti basse delle donne che colpiscono il suo grande e sensibile naso, prende la sua partner solo da dietro. È una fase in cui l'attivizzazione del piacere si concentra maggiormente sul naso, mentre allo sguardo è ancora negato di poter "vedere" negli occhi il piacere dell'altro e, in tal modo, sviluppare quello che ora chiamiamo erotismo. Per questo la testa non si è ancora del tutto eretta a coronare la supremazia dello sguardo sull'olfatto. E come per i compagni di Odisseo "filtrati" dalla Circe omerica, l'uomo contemporaneo rischia di regredire nuovamente alla condizione di porco, dove regnano gli odori incivili, assoggettato da una risoluta donna-maga che lo animalizza se non accetta la supremazia degli odori artificiali.

In senso inverso si muove il braccio femminile: è sicuro, teso in avanti, anch'esso ad angolo retto ma verso l'alto, ben tornito ma non muscoloso. Non appartiene né a una "femminuccia" né a una cultrice di *body building*. Dopo essere passato sotto il possente bicipite virile, quasi incastrato e sottomesso, l'avambraccio si innalza fermo e deciso, per concludersi nella mano che disegna (splendido!) un movimento simmetrico alla mano maschile: tutte le dita si concentrano e si sforzano contro la mascella catturata del maschio, che esercita quasi un estremo tentativo di voltarsi, per riprendere il controllo mentale – fatto di occhi, naso e bocca – sulla donna. Per cercare di non esser più un oggetto-assoggettato, bensì nuovamente soggetto-predatore. Solo il mignolo, l'ultima e più fragile delle dita, contraddice tutte le altre e, invece di forza, sembra voler richiamare dolcezza e insinuarsi con la sola punta tra le labbra semi dischiuse dell'uomo. Ma la penetrazione mansueta della cavità orale è solo allusiva e anche dubbia, contrassegnata da una estrema delicatezza della donna, il cui gesto, altrimenti, si sarebbe rovesciato in una esplicita metafora di altre sodomizzazioni dell'uomo (specie se fosse stato un altro, più "rigido" dito come l'indice o il medio).

L'ambivalenza del messaggio è sottolineata dalla censura effettuata dal "taglio" fotografico. Ciò che si mostra è solo una parte del labbro inferiore: il che suggerisce in modo duplice sia l'inserimento del dito e sia il posizionarsi del mignolo sopra le labbra, quasi a richiedere il silenzio, la sottomissione, il sigillo. Le cinque dita, quindi, compiono globalmente una minaccia affettuosa: aggressività e dolcezza sono alternate e confuse tra loro. Il mignolo femminile esercita la stessa funzione del pollice maschile: entrambi si impossessano di una parte strategica nella relazione amorosa – labbra e fianchi – ma per costringerle a rimanere bloccate in modo "innaturale", rovesciato, per impedire il consumo sessuale e, di conseguenza, accrescere il desiderio. Promesse di fusioni e impossibilità di possesso si intrecciano come le rispettive braccia, che si attraggono nella misura in cui (o proprio in quanto) si respingono. Esse contribuiscono decisamente a mantenere – a legare e a collegare – una posizione "impossibile" che richiederebbe – sempre come nel mito platonico dell'androginia primigenia – l'intervento di un nuovo Zeus separatore, che già una volta spostò la direzione degli organi genitali.

La femmina "è" il maschio proprio in quanto il suo mignolo e il suo indice riaffermano uno sconfinamento negli attributi maschili, ma all'interno di una costellazione pur sempre femminile.

Simmetricamente, il maschio "è" la femmina, ma proprio in quanto riafferma con sicurezza la virilità del suo bicipite e delle sue arterie. Il maschio può tornare a essere bestia, curvo e sottomesso, ma solo perché si inarca verso l'alto.

I ruoli di maschio e femmina sono sia scambiati che riconfermati: ovvero, sono riconfermati solo dopo aver rovesciato le loro tradizionali configurazioni e sono invertiti solo in quanto il tutto ri-legittima le loro identità. Solo un uomo domato potrà essere di nuovo maschio e solo una donna indomita potrà essere di nuovo femmina. L'una è il vice-versa dell'altro.

La civiltà dell'olfatto

Contro il collo maschile compare una parte del naso femminile, in zona d'ombra eppure a lui vicinissimo, quasi "oscuramente" pronto a cogliere gli esalanti odori di un corpo da lei posseduto e controllato: tutti gli odori possibili, dal profumo rinnovato e inculturato alle gocce stagnanti e putrescenti. Sotto di esso, quasi subordinate e in piena luce, si dischiudono le labbra, doppiamente pronte sia ad assaggiare e a gustare – a "mordere" i sapori – sia a baciare e premiare. Ciò esalta l'angolo pronunciato e ben luminoso della mascella, capace di aprirsi e richiudersi sulle carni disponibili, da cui la separano un microscopico spazio vuoto e bianco – l'unico tra i due corpi – come ad assegnare ancora un'estrema possibilità di allontanamento all'uomo virilmente femminilizzato, da parte di una donna che, in modo simmetrico, si presenta come femminilmente mascolinizzata. I capelli corti e scuri accentuano tale ambivalenza e scoprono una gola e un collo ben protesi verso il possibile incorporamento. La stessa linea del seno è accennata solo per schiacciarsi sulla schiena curva dell'uomo, dove l'incavo del dorso maschile si inarca sul contiguo ombelico femminile. Seno piccolo ma non inesistente, quasi isomorfo al braccio, tornito ma non ricolmo.

In senso longitudinale compare la mano destra della donna, mentre quella dell'uomo è assente, forse è spostata come la sinistra, ben aggrappata ai fianchi di lei: ora è l'indice poco femminile che, curvo e minaccioso, si separa dalle altre dita serrate e sostiene il profumo rovesciato, con il tappo rivolto verso il basso. A un cenno è pronto ad aprirsi e a far scorrere il fiume dei suoi rinnovati odori, vera *fragrance pour homme*, come accompagna in sovraimpressione la scritta sotto la marca Ferrè, che, insieme al nome Gianfranco, illumina di oro la scura bottiglia dei desideri odorosi. Ma, per l'appunto, la punta è rovesciata verso il basso, quasi a significare l'urgenza di un irroramento che non possa non coinvolgere le parti più "basse" dell'uomo, anch'esse censurate dal montaggio e che sembrano necessitare un urgente intervento purificatore o, per così dire, "profumicatore". Ma forse l'abbassamento della bottiglia profumata sta anche a significare che solo il suo uso permetterà l'innalzamento della parte censurata per realizzare così il soddisfacimento di una relazione corporale, dopo che si è ristabilito il giusto senso tra i corpi.

Tutto è pronto e anche disponibile a tale gioco di rovesciamenti ed erezioni: il verso della bottiglia e del liquido che da essa può fuoriuscire va nella stessa direzione della grande vena, anch'essa gonfia e pulsante come quella del braccio, che si fa strada nel basso ventre e va a confluire nelle stesse zone censurate e basse dell'uomo. È evidente che l'oggetto principale da profumare è il sesso maschile e che solo questa sua irrorazione (nonché spiritualizzazione ed elevazione nel regno della cultura) potrà permettere il ristabilirsi della posizione paritaria. Il sesso si deve ingentilire, addomesticare, per disfarsi della sua origine naturale e rifiutare il richiamo animale irritantemente olfattivo: esso deve piegarsi ai regni dei profumi civili prima di potersi nuovamente innalzare.

"Tu sei potente" – gli sussurra la donna all'orecchio – ma per continuare a esercitare i diritti del tuo corpo e acquisire la mia disponibilità a volgermi a te dinanzi, disponibilità che ora ti nego decisamente, devi mutare di segno, devi eliminare gli odori non coltivati, solo naturali e senza cultura, devi incorporare il gioco civilizzato dei profumi, i soli che io sia disposta a odorare. Solo passando dalla supremazia della natura e dei rispettivi incontrollabili odori a quella della cultura dai sottili artificiali profumi potrai ristabilire il nesso funzionale e produttivo dei corpi e, in tal modo, quello mio femminile rifarsi donna e quello tuo maschile ridiventare uomo.

Queste parole virtuali, sussurrate dalla donna in forma di monologo, possono chiarire meglio il senso del gesto della sua mano sinistra: in esso coesistono sia una minaccia sotto forma di pressione per farlo curvare e inselvatichire, per farlo tornare al regno arcaico dell'olfatto, ove i filtri di Circe (questa è, allora, la differenza tra i filtri e i profumi: quelli abbassano e questi innalzano?) potevano far viaggiare tra le specie uomini e animali; e sia la promessa di farsi curare dalla sua mano destra (quella di lui, infatti, è assente). Minaccia di regressione alla condizione del porco con la magia dei filtri e promessa d'innalzamento dal regno animale con la logica dei profumi sono contemporaneamente disegnate dalle due mani. Come nel "paradosso del prigioniero" di Watzlawick o nel "doppio vincolo" di Bateson, l'uomo è due volte irretito dalle braccia femminili: in prima istanza perché lo circuiscono da dietro; in seconda, e più in dettaglio, perché una mano nega ciò che l'altra offre. Il piacere e la punizione sono vicinissimi come i loro corpi da androgino rovesciato. Sono sincronici. L'uomo odoroso è imprigionato dal doppio vincolo del disagio della civiltà, secondo cui ti evolvi solo rinunciando alla tua istintualità, ma tale civilizzazione è pagata col prezzo di cadere in preda delle arcaiche forze del mito. La repulsione per gli odori arcaici e l'attrazione per i profumi civili finiscono per legittimare solo l'uomo che non sia più maschio, che accetti la rinuncia come modello della cultura: se egli segue la stagnazione maleodorante, regredisce allo stadio del maiale, passivizzato e devirilizzato; se, viceversa, sceglie l'innovazione profumata, perde la sua forza sessuale materiale e acquista quella "spirituale". In entrambi i casi, egli deve correre un rischio per potersi rivoltare.

La logica "perversa" della contiguità metonimica dei corpi schierati l'uno dietro l'altro si può infrangere solo se si afferma la logica normativa della diversità metaforica che connette la dinastia dei profumi acculturati con la nuova virilità incivilita. Ma per poter conseguire ciò, questa metafora dovrà a sua volta rovesciarsi sotto il dominio mitico della metonimia e, tramite lo scorrere purificatore dei liquidi coltivati e culturali, distruggere la supremazia infida e inaccettabile dei profumi naturali del corpo, ristabilire una nuova contiguità amorosa, "fragrante" non più tanto per l'uomo, quanto per la donna a lui di dietro, che solo grazie a questo rovesciamento logico, semiotico e antropologico potrà ridiventare a sua volta disponibile a rovesciare i "sensi" del suo corpo.

Il codice pubblicitario è, infine, chiaro: l'inversione dei corpi, che – pur eccitando e attraendo – femminilizzano l'uomo e maschilizzano la donna, può essere raddrizzata solo grazie all'effluvio dei profumi "per bene", degli odori "ben coltivati" che inciviliscono la rozza natura, eliminano il coito di spalle sotto tale forma supremamente innaturale e la trasformano in fragrante cultura solo così disposta a erotizzarsi.

Nella mano maschile – e nel suo pollice ben opponibile – permane il segno del comando, di una potenza sessuale che è però imbrigliata e imprigionata dai contrastanti disegni delle braccia femminili, che si insinuano sul suo corpo verso l'alto con la mano sinistra, insieme minacciosa e delicata, e verso il basso con la potente mano destra che, con l'indice ben arcuato, segna il passaggio dai filtri ai profumi. O forse li mantiene entrambi. Magia e ragione coesistono dentro la bottiglietta che, sola, può salvare l'uomo perdendolo, facendo cioè dissolvere i suoi odori naturali.

Ora possiamo finalmente decifrare anche le ultime parole sussurrate dalla donna all'orecchio dell'uomo:

se non profumi la tua incontinente sessualità genitale, per trasformarla in eros civilizzato, io ti volterò per sempre la faccia all'indietro, ti allontanerò anche l'ultimo e più tenero dito – il mignolo – che ancora sosta sulle tue labbra: e non mi vedrai mai più. Ti costringerò a rimanere bloccato, assoggettato e femminilizzato contro di me, nuova Circe esperta in filtri d'amore. Tu sarai il mio Narciso e, "vice-versa", la mia Eco: come per il bellissimo giovane, sarai costretto a specchiarti per non riconoscerti e quindi a perire di consunzione, troppo seducente e "imprigionato" dal tuo ego per concederti a un altro e come per la bruttissima ninfa, sarai costretto a udire sempre e solo l'eco della mia voce, troppo asimmetrico e grossolano per essere visto e... odorato. Così, la vista del primo e l'udito per la seconda appariranno come i sensi più sviluppati – "evoluti" o "civili" – che avranno pensato di aver sconfitto per sempre il potere dell'odorato, mentre invece non "vedranno" e "udranno" altro che il rimpianto di astratti profumi, immemori e volatili cicatrici del mio dominio.

Siamo arrivati a esplicitare cosa *io* ho "visto" nell'oscura scatola del desiderio. La scoperta è quanto mai semplice: una scatola che attira e repelle come quella importata dall'asiatico, che è "vista" in modo così esageratamente positivo o negativo, che è "osservata" come fonte di seduttività ravvicinate e di minacciosi allontanamenti, i cui "voyeur" più instancabili oscillano tra catastrofismi planetari e apologie incondizionate, tra frigidità seduttive e perversioni polimorfe, una tale scatola non può che essere... la metafora del più luminoso oggetto del desiderio – televisione, PC, cellulare – grazie al quale ogni discussione sulla comunicazione visuale è esagerato. È come se in quella scatola nera Buñuel avesse rinchiuso il "segreto" dei mass media e abbia anticipato i post-media, fonte di inesauribili attrazioni e repulsioni. Non casualmente l'ammonizione finale che Catherine Deneuve rivolge alla donna delle pulizie può riguardare tutti noi quando parliamo di TV o Facebook : "Ma che ne sai tu?", dice infatti Bella di Giorno. E, in effetti, noi ne sappiamo veramente poco, perché i media tradizionali e ancor più il digitale si sviluppano impetuosamente grazie alla possibilità di incrociare le tecniche più innovative della comunicazione con gli strati più profondi delle emozioni. Ed è proprio questo ingorgo di tecnologie emotive – che si mischiano, si confondono e si riproducono – a costituire il terreno difficilmente fissabile e "comprensibile" di mass media o social network.

La comunicazione digital-visuale sposta i livelli tecno-emotivi sempre più su un terreno complesso, in cui essi giocano su piani interpretativi multipli. La geniale "pseudo autocritica" (o metapredica) degli autori di Superman, per cui i cartoon si sono ridotti a essere spot per i giocattoli; le capacità polisemiche dei Levi's 501, che – tendendosi – attirano automobili e ragazze dentro lo spazio liminoide sessuato; l'urlo ambivalente di Égoïste che duplica nel suo stesso segno la rabbia e la resa; la sciarpa da stadio per la Lega Lombarda, che tifa e vota contemporaneamente per il calcio globale e l'etnicità locale: tutta questa complessità dei media e dei social sembra convergere nella direzione di un "salto" tra i tipi logici (Bateson, 1972). Ciascuna tipologia di consumatore visuale è troppo abituata a decodificare storie "semplici", con un unico punto di vista, per cui le varie agenzie richiedono in settori sociologicamente stratificati – un profumo aristocratico, il tifo da stadio, un fumetto, i jeans – il passaggio a modelli metacomunicativi, ove il "gioco" si innalza nei contesti dei contesti e quindi le capacità percettive e decodificatrici dei vari spettatori sono maggiormente messe alla prova. In una parola: *sono più eccitate*, proprio come nella surreale sequenza di Buñuel.

La transizione verso la contemporaneità è avvertita come obbligata – producendo un'ibridazione ambigua dei comportamenti – e, insieme, giudicata come uno smarrimento della propria identità, contro cui si dovrebbe favorire la rinascita dei particolarismi regionalistici o etnici. Il meccanismo simultaneo del doppio vincolo, caratterizzato da seduttivi avvicinamenti e decisi allontanamenti, avviluppa spettatori e tifosi in un intrigo di relazioni ambivalenti da cui non sa più come uscire, se non con l'accentuazione della propria passivizzazione nel regno dell'altrove, oppure nell'attivizzazione nel cogliere e dislocare i messaggi metacomunicativi.

Il doppio vincolo è l'ossimoro che, dal territorio della retorica, si espande in quello della riproducibilità visuale normalmente "deviante": i media aprono le frontiere conoscitive della comunicazione, chiudendo le finestre sulla propria identità, sui propri etnocentrismi, sui propri orizzonti relazionali. Il consumo dei media vive l'attrazione ubiqua di stare in ogni luogo e la repulsione statica a ogni mutamento cognitivo, l'ebbrezza di estirpare le proprie radici e il risentimento nel vedere queste stesse radici percorse da "alieni" provenienti da paesi vicini, regioni diverse, paesi lontani. Quindi le frontiere della comunicazione mediale oscillano tra l'essere apertamente chiuse o serratamente aperte. Sono veramente esagitate égoïste, fragranti ballerine, tifosi *lumbard*, prediche superman, ignudi *jeans* che si mescolano a piacere nella oscura scatola nera del desiderio visuale, che ogni volta vede la propria soddisfazione vicinissima e, proprio all'ultimo momento, rimane sempre più insoddisfatta.

Ciò comporta la spinta a vivere contemporaneamente sia il rifiuto della staticità culturale che, nell'ipervelocità di un mondo che cambia, li renderebbe residui marginali, scorie subculturali, sopravvivenze folkloristiche; e sia il rifiuto della loro mobilità comunicativa che, in un cosmo statico, li priverebbe della loro identità tradizionale e li renderebbe solo grossolani imitatori. E in ogni caso, le conseguenze sono ancor più paradossali:

• da un lato, se viene vissuto e praticato il mutamento acculturativo, i "periferici" perdono, in quanto i legami con i rispettivi modelli tradizionali sono fortissimi, per cui l'abbandono della tradizione è vissuto come colpa, ansia, sconfitta;

• dall'altro, se gli stessi soggetti (individuo, gruppo, etnia, ecc.) rifiutano di omologarsi o di scambiare modelli culturali con l'esterno – nel nostro caso i potenti media – essi perdono ugualmente, in quanto la loro rinuncia è vissuta come dispiacere, emarginazione, risentimento.

Il messaggio della pubblicità televisiva sembra il più adatto a emanare confusione e indistinzione tra segnali di amicizia e di punizione che caratterizzano il doppio vincolo di Bateson: sono numerosi gli spot che iniziano o con la comunicazione di un affetto simulato o con l'allusiva minaccia che deriverebbe dal non seguire un determinato consiglio. Ancor più per i media tradizionali, il doppio vincolo visuale unisce, mischia e confonde comportamenti ostili e affetti simulati

I paradossi sono irrisolvibili. Appena data una soluzione, essi spingono verso nuove direzioni, risolto un problema, si ripresenta sotto altre forme. Il linguaggio visuale della pubblicità ha assunto uno stile che moltiplica i piani della narrazione praticamente all'infinito. Ciò vuol dire che è possibile scegliere alcune di queste immagini – tipo *Viceversa*, dove l'avverbio si tramuta in marca – e sviluppare un'interpretazione virtualmente interminabile. Più si va nel dettaglio anatomico della pubblicità, più ci si ritrova aggrovigliati in una serie di nodi che l'immagine mette in scena. La sfida passa, quindi, dal visuale allo scritto. Tutti siamo consumatori-voyeur dentro l'immagine, catturati da tali potenze visibili. Da tali forze animiste. Questa immagine si è presentata come un grande feticcio. Una sorta di feticcio radicale che permette un gioco ininterrotto di racconti. Una volta entrati dentro al labirinto dei codici corporali, non si può più uscire: se non compiendo l'ultimo atto secondo il feticismo metodologico: la trascrizione di tutte quelle storie possibili inscritte nel gioco dei corpi invertiti per dissolvere il carattere feticistico nel modo a esse adeguato: raccontandolo.

1. Matassa. Quantità di filo o di spago avvolto con l'aspo o a mano e legato per il bandolo in modo che non si imbrogli || imbrogliare la m., complicare una questione | sbrogliare la m., chiarire, trovare la soluzione di una faccenda complicata | trovare il bandolo della m., il filo conduttore che permette di risolvere un problema.

2. Before the age of social media, Pictures Generation artist Cindy Sherman had already established herself as the art world's reigning queen of self-reinvention, using the camera to morph into one character after another (...). The stage-managed selfie has become so ubiquitous that it's now fodder for exhibitions and often cited as an art form in itself (Elbaor:2017).

Teste mozze: la maschera e il visus

Non c'è presenza carnale che non appaia come
grosicchiata dalla futura assenza.

(Leiris, 1980:25)

●● Il viso

Il viso ha una sua storia: «*C'è nei visi una sorta di eloquenza silenziosa che, senza agire, in qualche modo agisce*», afferma Père de Cresolles in un trattato di retorica composto all'inizio del XVII secolo. Con questa citazione Courtine e Haroche iniziano il loro libro sulla storia del viso (1988:13). È un testo di antropologia storica costruito in modo da focalizzare nel «viso il fulcro della percezione di sé, delle attenzioni verso gli altri, dei rituali della società civile, delle forme del politico» (ib.). Il viso parla – attraverso un linguaggio non verbale – in stretta connessione con l'affermazione di una nuova soggettività: quella della modernità.

Pur inserendosi in una tradizione arcaica, nel XVII secolo nasce una vera e propria tentazione per la fisiognomica: una sorta di disciplina che crede di poter giungere all'elaborazione di tipologie presunte come "scientifiche" secondo le quali l'identità intima di un soggetto coinciderebbe con quelle tracce morfologiche – fisse come marchi divini o protuberanze psico-fisiche – del suo portatore. Il soggetto, quindi, è consapevolmente portatore di un viso espressione dell'anima[1].

Se la costruzione singolare del viso viene localizzata nel pieno della modernità, per i due autori la contemporaneità è vista come declino dell'espressività in pubblico. È questa la causa del conseguente silenzio del viso. E così l'uomo senza viso è il risultato di un tipo di società che non avrebbe più desiderio di esprimere emozioni, ma solo di controllarle.

In questo capitolo si cercherà di stabilire un nesso tra alcuni modi tradizionali di rappresentare il viso (come la maschera) e il primo piano; e come questo primo piano sia mutato dalla sua invenzione cinematografica fino alla serialità televisiva. Il viso, quindi, è uno straordinario indicatore del processo di mutazione della comunicazione visuale. Anzi: è la comunicazione visuale. Il vero linguaggio che è decodificato da uno spettatore tendenzialmente planetario (ma non per questo omologato) è quello del viso. Del viso-visuale.

Se è vero che le "passioni" del viso esprimono moduli narrativi che si possono definire elementari (cioè riconducibili a un numero standard, come odio, amore, ira, ecc.), nello stesso tempo il senso di queste passioni e i sistemi significati codificati sono culturalmente determinati: ciò vuol dire affermare un relativismo variabile nello spazio e nel tempo. Il viso-visule sarà sempre più *glocal*: un concentrato inquieto e mobile tra globalizzazione e localizzazione. Ciò che definirò successivamente come "teste mozze" o "visus" è il risultato di volta in volta variabile, collocato all'incrocio di tre forze: le passioni elementari, le tecnologie visuali, i valori delle singole culture. Qui non si svolgerà una fisiognomica del viso. In questo approccio si è sempre cercato di trovare presunte leggi universali per inquadrare relazioni oggettive tra tipologie umane e tipologie facciali. Ma «confondere identità e fisionomia è un sogno duro a morire», dicono giustamente Courtine e Haroche (p. 182). Com'è noto, ciò ha prodotto e in parte continua a produrre l'affermazione del tutto ingiustificata di stereotipi. Il viso come specchio dell'anima. Come vizio o virtù della propria identità. Come condanna a portare in pubblico la nostra verità più interiore e privata. Qui si vuol contrastare la riduzione del viso a faccia – ovvero a una dimensione biologico-naturalistica da laboratorio – per affermare il viso come sensibilità individuale, estetica, comunicativa. La comunicazione televisiva, anziché facili schematizzazioni binarie (qui il bene – là il male) sviluppa una serie complessa e infinita di varianti linguistiche ("emotive") tutte costruite dai serial e decodificate da vari pubblici.

La pur sapiente analisi storica del viso di Courtine e Haroche non riesce a vedere l'enorme loquacità di un viso inserito nei circuiti mediatici. Se la «storia del viso è anche la storia del controllo dell'espressione» (p. 20), essi vedono la cultura contemporanea come produttrice di «un silenzio del corpo e delle facce» (ib.). Invece, qui si sostiene esattamente il contrario: come, cioè, il corpo sia diventato l'ossessione dell'Occidente, come questa ossessione "parli" con una loquacità inarrestabile e sempre più frammentata in una molteplicità di stili di vita e codici corporali attraverso il suo luogo più nudo: il viso.

Tutta la cultura visuale ruota intorno al corpo. E il corpo per eccellenza è il viso. Il viso è il grande concentrato dell'intero corpo cui si deve dare il massimo risalto. E quindi le emozioni visuali devono essere decontrollate (pur all'interno di un *frame* rigidamente controllato)[2] nelle loro più micrologiche variazioni della pelle, dei muscoli o dei nervi. Ogni dettaglio del viso, la tecnica delle espressioni e dei comportamenti, l'arte del trucco, il modo di portare i capelli: tutto il risultato di un lavoro immane che vede impegnate nello studio e nella ricerca le più grandi major-TV e ora su Netflix, Sky, HBO etc.

Il linguaggio del corpo nell'era della comunicazione visuale è essenzialmente il linguaggio del viso.

IL PRIMO PIANO

Nella comunicazione visuale, l'invenzione del primo piano ha avuto una funzione fondamentale che influenza tuttora i modelli – spesso impliciti – della percezione da parte dello spettatore, che a loro volta mutano nello spazio e nel tempo. Può sembrare eccessivo sottolineare il carattere storico e il relativismo culturale di questa tecnica della comunicazione: invece ciò è necessario per permettere di riflettere su come è cambiata, in un tempo relativamente breve, la "natura" del primo piano all'interno della più generale cultura visuale.

Béla Balàzs, uno dei maggiori studiosi del cinema, usa parole piene di commozione per descrivere la "scoperta" del primo piano, da lui attribuita a David Wark Griffith, lo stesso inventore del montaggio alternato[3]. Grazie alla fisiognomica, il cinema esalta la corrispondenza tra i sentimenti interiori, anche più nascosti, dell'umano e i lineamenti del viso: i moti dell'animo sono impressi, "segnati" nel codice facciale che, in tal modo, diviene la maschera dello schermo. Il viso come specchio dell'anima ha avuto nel cinema muto il suo divulgatore di massa, riuscendo così a sostituire l'assenza del linguaggio parlato con l'esagerazione del linguaggio mimetico. Questa fisiognomica applicata ha fuso in modo singolare il positivismo scientista alla Lombroso –

l'inventore dell'antropologia criminale, secondo cui, per esempio, un assassino avrebbe impresso sui lineamenti antropomorfici del viso la sua predisposizione al crimine[4] – con la metafisica cristiana e la critica marxista. Per Balàzs, nei primi piani di Lilian Gish o di Asta Nilsen si compie l'apoteosi della nuova arte. I "buoni primi piani" non si limitano all'«esattezza fisica, materiale del particolare»: «da essi può trapelare la luce d'una sottile commozione umana» (Balàzs, 1949:65). E ancora: «nel primo piano v'è spesso la drammatica rivelazione di ciò che realmente si nasconde nell'apparenza dell'uomo». Si realizza, in tal modo, una sintesi tra sensibilità poetica del regista e l'«espressione dei suoi sentimenti inconsci». Citando direttamente una frase di Marx («la radice di tutte le arti è l'uomo»), Balàzs finisce col sostenere che «anche quando il primo piano cinematografico solleva il velo che ricopre le cose, arricchendo e completando la nostra visione, non altro ci rivela che l'uomo» (p. 69). In conclusione, «il primo piano rappresenta lo strumento creativo di questo formidabile antropomorfismo creativo» (ib.), che ha qualcosa di materialisticamente teologico. Come il mito creò gli dèi a immagine e somiglianza degli uomini, così il primo piano antropomorfizza l'umano in tutta la sua variegata tipologia di passioni; è come se per la prima volta il volto umano si umanizzi e si animizzi di fronte a se stesso. Ma nuovamente questa umanizzazione ritorna a essere anche una nuova divinizzazione: non casualmente il volto visuale per eccellenza – quello di Greta Garbo – assurge al ruolo "divino" di rappresentare il senso di alienazione sociale e di antagonismo politico. Per Béla Balàzs tutto ciò è inscritto nella bellezza particolare dell'attrice più "distante" dal mondo:

> Greta Garbo è triste. Non solo in determinate situazioni, per certi precisi motivi. La bellezza di Greta Garbo è una bellezza sofferente, che avvolge tutta la vita e tutto il mondo circostante. Questa tristezza è un'espressione esattamente determinabile: è la tristezza della solitudine e della estraneità, quella tristezza che non conosce la comunanza con gli altri uomini. Nella figura della Garbo è racchiuso il triste destino della purezza di una interiore nobiltà ripiegata su se stessa, della rabbrividente sensibilità del *noli me tangere*. Anche quando si immerge nel personaggio di una corrotta sgualdrina. Anche allora Greta Garbo si sente come esiliata in terra straniera, e non sa come abbia potuto giungervi (p. 335).

Sul significato fisiognomico di questo viso non vi possono essere dubbi:

anche il piccolo borghese, privo di coscienza politica, sente che quella bellezza triste e sofferente, la quale non può nascondere il ribrezzo di vivere in questo sporco mondo, l'immagine di una umanità più altamente organizzata, spiritualmente più pura e moralmente più nobile. La bellezza della Garbo è, nel mondo borghese, una bellezza di *opposizione* (ib.).

Il primo piano della Garbo anticipa il comunismo, in lei si svela il *socialismo dal volto filmico* o, a scelta, *il socialismo in un solo volto.*

Nella fisionomia di Greta Garbo milioni di uomini scorgono una dolorosa e passiva protesta. Milioni di uomini che forse non hanno ancora preso coscienza della propria dolorosa protesta. Ma proprio per questo, essi amano la bellezza di Greta Garbo e la antepongono anche alla più bella di tutte le bellezze (ib.).

Eppure tutto questo non era "leggibile" fino a qualche anno prima. I codici con cui si costruiscono le immagini o le si interpretano sono plasmati dal tempo e dallo spazio. Lo stesso Béla Balàzs racconta, infatti, un aneddoto molto istruttivo:

uno dei miei amici moscoviti mi raccontò il caso della sua nuova domestica arrivata in città, per la prima volta, da un *kolkos* siberiano. Era una ragazza intelligente, aveva frequentato le scuole con profitto, ma per una serie di strane circostanze, non aveva mai visto un film. I suoi padroni la mandarono al cinema, dove si proiettava una qualsiasi commedia popolaresca. Tornò a casa pallidissima, imbronciata. "Ti è piaciuto?" le chiesero. Era ancora in preda all'emozione, e per qualche minuto non seppe spiccicare sillaba. "Orribile" disse infine, indignata. "Non riesco a capire perché qui a Mosca permettono che si faccian vedere tante mostruosità". "Ma che hai visto?" ribatterono i padroni. "Ho visto" rispose la ragazza "uomini fatti a pezzi: la testa, i piedi, le mani, un pezzo qui un pezzo là, in luoghi diversi" (p. 39).

Questa storia non attesta una particolare ingenuità da parte di una persona poco istruita o di matrice contadina. È, al contrario, un indicatore di un processo storico particolarmente violento a quell'epoca, ma che ancora non si è concluso. Come è noto, anche in un cinema della stessa

Greta Garbo in *Mata Hari,* 1931

Hollywood si diffuse il panico fra gli spettatori quando un film di David W. Griffith presentò per la prima volta un'enorme "testa mozza": il primo piano non fu capito subito neanche lì. Allo stesso modo i parigini fuggirono alla vista del primo treno filmato dai fratelli Lumière. Non solo: la stessa grammatica visuale, che può alternare – attraverso il montaggio – primo piano, piano americano, campo lungo, ecc., non fu subito comprensibile agli spettatori "normali", che dovettero modificare il loro "naturale" (in realtà culturalmente determinato e variegato) modo di percezione e di interpretazione. Le *teste mozze* dei primi piani innovavano il linguaggio visivo. E contemporaneamente stabilivano una connessione con i modelli analoghi, ma precedenti, della comunicazione visuale, in primo luogo con le *maschere*.

Dietro l'apparente ingenuità di Balàzs, che è tra l'altro tutta interna al dibattito della sua epoca, si afferma una precisa linea interpretativa del cinema, consistente nell'applicare le più "alte" teorie sociali o filosofiche alla comunicazione visuale (egli stesso usa il concetto di "cultura visiva" come titolo del suo quarto capitolo). Dal nostro punto di vista, la simbolica trascendente del primo piano di Greta Garbo ci permette di connettere il suo volto con le maschere.

La maschera

La funzione antropologica delle maschere – il loro essere presenti in moltissime culture – va ben oltre l'esigenza di poter mutare persona e identità: in esse si manifesta un'inquietudine e una fascinazione che coinvolge praticamente tutta l'umanità. Forse dietro di esse, al di là di chi le mette, è nascosto un segreto per disvelare il quale è forse necessario ricorrere alle maschere più estreme, più esagerate, più radicali.

E la radice delle maschere è il teschio.

Prendiamo due modelli appartenenti a culture tra loro estremamente diverse: la maschera-mosaico trovata a Mixtec, nell'antico Messico, risalente al XIV secolo e che ora si trova al *British Museum* e i Reconditori conservati nelle chiese di Gutenzell e Weyarn, in Baviera, e "creati" in piena era barocca (1755 circa). Entrambi hanno questo in comune: sono maschere che hanno per base materiale il cranio umano. A partire dalla fisiognomica della prima – la più realistica e radicale a un tempo – ignoti artisti hanno incastrato le più diverse pietre preziose nei "vuoti" lasciati liberi da carne e cartilagine. Le orbite degli occhi, l'incavo del naso e delle guance: tutto è un celebrare il trionfo di pietre preziose sulla caducità della carne, in stringente alleanza con ossa ben levigate e denti ben incastonati. È come se l'evanescenza temporanea della carne rifiorisse grazie al suo contrario: la luminosa indistruttibilità delle gemme di lapislazzuli e ossidiana.

Mentre i "reconditori" vanno ancora più in là; essi sono – anche etimologicamente – preziosi scrigni dove era di moda rinchiudere non solo teschi, ma anche interi scheletri di pseudomartiri. Secondo il costume del tempo, infatti, era d'uopo che ogni chiesa avesse il reliquiario di un santo; per questo aveva preso piede la singolare abitudine da parte di religiosi europei di andare in pellegrinaggio a Roma, comprare il cadavere di un presunto santo (in genere risultato falso), per trasportarlo con le dovute precauzioni fino alla propria città d'origine in modo da dare lustro e onore alla propria diocesi. E qui si compiva l'estremo rito: teschi e scheletri di quei poveri pseudomartiri,

> coperti di gemme come mai s'ingemmò una donna per il ballo, mostrano
> l'eternità gloriosa dei Santi attraverso la resistenza del loro nocciolo osseo e
> lo splendore di un paramento minerale. L'eloquenza di tale predica-spettacolo,
> a cui contribuiscono i riflessi delle teche, le fiammelle sugli altari, i bagliori
> delle pietre, ha al suo centro il più elementare dei tropi: il *corpo del morto*, o
> ciò che ne rimane (Quattrocchi, 1987:92).

Tra arte tardobarocca e arte protoazteca (ma molti altri potrebbero essere gli esempi da citare, alcuni dei quali – splendidi! – conservati nel Museo Antropologico di Firenze) vi è un legame segreto quanto forte che le connette reciprocamente. «L'allegoria – ha scritto Walter Benjamin – è più tenacemente radicata là dove la caducità e l'eterno si scontrano direttamente» (1963:243). La carne e lo scheletro, quindi. Nella scelta del teschio come materiale primigenio della maschera vi è come una sfida tutta umana alla decisiva categoria del tempo; in esso, pur oscillando tra redenzione trascendente e positiva «facies hippocratica», sopravvive un «pietrificato paesaggio primievo» che neanche la morte riesce a decomporre. Ogni errore e ogni dolore del passato storico «si configura in un volto – anzi: nel *teschio di un morto*» (p. 174). Animismo e misticismo sono coinvolti nel più duraturo e "materialistico" dei materiali: il teschio, il cranio scarnificato. Per questo l'interpretazione di Benjamin va spinta oltre la storia: al di là dell'esposizione barocca, la rappresentazione visuale dei dolori del mondo contiene un codice più complesso che persegue il superamento della resa alla morte. A tal fine esige una *mascherata disumanità*. Questo teschio-maschera è il «volto rigido della natura»: esso da morto (e quindi da sconfitto) si trasforma in vincitore solo in quanto, insieme al «culto barocco della rovina e delle macerie» (p. 188), irradia un culto osseo esteticamente riconosciuto che resiste in forma scultorea. È questa forma che, in Occidente, viene chiamata arte. Nel teschio vi è già una serialità disponibile in abbondanza in natura.

La maschera è un sipario che apre sul teschio. Da qui la sua natura duplice e ambivalente che rende fascinosa quella visione barocca «che mostra una rosa che fiorisce e contemporaneamente appassisce, il sole che, nello stesso paesaggio, contemporaneamente sorge e tramonta» (p. 207). In ogni maschera vi è questa contemporaneità che, insieme, mostra e nasconde[5], mostra nascondendo e nasconde mostrando, che tace e parla, rigida e mobile; vi è questa sincronia tra l'attesa ingioiellata di una resurrezione metafisica e la continuità meravigliosa di una presenza animistica. Ogni maschera, come un sole, sorge nella sua mobilità organica e tramonta nella sua fissità inorganica. Per questo, in essa, permane l'apoteosi del cranio come reliquia del cadavere, come trasfigurazione delle ossa facciali del defunto che si "maschera", in tal modo, da caduco e da eterno. Come recita quella poesia di Lohenstein, citata da Benjamin, dedicata a *Hyacinthen*, il fiore "totenkopff": «E quando l'altissimo verrà a raccogliere la sua messe dal cimitero / Io, teschio, sarò un volto d'angelo"[6].

Se ora ci spostiamo a Micene, nell'antica Grecia, il "mistero del cranio" – ovvero il teschio come rebus – forse ci potrà apparire più chiaro. Lì, infatti, furono trovate molte maschere funerarie del XVI secolo a.C., appartenenti a re micenei, tra le quali quella raffigurante il cosiddetto falso Agamennone e che ora, insieme ad altre due meno note, sta nel Museo di Atene. Scopo di queste repliche di fornire una risposta all'esigenza non solo di bloccare con un'immagine fissa la realtà del mutamento, ma anche e soprattutto di essere questa realtà. Secondo Caillois, l'«azione delle maschere è quella che si ritiene debba rinvigorire, ringiovanire, risuscitare» (1958:105); e, oltre a ciò, esse servono da "collante sociale", poiché ogni appartenente a una determinata comunità non potrebbe «non sapere che si tratta di illusione, travestimento, fantasmagoria», dietro cui «si nascondono i loro stessi familiari» (p. 106). Eppure, a mio avviso, sbaglia Caillois quando sostiene che il tramonto della funzione della maschera accompagna la nascita della civiltà: quella stessa maschera, che «era il segno per eccellenza della superiorità» (p. 124), ha mutato segno, forse ha mutato anche "natura", ma non si è dissolta. Anzi. Nell'ansia tutta francese di fissare una volta per tutte il momento cruciale e anche fatale dell'origine della cultura, vi è come un'ossessione formale di controllare, con la purezza del pensiero, ogni tempo e ogni spazio percorsi dall'umanità in termini concettualmente puri quanto storicamente allusivi. Mentre secondo me è vera l'altra proposizione di Caillois, secondo cui la maschera incrocia la *mimesi* e la *vertigo*, il panico voluttuoso e la *trance* come spasmo, lo smarrimento come gorgo:

> l'unione *mimesi-vertigine* è così dirompente, così fatale, da appartenere naturalmente alla sfera del sacro e da fornire, forse, una delle spinte principali di questa mescolanza di terrore e di seduzione che lo definisce (p. 94).

Questo terrore e questa seduzione definiscono anche, e perfettamente, la maschera, che agisce proprio con la funzione di incutere paura e diffondere spasmi tra i suoi spettatori, rendendo assolutamente vano e inutile conoscere la verità empirica, secondo la quale essa è "solamente" un prodotto artificiale. In realtà, è sempre il risultato di un processo culturale interno alle singole culture (per cui in molte etnie solo certi membri maschi appartenenti a certi clan e a certe classi di età possono conoscere la "verità" delle maschere). Per questo la vertigine delle maschere sta nel loro partecipare al numinoso manifestarsi del sacro. E sempre per questo, il vuoto animato che sta dietro di loro sembra coincidere con gli infiniti esempi dei vari misteri, al vertice iniziatico dei quali, come è noto, non vi è che il più terribile dei segreti: il *nulla*.

L'effetto "vertigine" della maschera sta nel suo mimetizzare l'eventuale materiale prezioso, come l'oro, con qualcosa di *altro* e di *alto*; così il viso del re compiva il più radicale dei desideri umani: rappresentare e pervenire all'immortalità. Ogni mimesi di questo tipo è una pro-testa contro l'insufficienza dell'io, sia rispetto all'alterità, per vivere il desiderio di essere tanti "ii", rompendo l'identità e l'unicità dell'ego, sia rispetto alla temporalità, per impedire la decadenza della propria immagine e realizzare l'altro grande desiderio, essere immodificabile e indistruttibile.

Falso Agamennone

Ebbene, nelle maschere funebri dei re di Micene, fatte con una sottile foglia d'oro applicata alla faccia del re morto – una faccia che non è ancora un teschio, ma che è in transito, "transita" dalla carne alle ossa – è catturata l'immagine di una persona regale per sottrarla così alla decomposizione. Questa mimesi aurea è anche un calco di eternità. La maschera si assimila alla rigidità del cadavere per emanciparlo dalla "mobilità" del tempo. La maschera aurea è in un doppio senso simbolo della carne, perché la sostituisce e perché la rappresenta. L'effetto d'inquietudine che ci prende di fronte ad ogni maschera sta proprio in questo paradosso: da un lato, l'espressione si irrigidisce nella fissità della morte, nell'inespressività del cadavere, e dall'altro ci parla, sembra comunicarci qualcosa di sempre nuovo, ci mostra un'identità cangiante, imprevedibile, inafferrabile. *La maschera è scatenata*, pur rimanendo incatenata a una forma sempre uguale, anzi, proprio per questo. La maschera non è mai identica a se stessa, perché essa è agitata in continuazione dai desideri e dalle angosce di chi la indossa e di chi la guarda. E anche in questo senso la maschera è un doppio. Dice Claude Lévi-Strauss a proposito dei kwakiutl:

> agli spettatori dei riti di iniziazione, queste maschere da danza che a un tratto si aprono come in due battenti mettendo in mostra un secondo viso, e talvolta un terzo dietro il secondo, tutti segnati dall'impronta del mistero e dell'austerità, attestavano l'onnipresenza del sovrannaturale e il pullulare dei miti.

Non solo.

> Questo messaggio primitivo, che mandava in pezzi la placidità della vita quotidiana, rimane ancora oggi così violento che la barriera profilattica delle vetrine del museo non ne estingue la forza comunicativa (1975:7).

Sempre secondo Claude Lévi-Strauss, nell'arte delle maschere si riunifica «la serenità contemplativa delle statue di Chartres» e i «trucchi del carnevale»; questo «dono ditirambico della sintesi, questa facoltà quasi mostruosa di percepire come simile ciò che agli altri appare diverso» – i baracconi da fiera e le cattedrali – costituiscono il «sigillo eccezionale» di queste maschere.

Ma oltre a queste immagini indubbiamente fascinose di Lévi-Strauss, che ripercorrono fedelmente il suo metodo strutturalista, vi è un estremo livello che è necessario scavare. La separazione radicale uomo-natura fonda un'esigenza di mimesi altrettanto radicale, che cerca di restaurare ciò che è stato scisso, attraverso varie trasfigurazioni tra cui quella delle maschere. Questa rappresentazione mimetica ambisce proprio a riconciliare con una sintesi magica e sacrale la separazione originaria tra soggetto e oggetto, che ogni individuo rivive nella propria esperienza dall'inorganico all'organico. Questa separazione radicale – nel senso più letterale possibile secondo cui la sua radice è l'uomo – non ha, a mio avviso, una struttura fissata nel tempo una volta per tutte, ma una ipostruttura mobile, con tempi e modi relativamente autonomi rispetto alle dimensioni socioeconomiche e psicoculturali. In conclusione, la maschera, come replica inorganica del viso organico, tende a costituirsi come unità e anche come identità del vivo col morto, dell'essere col nulla (Canevacci, 1982).

Il visus

Come abbiamo detto, la storia del viso non si esaurisce con la piena modernità, come alcuni studiosi cercano di attestare (Courtine, Haroche 1988), seguendo lo schema – troppo appesantito dai valori e troppo alleggerito dai fatti – secondo cui solo nel passato è possibile trovare la vera autenticità dell'oggetto di studio. E al presente non resterebbe che narrare tale sparizione. Al contrario, la modifica profonda che subisce nell'attuale fase la cultura del viso ne fa uno straordinario indicatore della comunicazione visuale. Basti pensare a come il selfie abbia reinventato ed esteso potenzialmente a tutti il desiderio di avere un visus visibile per tutti o quasi. Il selfie come testa mozza digitale, fisiognomica auto-prodotta per l'alleanza tra tecnologie ed emozioni. Di conseguenza, il ranking delle visioni globali del proprio visus/selfie stabilisce una gerarchia traducibile in prestigio dai risvolti immediati economici e di status. Con certezza il visus si movimenta e si affaccia in un multiverso inedito e ancora inesplorato. Tutto ciò va delineato, interpretato e, eventualmente decostruito, prima ancora che giudicato.

Basti pensare a come il selfie abbia reinventato ed esteso potenzialmente a tutti il desiderio di avere un visus visibile per tutti o quasi. Il selfie come testa mozza digitale, fisiognomica auto-prodotta per l'alleanza tra tecnologie ed emozioni. Di conseguenza, il ranking delle visioni globali del proprio visus/selfie stabilisce una gerarchia traducibile in prestigio dai risvolti immediati economici e di status.. Tutto ciò va delineato, interpretato e, eventualmente criticato, prima ancora che giudicato. Con certezza il visus si movimenta e si affaccia in un multiverso inedito e ancora inesplorato.

Dal punto di vista della percezione visiva, il cinema reinventa, col primo piano, un modello di rappresentazione facciale che era stato già sperimentato – pur nella diversità e varietà delle riproduzioni – proprio dalla maschera. Ma il recente uso televisivo del primo piano ne cambia, per così dire, la "natura": esso è divenuto, da apoteosi di un'emotività che trasmigra direttamente dal viso ingrandito nello schermo alla psiche dilatata dello spettatore, una presenza quasi costante del modulo narrativo dei serial. Anzi, è *la* presenza per eccellenza, fissata in lunghissimi piani sequenza in cui si alternano le fisiognomiche facciali di un attore a quelle di un altro. Vi è, quindi, una strettissima connessione tra l'accentuazione dei piani sequenza e la proliferazione di primi piani in questo genere della comunicazione televisiva: il che può sembrare che impoverisca la grammatica visiva, mentre la globalizza e ne moltiplica la produzione di senso emessa dai più micrologici tratti facciali.

La valenza drammaturgica dei primi piani riesce a comunicare, in modo transculturale, successioni di passioni, tutte ridotte a un modulo "elementare". Ciò contribuisce al successo mondiale dei serial USA o delle telenovelas brasiliane, che hanno adottato in modo sistematico l'uso inflattivo quanto sapiente dei primi piani.

Per un curioso riequilibrio dei molti codici emessi da questo tipo di comunicazione visuale, in alcuni grandi personaggi le crescenti dosi di primi piani riducono – e quasi azzerano – la richiesta di capacità mimetico-facciali: a loro non si richiede più un'esagerata mobilità espressiva – che si continua a richiedere per i personaggi minori o per il cinema – ma, al contrario, una fissità bilanciata tra varie tipologie antropometriche. Si potrebbe sostenere che lo stupore è il canone espressivo cui sono tenute ad adeguarsi le varie espressioni elementari nella loro rappresentazione visiva. L'ira, l'invidia, l'odio, l'amore sono tutti sentimenti mediati drammaturgicamente dallo stupore; il viso risulta come un po' stupefatto, come se a questo gran personaggio sembrasse stupefacente il trovarsi in quella determinata situazione.

Una stupita fatticità.

Questi codici con cui "parla" il nuovo primo piano non sono più recitativi in senso tradizionale, ma si dividono in tre moduli: un modo di parlare sempre più "astratto", soffice, asettico, abbastanza ininfluente (*codice verbale*); una tipologia di espressioni "naturali", che emette il viso in quanto puro "esserci", puro fenomeno visibile (*codice corporale*, il più importante); un set di oggetti che circondano il viso in primo piano, che servono da sfondo come in un quadro e che in genere sono segni riconoscibili di una estrema modernità (computer, grattacieli, vestiti di moda, gadget: sono i *codici fetish*).

Questo nuovo tipo di fisiognomica "parlante" sembra obbedire a un'estrema genericità: tutti i personaggi sono interfungibili, nel senso che non esistono più i "caratteristi", buoni solo per alcuni ruoli, ma una proliferazione di personaggi che sono "secondari" solo rispetto all'unicità del protagonista principale. In realtà sono una massa individualizzata, ampliabile all'infinito, di co-protagonisti. Il nuovo segno distintivo nella gerarchia visiva di alcuni attori principali è la paradossale combinazione di un'esagerata fissità e, insieme e solo grazie a questa, di un'estrema espressività. In un certo senso, la nuova fisiognomica si assimila sempre più a quella arcaica: il volto si scheletrizza come nelle maschere "originarie" e, stando fisso, si mobilita.

Con una perfetta e non casuale simmetria, che si muove dal prioritario piano corporale e arriva a quello verbale, il dialogo si attenua nelle tonalità: si aboliscono i contrasti, le urla, gli eccessi. Sono tanti monologhi "civili" e "urbani", propri cioè dell'urbanesimo televisivo, giustapponibili a volontà senza interruzioni né fine, fluenti e scorrevoli come autostrade. Calme, suadenti e, si potrebbe dire, silenziose, le parole discendono da volti "civilissimi", concentrato visibile e promozionale delle nuove tecnologie estetiche. Così si chiude il circolo tra codici corporali e codici verbali: in un'interazione finale, il volto per antonomasia della moderna comunicazione televisiva tende a modellarsi sui risultati delle più avanzate plastiche facciali. E ancora una volta viene fuori con chiarezza la non casualità del Brasile e degli USA come principali esportatori di serial e di chirurgie estetiche: il primo piano è parte sempre più trascinante della "struttura che connette". Serial e chirurgie si dirigono verso un tipo ideale di cui ormai intuiamo sempre meglio origine, simbolo e funzione. Immobile, scarnificato, muto, il primo piano televisivo si fa sempre più *maschera*; escrescenze e impurità sono livellate, le divergenze antropometriche sono rese simmetriche.

L'insieme di pelli tirate sulle ossa facciali, protesi dentarie eccesse e indistruttibili, nasi rifatti di cartilagini omogenee, capelli ricostituiti a piacere, seni prorompenti, oggetti preziosi appariscenti e incastonati, tutto riconduce sorprendentemente al modello arcaico delle maschere da noi ormai ben conosciuto. I primi piani televisivi, che costruiscono le nuove esigenze planetarie della comunicazione visuale, recuperano quelle valenze simboliche trasmesse di generazione in generazione e le riducono in segni. Da qui la sensazione che le parole "discendano" da questi volti, con fare indifferente rispetto a un senso preciso, poiché il linguaggio che "parla" è un altro, legato com'è a una fissità allucinata.

Per descrivere in modo concettualmente preciso e conciso questo modello, ho scelto il termine *visus*, che cerca di riassumere quella corrente analogica che scorre tra la "natura" della maschera e i primi piani televisivi. Tale parola, ripresa dal latino, esprime bene quell'ambiguità propria nel contesto moderno: *visus,* infatti, come participio passato è "ciò che si vede" e come sostantivo è il "viso" vero e proprio. Dunque, nel primo piano televisivo si realizza la fusione di ciò che è visibile col viso e, viceversa, il viso diventa tutto ciò che si vede. Visus è la "visuale" del primo piano che, da un lato, si dilata al solo viso dell'attore e, dall'altro, restringe tutto il campo visibile al viso stesso. Dilatazione e restringimento sono "sincroni" alla nuova visuale ed ecologicamente "connaturati" al visus. Il panorama "è" il viso e il visus diventa un ambiente panoramatico, il paesaggio per eccellenza della comunicazione visuale e, grazie a essa, si trasfigura in maschera della modernità in cui rivivono – modificate – alcune delle valenze sacrali del passato. In un certo senso, lo schermo televisivo – già di per sé più piccolo di quello cinematografico – si annulla, si rimpicciolisce trasformandosi in volto, mentre quest'ultimo si ingigantisce fino a coincidere con tutto lo schermo.

Tali nuovi primi piani aboliscono di fatto il montaggio, cui succede – anche in senso filosofico – la giustapposizione di *teste mozze e parlanti.* Grazie al recupero dell'aura sacrale della maschera arcaica (che nasconde e mostra a un tempo), il visus rende divino e immortale il suo "portatore". Infatti, proprio come il "visus" è il visibile, lo stesso "visus" pone il problema dell'invisibile: e senza il primo piano non ci sarebbe stato possibile. Il "divo" nasce col cinema grazie a questo visus, vera maschera della modernità, in cui rivivono elementi "magici" che rendono immortale e quindi divino colui che è visto. Anche se la prima "diva" è l'italiana Francesca Bertini, la "divina" per eccellenza sarà Greta Garbo, che ha compreso perfettamente questo suo ruolo quando ha nascosto – ha "mascherato" – proprio quel suo visus che era, appunto, la maschera per antonomasia che l'avrebbe trasfigurata in qualcosa di "altro", quando cominciava a sfaldarsi la purezza dei lineamenti. E grazie a questo sacrificio il suo visus è rimasto intatto e regale. Nella sua immagine di "opposizione", per riprendere l'idea un po' ingenua cara a Balàzs, si può continuare a immaginare un mondo nuovo, dove anche la bellezza sia diversa e non discriminativa. Al contrario, lo schermo televisivo (in particolare le telenovelas brasiliane o i serial USA) non ha questi scrupoli, poiché deve risolvere il suo primo e fondamentale problema: l'immodificabilità del volto prescelto come visus. Questo è un passaggio cruciale che connota la differenza dei due modelli di primo piano, tale per cui il visus vero e proprio non può che essere quello televisivo, mentre l'altro è solo una potente, quasi sacrale, sua anticipazione. Infine, il selfie democratizza il visus, è un minuscolo terzo modello che lo rende irresistibile globalmente: proprio l'intreccio tra tecnologie digitali, passioni elementari e valori locali disegna un narcisismo digitale senza confini. Tutti ora possono avere un visus e comunicarlo al mondo in quanto selfie. Più che ristabilire quel senso oceanico del narcisismo primario, il narcisista digitale è tanto indifferente a un mondo fatto tutto per sé, quanto vorace per essere cliccato da più persone possibili. Ogni clic è una pulsione. Chi ne ha milioni ha il successo assoluto. Per tale tecno-narciso, l'altro nei social può essere indifferentemente amico, conoscente, sconosciuto, *hater*: quello che conta in termini di pulsioni auto-appaganti è il *ranking*. Non solo. Facebook ti rimprovera se il numero di "mi piace" o "condivisioni" settimanali decresce e ti spinge a collocare più selfie o commenti (il che è lo stesso), neanche fossimo lavoratori a cottimo.

Ma svolgiamo il ragionamento in ogni suo aspetto. Il serial, per sua "natura" tipologica, accentua i primi piani e contemporaneamente allunga i tempi dei piani sequenza quasi all'infinito: di fatto anche il montaggio è come abolito, in senso filosofico prima ancora che di grammatica filmica. Quella che era nel cinema un'articolazione di piani spaziali diversi, che "muovono" lo schermo e "commuovono" lo spettatore nei rari quanto precisi momenti in cui si allarga il visus, diventa invece nel montaggio televisivo una somma, una giustapposizione di teste mozze parlanti. I tempi di esposizione facciale davanti alla telecamera si allungano in modi assolutamente imprevedibili rispetto a quelli delle cineprese. Il visus è onnipresente e per questa sua centralità deve essere anche immodificabile, indistruttibile e insostituibile: tale funzione è indifferente rispetto a chi, quasi casualmente, occupi lo schermo televisivo; anche se è precisamente quel determinato viso ad avere quella capacità, assolutamente singolare, che lo distingue dagli altri attori o *anchorman*, di "bucare il video", come dicono molto enfaticamente ma anche molto realisticamente i mass media USA. Lo schermo è bucato non nel senso che lo spettatore è risucchiato dentro la macchina domestica, ma, al contrario, che il visus fuoriesce dalla "piattezza" dello schermo e realizza l'ultimo dei desideri della produzione televisiva: manifestarsi accanto allo spettatore, sopra di esso e sempre più dentro le sue interiorità. Bucare lo schermo non è solo la qualità specifica, individualizzata, di un personaggio: è anche il terreno di scontro tra cinema e TV, con al centro il proprio modello di visus e, quindi, le quote di visus visivamente assorbibili da parte dello spettatore. A questo punto lo scontro-confronto tra schermo-cinema e schermo-video è più chiaro, almeno in termini di uso tecnologico e mimetico dei residui magico-sacrali. È possibile sostenere che il primo modello (grazie soprattutto all'egemonia USA) è "costretto" ad accentuare il montaggio spettacolare, ad aumentare le dosi di segni per unità d'inquadratura, a moltiplicare i panorami esotici, alieni, aggressivi. Il cinema "deve" rispondere accelerando gli esterni sugli interni. Mentre il vero, assoluto interno televisivo è il visus, "centrato" in ogni sua variazione più minimale, anzi, minimalista: il viso panoramatico è il territorio del soggetto sul quale corrono e discorrono i canoni di una semi-psicologia che riduce la vita a uno scontro di passioni elementari, la cui successione è la storia pubblica del serial. Le sequenze di primi piani si succedono in modo intermittente e interminabile: lo schermo-TV provoca il cinema e aumenta a dismisura le dosi di maschere assorbibili per spettatore. E su questo "piano", accade il più formidabile rovesciamento dei codici: *il linguaggio della fiction diventa fisiognomica.*

In tal modo, il linguaggio parlato è centrale e, insieme, inessenziale. Con un ossimoro, il modello si potrebbe definire come costituito di parole silenziose. E contemporaneamente anche il linguaggio fisiognomico varia: è possibile affermare che il potere di attrazione visuale é determinato per la qualità di visus selezionati per le fisiognomiche eccessive o enigmatiche, che identificano volti criminali, devianti, erotici, onesti, esotici, *nerd* etc. Il succedersi di tipologie stereotipiche, etnocentriche o politicamente corrette si alternano secondo uno schema ben temperato.

Tale tendenza diventa pià chiara nei serial attuali: dopo che *Netflix*, *HBO* o *Sky* sono entrati nel mercato non solo della distribuizione ma ancor più della produzione, le relazioni tra *visus* negli interni attraggono le riprese in esterni. Le scelte fisiognomiche sono sempre fondamentali, ma più connesse e, direi, vivificate attraveso gli spazi esterni. Il *visus* enigmatico di Bryan Cranston (*Breaking Bad*) e la terra arida di Albuquerque (*New Mexico*) sono la esemplificazione perfeita di un successo realizzato attraverso queste reciproche attrazioni.

Ricordiamo brevemente che l'avvento del sonoro aveva scalfito gli aspetti più grossolani e macroscopici della fisiognomica, per subito riprodurre tipologie stereotipiche ed etnocentriche; ora, invece, il linguaggio del viso si fissa, si congela, si ammutolisce fino a scomparire come momento di estrema perfezione. Il viso, in un certo senso, si oggettiva, diventa un oggetto tra gli oggetti; anzi, il visus-panoramatico è il macro-oggetto da circondare di micro-oggetti in secondo piano. In questo panorama, gli attori delle moderne telenovelas sono come irrigiditi per eccesso nella mimica, nelle tipologie e nell'etichetta. I volti più importanti dei personaggi-chiave sono come immobilizzati in una fissità allucinata nel gelo dello stupore. Nonostante e contro le possibilità del mezzo elettronico, si assiste a una giustapposizione di maschere dall'espressione gelidamente ed educatamente identica a ogni circostanza.

Nel recente passato, la *matrix* fu Joan Collins, sempre perfettamente identica a se stessa come una vera maschera aurea. Sottoposto a continue cure "archeologiche" di scavo e di restauro, il suo visus è una maschera irrigidita per eccesso che comunica stupore allo spettatore, insieme a un estremismo fatto di buone maniere, con la sua immodificabilità e inespressività; grazie a questo *stupore di eternità*, essa si ricongiunge alle simboliche delle maschere arcaiche e vivifica il loro parlare restando muta, la loro espressività stando immobile. La carne consumata, il teschio emergente e vittorioso sugli anni, la pelle allungata e tesa da una chirurgia estetica che la fa coincidere sempre più con le ossa: tutto si trasforma e sembra mimetizzarsi con gli "antenati" teschi-maschere. Unica differenza è che le pietre preziose – che conferivano e tuttora conferiscono un'aura sacrale – anziché conficcate in orbite ormai vuote, possono continuare a pendere da cartilagini varie. Eppure la funzione fantasmagorica e mimetica che cattura l'immortalità continua più potente che mai, vincente su scala transculturale. Grazie all'eccesso di primo piano, il visus è come immobilizzato, "mascherato" e dilatato nel totale dello spazio legittimato (mana); di conseguenza il paesaggio-video diventa come quella carta geografica ideale e perfetta che cerca di coincidere col suo oggetto – la terra, appunto – realizzando in tal modo l'enormità del simbolo e, insieme, il suo incessante svuotamento. E grazie a tutta questa monotonia dell'immagine visuale la percezione subisce quel senso di vertigine e di ipnosi da cui discende la difficoltà a distaccarsene da parte dello spettatore.

Un terzo visus interessante da mettere accanto ai primi due è quello elaborato dalla performer francese *Orlan*. Lei partecipa fin dall'inizio del gruppo *Fluxus* insieme a Nam June Paik, esponente coreano nomade e animatore di tali tecno-connessioni. Con una serie di opere chiamate *Self-hybridisation* (1998), Orlan offre un altro approccio visuale al tema maschera-visus: attraverso il *morphing*, ibridizza la sua fisiognomica visuale con facce di donne inca del passato. Il morphing permette di innestare i pixel tra i lineamenti "realistici" del proprio viso e quelli inca. Infatti, secondo la loro tradizione pre-ispanica, alle donne aristocratiche veniva modificata la struttura cranica attraverso tecniche estetiche ben sperimentate: si collocavano asticelle di legno strette da nodi e cordicelle sulla testa della bambina fin da piccola. I nodi si stringevano progressivamente, fino a (de)formare il cranio secondo le fattezze volute.

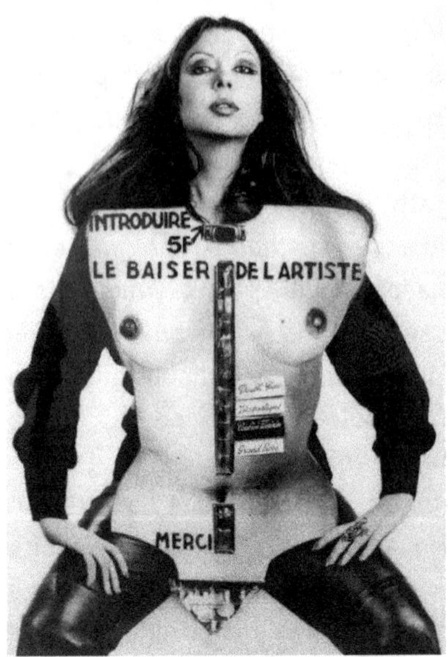

Orlan, *Le Baiser de l'artiste. Le distributeur automatique ou presque! n°2*, 1977-2009

E il risultato era la bellezza inca. Perché tali crani deformati, quando diventavano adulti, esprimevano l'inquietudine del bello.

Ibridando con il morphing il proprio visus a quello di donne inca (e non solo), il risultato artistico è una fisiognomica multipla che attraversa differenti culture e identità. Un'arte dai visus multipli.

The Waldo Moment, terzo episodio della seconda serie di *Black Mirror* (UK 2013)

Alla fine degli anni Ottanta, Orlan si fa operare in Giappone da chirurghi estetici e nello stesso tempo si fa riprendere da un video che trasmette in diretta in diversi musei o gallerie sparsi nel mondo la sua performance estetica, commentando sempre in diretta le modifiche che si stanno disponendo sui lineamenti del proprio viso, con l'inserimento di protuberanze nei due lati frontali sopra le tempie. L'artista esplora, contemporaneamente a Joan Collins – ma con uno scopo ben diverso –, la mutazione visuale e la rivendica come opera d'arte viva, del e sul proprio *vivo-visus*, senza nascondere quello che tante persone, specie modelle, praticano con crescente "normalità". Le sequenze finali di visus possibili sono diaspore dell'io che disseminano un nuovo tipo di ibridizzazione estetica: estetica in un doppio senso, che si riferisce al sentire dell'arte e del bello. I tradizionali ordini dualistici (natura/cultura, pubblico/privato, organico/inorganico, chirurgia/performance, bisturi-pennelli) sono sfidati nella produzione di composizioni facciali per corpi-in-mutazione. Corpi mutoidi per visi mutoidi e identità mutanti.

L'ultimo prorompente visus ha i lineamenti digitali di Waldo. Un visus-digitale che completa il morphing di Orlan. Uno degli episodi più acuti e anticipatori di *Black Mirror* (2001) ha infatti questo personaggio, dal linguaggio sboccato e trasgressivo, che attacca i politici istituzionali con risate anarchiche e ambigue, senza controllo, tipo i commenti su facebook o nei giornali online. Gira per le strade facendo comizi e il suo animatore è un giovane frustrato in amore che non riesce a distinguere la passione personale dall'odio politico senza risolvere entrambi. In ogni caso, questo tipo di aggressività verbale incontinente è stata vista come un'anticipazione di personaggi politici quali Nigel Farage e ancor più Trump, la cui ferocia verbale ha successo elettorale contro i rivali. Anche in Italia, un Salvini e in parte Berlusconi fanno ridere con battute razziste e barzellette sessuate.

Waldo o l'Impossibile è anche il titolo di un classico della fantascienza di Robert Heinlein e non posso dire se la scelta su questo nome in *Black Mirror* sia una citazione o uno strano caso. È certo che questo primo Waldo manifesta un disprezzo per gli esseri umani uguale al secondo. E che vive in un habitat orbitale con manipolatori remoti affini alle tecnologie attrezzate nel pulmino del serial. Al di là di queste possibili citazioni, quello che qui interessa è la metamorfosi del *visus digitale*, un blu acceso dagli occhi ammiccanti e dalla larga bocca ridanciana.

Se ora si compara il visus di Greta Garbo con quello di Joan Collins, di Orlan e di Waldo, appaiono ancor più evidenti le differenze fisiognomiche tra i loro modelli. Il visus della Garbo, prodotto dai primi piani cinematografici muti e poi sonori, è divino perché è in sintonia diretta col sistema delle maschere, del suo codice linguistico e anche etico. Per questo, l'arrivo ineluttabile del tempo con la sua tendenziale decomposizione carnale impone il tabù per la rappresentazione pubblica del suo visus divino. Esso, per poter continuare a esercitare la sua funzione di fotogramma aureo ed eterno, riproducibile all'infinito in quella che Balàzs chiama bellezza di opposizione, deve sottrarsi alla fluidità diacronica e farsi sincronico. Quanto più permane intatta, visibile e sacra l'estraneità irraggiungibile del suo visus, tanto meno visibile deve essere il suo viso mondano, corroso dal tempo che infrange il suo essere numinoso. Ridotto a faccia.

Joan Collins è, viceversa, il prodotto più immutato dei primi piani video: eterni, immobili, stupiti. Ora la chirurgia visiva permette di rinviare i codici estetici e quindi etici, sfida il tempo, annulla la decomposizione nel vivo del videogramma. Il suo visus rimane inalterato, immobile, irrigidito come un idolo "primitivo". Rimanendo assolutamente identica a se stessa nel tempo come visus e come viso, Joan Collins si immortala in entrambi i lati del suo "doppio", denunciando la meraviglia di un'età indimostrabile. Non più immortale in quanto "divina", la sua bellezza appare indistruttibile e inamovibile come una busta di plastica sulle rive di un fiume. Anziché anticipazione di un'utopia, opposizione per un mondo ove anche il bello è disponibile per tutti, il suo visus elargisce l'integrazione di pari opportunità per tutti; la sua è una "bellezza" di governo, vera first lady della comunicazione visuale riproducibile.

La sua videomaschera non pubblicizza più nulla perché nulla più nasconde, neanche il mistero della sua anagrafe; è una maschera moderna, svuotata di ogni internità e interiorità come un animale impagliato. Per lei ci sono solo "interni".

Completamente laicizzata, la bellezza di Joan Collins è il trionfo della cultura del vincitore, di ogni governabilità "perfida" o della perfidia di ogni governo. Infine il visus estetico di Orlan compone una "maschera di pixel" che pratica una molteplicità dell'io (*egos*) e dell'identità verso una bellezza transitiva post-umana, mentre quello di Waldo è un visus ormai del tutto dentro la fisiognomica digitale.

Visus

GRETA GARBO	JOAN COLLINS	ORLAN	WALDO
cine-maschera	video-maschera	pixel-maschera	digital-maschera
divina	laica	femminista	fake
eternità	indistruttibile	molteplice	ubiquo
estranea-irrealizabile	normal-immobile	stupore-altro	volgare-amicone
mistero-invisibile	pubblica-visibile	poli-visual	politica
utopia	quotidiano	post-human	basso corporeo
bellezza-oppositiva	bellezza governativa	trans-bellezza	senza-bellezza

In conclusione, la maschera ci offre un filtro attraverso cui leggere l'intrigo di continuità e variazione (ipostruttura) che soggiace sotto il *taglio* (*cut*, montaggio) di teste mozze. Esse sono come quell'immagine barocca che rappresenta contemporaneamente il sole che sorge e che tramonta, per ricordare la caducità della vita. La loro presenza "fissa" e stupita suggerisce il grande tema del *transito*: con la maschera è possibile transitare dal noto allo sconosciuto, dall'io all'altro, dal quotidiano al paranormale e al supernormale, dal mobile all'immobile, dal parlato al silenzioso. Questa ambiguità della maschera, che Lévi-Strauss ha chiamato, come già ricordato, "dono ditirambico della sintesi", grazie al suo collocarsi tra il sacro delle cattedrali e il profano del carnevale, altera la condizione dell'uomo. La maschera come calco, come teschio, come "visus" deifica e contemporaneamente animalizza l'uomo; nella sua ricerca fisiognomica la maschera compie quel triplice salto che già Nietzsche aveva individuato come essenziale per infrangere le catene che separano gli ordini divino, animale e umano. E la maschera in quanto –*dividuum* connette anche l'inorganico e a volte anche il vegetale.

Questo è il transito che è favorito dalla maschera e qualcosa di analogo si ripete, sopravvive, in ogni visus. Il teschio è la "cosa" che permette la rottura del limite: esso è il territorio da conoscere senza fine, per poter fissare l'estrema variabilità dietro ciò che appare sempre uguale. Le teste mozze filmiche e poi quelle televisive sono una patologia fisiognomica che diventa norma, codice transculturale traducibile oltre i confini: ma anche, e di nuovo, e sempre più, calco di cadavere, cranio scarnificato, panorama dove l'alba è congiunta al tramonto. L'animismo vivificava le maschere, la comunicazione visuale paralizza il visus. Letteralmente lo "fissa"[7]. Forse l'arte digitale fluidifica le identità.

1. «Gli scellerati che ho visto passare mentre andavano al supplizio, i perfidi assassini, gli impostori sono tutti di piccola taglia; gli animi crudeli alloggiano in corpi minuti» (Courtine, Haroche 1988, p. 97).

2. Sul controllo decontrollato delle emozioni cfr. Wouters (1989).

3. Non solo *Cabiria* (1914) di Pastrone, cosceneggiato da D'Annunzio, «ebbe sicuramente una certa influenza su Griffith» (Sadoul 1973[9], p. 135) – per una scenografia non più dipinta su teloni ma ricostruita in grandezza naturale con stucchi e cartapesta – ma anche un altro film italiano, questa volta a impostazione realistica, *Sperduti nel buio* (1914) di Nino Martoglio inventò per la prima volta il montaggio alternato: «questo film, per ritrarre contemporaneamente due ceti sociali, fece largo uso di un montaggio pieno di contrasti, sistema di cui in seguito doveva servirsi abbondantemente Griffith» (p. 137).

4. Di Cesare Lombroso vogliamo ricordare i titoli di alcuni libri che ebbero una grossa diffusione: *L'uomo delinquente in rapporto all'antropologia, alla giurisprudenza e alle discipline economiche* (1876); *L'eziologia del delitto* (1893); *Genio e degenerazione* (1898). Egli si considerò un darwinista sociale, mentre Darwin al contrario rifiutò le grossolanità pseudoscientifiche sul viso-specchio-dell'anima nella sua pionieristica ricerca sulle espressioni delle emozioni negli uomini e negli animali (1872).

5. La funzione della maschera, quindi, è analoga a quella dell'ideologia: anzi, è un'ideologia arcaica, perché cerca di controllare l'enorme "tutto" della morte, riaffermando la sua piccola quota di vita.

6. Il funerale della nazione indigena Bororo del Mato Grosso (Brasile) è un altro straordinario esempio di come il cadavere venga esumato, lavato di ogni residuo organico e alla fine il teschio si trasfigura in un "essere ancestrale" che evoca i morti e i vivi.

7. Michel Leiris, in un saggio su Francis Bacon e l'arte del ritratto, svolge argomentazioni analoghe: «intensamente viventi, i personaggi di Bacon lasciano a volte vedere i propri denti, pezzetti di scheletro, stalattiti e stalagmiti rocciose che spuntano davanti alla caverna della bocca» (1988, p. 25).

Divino Tserewahú, Xavante filmaker (foto dell'autore)

5

Voci invisibili

Oltre al visus, un indicatore che esercita la funzione di filtro interpretativo è la *voce-off*, ossia la voce del commentatore esterno e invisibile. L'assenza o la presenza della voce in un documentario etnografico o in una pubblicità televisiva è un indicatore tutt'altro che neutro di scelte comunicazionali. Essa è stata selezionata perché indicatore utile per elaborare un modello di trame autoritarie che attraversano i tanti codici presenti nella comunicazione visuale. Ovviamente la scelta della voce-off come indicatore privilegiato non vuole sostenere che questo sia l'unico filtro con cui capire i vari generi della comunicazione visuale: tuttavia essa ha il vantaggio di esplicitare lo scontro tra il linguaggio verbale e quello iconico, affermando una pluralità di soggettività fuori e dentro il frame visuale. L'ipotesi di lavoro è che, isolando la voce-off dagli altri linguaggi, si potranno chiarire le strade percorse dalla comunicazione visuale e forse anche prefigurarne altre possibili. Infine, pur nella pari dignità di ogni linguaggio, questa selezione cerca di rendere esplicito il progetto – qui considerato progressivo, almeno in questa fase – di emancipare il linguaggio visivo dall'eccessiva dipendenza nei confronti di un commento esterno spesso usato in modo autoritario e falsamente oggettivo.

Per altri versi, è storicamente concepibile l'uso della voce-off in antropologia visuale e, allo stesso momento, la sua decadenza.

Per esempio, il celebre documentario girato da Gregory Bateson e commentato da Margaret Mead – *Trance and Drama in Bali* – la voce off di quest'ultima è estremamente didattica ed ha il senso di spiegare eventi o simboli che uno spettatore "normale" non potrebbe decodificare. Il commento didattico è così parte del linguaggio visuale e tra la coppia più famosa dell'antropologia di produce un equilibrio. Più eccessivo il commento di Jean Rouch in un vero e proprio capolavoro etnografico. Il documentario *Les Maitre Fou* (1955) è geniale in quanto documenta il modo in cui le culture indigene tentano di affrontare il potere del colonialismo britannico attraverso l'Hauka. La trance vissuta da tale movimento fu un tentativo di imitare il potere coloniale e tal modo di poterlo controllare e forse anche distruggere. Questo modello di identificarsi con l'aggressore per sopravvivere in un contesto di estrema dipendenza dall'altro, un potere dell'altro fuori controllo, fu analizzato e criticato da un altro grande studioso militante della rivoluzione algerina e in generale dei "dannati della terra", Franz Fanon. Le metodologie sono state divergenti. Rouch inventa la camera partecipante, in quanto le nuove tecnologie permettevano di girare con la cinepresa in autonomia per un tempo considerevole. In tal modo, camera e antropologo non stavano fuori la scena da filmare, ma dentro: partecipando emozionalmente o con errori di inquadratura all'evento, costituendo quel modello di cine-verité che influenzerà la nouvelle vague. Nel montaggio successivo, cioè nella vera e propria stesura narrativa dell'opera, Rouch commenta molto diffusamente ogni particolare dell'evento rituale. Ovviamente le informazioni sono fondamentali per comprendere quanto si sta osservando, eppure un eccesso di parole distanzia lo sguardo dalla forza visuale per concentrare l'attenzione nel rapido significato delle parole.

Trance and Drama in Bali e *Les Maistre Fou* rimangono storicamente geniali, ma l'antropologia visuale successiva sceglierà altri modelli narrativi. La tendenza è eliminare la voe-off cui lo spettatore è portato a credere senza una distanza critica. L'oggettività della voce-off incarna un'autorità invisibile e quindi ancor più potente in quanto si origina da due celebri antropologi (Mead e Rouch, appunto). Le scelte alternative si basano su brevi scritte informative o nell'offrire allo spettatore una scheda interpretativa della trance. È singolare, infatti, che entrambi i documentari affrontano l'alterazione del corpo in due culture ben diverse secondo modelli del tutto diversi. Nel Niger è una trance modificata o esogena, in quanto indotta dal colonialismo britannico; a Bali invece esprime una cosmogonia autonoma che fonda il dramma della presenza attraverso un rituale endogeno. Per approfondire tale questione, rimando al testo di Paolo Chiozzi l'analisi di modalità più avazate che aboliscono la voce-off (1993).

È singolare che un problema affine si produce anche nella apparentemente banale pubblicità visuale. In questa ottica, vorrei subito sottolineare le coincidenze non casuali, bensì legate a un sensibilità storica e anche socio-psicologica nell'uso della voce-off. Qui accenno solo che anche nel cinema di fiction il regista può praticare tale linguaggio per motivi estetici: ricordo il più celebre uso della voce-off filmato da Billy Wilder in *Sunset Boulevard* (1950), dove è proprio il morto nella piscina che narra il dramma che lo ha portato a morire in quel modo.

Il modello comunicativo della pubblicità-TV è il risultato complesso di tanti linguaggi parziali fusi in una *sintesi sporca*, per così dire. Infatti, l'emittente seleziona alcuni linguaggi su altri, mentre il target non è generico bensì è selezionato sui presupposti della merce da vendere. La sensibilità percettiva del messaggio, infatti, varia in base a quelle caratteristiche, proprie di ciascun segmento di pubblico, che possiede o meno i codici visuali per leggere (o essere letto) da quel prodotto. Per questo la citata voce-off è quel commento esterno che lo spettatore tende a sentire come oggettivo, mentre in realtà esprime l'estrema soggettività unita spesso a una notevole dose autoritaria; mentre la *voce-in*, cioè la voce di un personaggio - vivo o animato - presente in campo, è una scelta in genere più dialogica con lo spettatore. L'espansione della pubblicità nella cultura visuale può essere letta sulla base di un'interpretazione minuziosa sulle differenze che questi linguaggi producono e sulla loro possibile articolazione in modelli. Tale lavoro è ovviamente complesso: qui sarà selezionato solo la voce-off, in quanto giudicato l'indicatore più rappresentativo di alcune tendenze e che permette la comparazione col cinema documentario o di fiction.

Vi è una modernità – frammentaria e plurale – percettiva nello spot. La pubblicità si rinnova costantemente per conquistare i sensi dello spettatore, giocando sul piano delle simboliche e sulle capacità di saperle tradurre a livello percettivo e sui linguaggi visuali prescelti come veicoli ottimali per i vari prodotti.

Sul montaggio, per fare un altro esempio, si è passati in vent'anni da pochi tagli, che servivano a raccordare vere e proprie storie lunghe fino a due minuti (in genere legate a un personaggio famoso, il testimonial), al ritmo attuale sempre più vorticoso delle quindici-venti sequenze (che possono arrivare fino a una quarantina per uno spot di trenta secondi). Le capacità percettive dello spettatore si modificano, si plasmano facilmente seguendo le nuove sintassi visuali e si assuefanno a un tipo di linguaggio minimale: tante piccole variazioni significative acquisiscono nuove trame narrative in una totale assenza di parole. È assai probabile che, come per la contadina siberiana del capitolo precedente, uno spettatore della pubblicità degli anni Cinquanta capirebbe ben poco degli attuali messaggi senza commento.

Qui di seguito presento due modelli di spot pubblicitari che hanno, appunto, la *voce-off* come indicatore selezionato per la loro comparazione. Anche se le tipologie che si potrebbero individuare sarebbero numerose, qui sono state scelte solo le più estreme: la prima costituita da una presenza forte del commento esterno, la seconda dalla sua totale assenza (o quasi).

L'eccesso. La massaia, la casalinga, il bambino o l'adolescente sono selezionati come il soggetto investito da quote maggiori di voci "esterne". Nonostante il modello ideale della donna di casa sia in gran parte mutato anche per le grandi agenzie, il suo ruolo è rimasto spesso casalingo nella comunicazione visiva. Così, anche nell'immagine televisiva, non è più la solita "madre di famiglia", dimessa nel vestire, dal corpo in fase calante, dalle espressioni concilianti e pronte alla meraviglia; ora è giovane, elegante, magra, piacevole, inserita in una famiglia nucleare ottimamente definita in senso sociologico. Ebbene, questo tipo di donna, pur trasfigurato visibilmente e inserito nella contemporaneità, continua a ricevere una pressione codificata che è caratterizzata da una forte aggressività autoritaria: un diluvio di comandi imperiosi e *off* – sempre recitati da voci maschili... – cadono sulla più debole figura domestica, ordinando più che consigliando la sconfitta dello "sporco" (piatti e denti, lavandini e biancheria, ecc.). Non si sa mai a chi possa appartenere questa voce esterna dal tono biblico, ma è certo che tutti sono convinti – società di produzione e di promozione, casalinghe e casalinghi – che il super-io "tonante" sia ascoltato a casa da orecchie attente: la personalità autoritaria di tipo visuale – che è, insieme, nuova e arcaica – si modella sui soggetti deboli. La voce-off deve essere presente dall'inizio alla fine dello spot anche per un motivo selettivo di ordine sociologico-grammaticale: questo target è individuato, infatti, come praticamente analfabeta rispetto al linguaggio visuale (il che spesso coincide con l'alfabetizzazione scritta) e, quindi, capace di decodificare solo messaggi in cui alla visione del prodotto si unisce un eccesso di comunicazione orale spiegando le sue presunte virtù. In tal modo si elabora un raddoppiamento dei codici di maggiore efficacia per questo target (visuale + orale), che può essere anche triplicato aggiungendo alla fine la scritta del prodotto con un commento sonoro fisso (jingle). Ancor più aggressiva è la presenza della voce-off per bambini-adolescenti: in questo senso, il modello comunicativo si presenta come altamente autoritario e per nulla didattico o informativo.

L'assenza. È possibile individuare alcuni segmenti sociali, in genere quelli altamente acculturati nel linguaggio visivo – cioè strati sociali medio-alti, giovanili, transculturali o soggetti genericamente sensibili alla tecnologia – che riescono a recepire e a decodificare facilmente tale modulo. In questo caso la voce-off è totalmente assente, al massimo può apparire nell'attimo finale, per accompagnare vocalmente la scritta col nome della marca, raddoppiando in modo più discreto il messaggio. L'assenza di questo indicatore di autorità comporta essere un target selezionato che decodifica quella cultura visiva che manifesta una molteplicità di codici per unità di immagine e una velocità di sequenze sempre più brevi. Di nuovo l'immagine della donna entra in scena prepotentemente. Corpo, viso, occhi sono il soggetto della ripresa. Ogni parte della donna è inquadrata in primissimi piani, trasformando il corpo nel più panoramatico degli ambienti ecologici, da ammirare e per ammirarsi. Possiamo prendere come esempio un prodotto "lingerie", girato in un antico-modernissimo bianco e nero, ove una donna "suprema" si sveglia in un letto merlettato, indossando sul corpo nudo, fuggevolmente inquadrato, la sua biancheria intima; scende e corre giù per le grandi scale del palazzo, fino ad aprire una finestra e a fissare l'esterno: dal giardino della villa si aspetta che qualcuno compaia e che non mancherà di venire, vista la munificenza del prodotto.

Riassumendo, quindi, la voce-off discrimina gli strati sociali che hanno come modello comunicativo dominante la tecnologia *contro* la casalinghitudine, la gioventù *contro* l'adolescenza, l'emergente *contro* la maturità, il corpo *contro* lo sporco. La cultura visuale autonoma sembra selezionare tipologie ad alto indice visuale e post-industriale. Mentre la pubblicità centrata sul "parlato" si addice a chi vive le forme igieniche di una società ancora industriale.

Va detto, infine, che queste tipologie non sono di certo irreversibili; la moderna pubblicità (un po' come Proteo) cambia continuamente forma e non deve essere fedele a nessun codice, ma anzi è alla ricerca incessante di ogni incrocio possibile. Gli eccessi e le assenze di voce-off costruiscono tipologie che polarizzano in modo tendenziale gli estremi tra cui i vari codici possono "giocare" per reinventare la loro capacità penetrativa tra strati differenti di spettatori visuali o all'interno dello stesso spettatore singolo. Infatti, questi è attraversato contemporaneamente da un'infinità di messaggi che smembrano e ricompongono in continuazione le tante parti sociali, culturali e pulsionali incollate in un unico "io".

IL NATIVO REGISTA

Questa maniera di fare immagini pare che sia chiamata film. Le immagini del film appaiono per se stesse. Le immagini rimarranno dopo che l'azione reale è finita. Io dico a voi che quello che stiamo facendo qui, ora, sarà visto nei giorni che verranno. (Un vecchio kayapò, dal film *Os Kayapò saindo da floresta*, Beckham 1989)

Secondo Paolo Chiozzi, «l'antropologia visuale è da un lato interpretazione visuale di una data realtà e, dall'altro, interpretazione dei dati visuali propri di questa realtà» (1993:10)[1]. La separazione di queste due "anime" è sia una frattura rispetto al passato, in cui erano unite, sia un auspicio per una futura riunificazione. Nel sottolineare l'importanza di una riflessione di tipo teorico, Chiozzi riprende un'importante tesi di Jay Ruby, secondo cui per «elaborare un lessico antropologico-visuale specifico (...), è necessario tradurre le teorie antropologiche della cultura in teorie del cinema» (p. 75).

Infatti, il rapporto tra cinema e antropologia sta attraversando una fase di profonda ridefinizione. La reciproca influenza tra queste due pratiche di ricerca muta nella misura in cui cambia la cultura globale, la teoria e le metodologie nei rispettivi ambiti di applicazione. L'antropologia, infatti, non restringe più il suo campo di ricerca, di riflessione e di critica sulle culture "altre" o, al massimo, sui residui folklorici interni; ma ha ripreso quella tensione verso la globalità dell'essere uomo, cui rimanda con cogenza la sua stessa etimologia. Per altri versi il cinema, nel senso più generale di cultura delle immagini in movimento, si sta dilatando a un livello tale da coinvolgere nel processo di valorizzazione sia l'intera vita quotidiana di quello che una volta si chiamava "tempo libero" sia le professioni emergenti grazie alle nuove tecnologie. Da qui la necessità di affrontare con una teoria in gran parte nuova le componenti semiotiche e interpretative, comportamentali e tecnologiche, tradizionali e sperimentali proprie dell'antropologia visuale. In una parola, definire in modo globale e interdisciplinare metodo, campo di ricerca e fini relativi al senso generale verso cui va questa antropologia filmica diffusa. È questo «processo di ridefinizione dell'antropologia visuale» (p. 86) che la sta trasformando in una vera *antropologia della comunicazione visuale*: in questa mutazione, l'analisi dei linguaggi attraverso le immagini diventa decisiva in una misura profondamente diversa dal passato. Il nesso visuale-comunicazione è modificato dalla pluralità delle culture messe in atto e negli scenari *glocal*. Il visuale, la comunicazione, la cultura si rincorrono, si influenzano, si incrociano, si frammentano, si giustappongono secondo trame del tutto innovative confrontate col passato, anche recente.

Rispetto alle nuove tecnologie, le popolazioni native non sono più una sorta di panorama naturalistico da filmare nei loro recinti ben delimitati. I nativi rifiutano il doppio inganno della museificazione e dell'omologazione. La terza via si presenta come una sfida decentrata, delicata, creativa in cui ogni soggettività, e ogni etnia assume i tempi, i modi e i gradi della trasformazione. Il mutamento culturale appartiene alla storia di ogni cultura. L'idea che le popolazioni native fossero "senza storia" è un pregiudizio che le relega in una situazione di palese ingiustizia politica e, nello stesso tempo, di estrema falsità storica. È possibile affermare che dai modelli "dolci e decentrati" che i nativi riusciranno a sperimentare con le nuove tecnologie dipenderà non solo la loro libertà, ma anche la nostra. L'idea e le pratiche di libertà, infatti, non sono delimitate dai recinti nazionali (tanto meno da presunti steccati linguistici che dividerebbero il mondo in primo, secondo, terzo...) o continentali: le pratiche liberatorie dei nativi sono costitutivamente immanenti alle libertà del cosiddetto "Occidente".

In un bellissimo manifesto, elaborato in occasione dell'incontro tra nazioni indigene e antropologia visuale a Cuzco nel 1992, si vede un azteco emergente da un antico bassorilievo con in mano una telecamera.

Questa immagine raffigura perfettamente un sincretismo culturale: l'uso della telecamera da parte dei nativi li spinge a documentare visioni del mondo, rituali, tecniche del corpo, arti grafiche, musiche e danze.

Anziché consumo passivo, il visuale spinge a moltiplicare le trame della comunicazione all'interno delle rispettive culture.

In una mia esperienza sul campo, ho potuto verificare come un giovane xavante – proveniente dal Mato Grosso del Brasile – filmasse una scuola guaranì per bambini che vivevano in condizioni drammatiche, in una riserva presso Iguacù, dal lato argentino, dove una straordinaria maestra insegnava loro due lingue: quella castigliana e quella del loro popolo, il tupiguaranì. Quella cassetta registrata potrà viaggiare ed essere conosciuta molto più rapidamente e facilmente di quanto possano fare i nativi. Le conseguenze che la conoscenza delle condizioni native elaborate dai nativi stessi possono essere straordinarie. In alcuni casi, ben noti tra gli specialisti, è già così.

Vorrei citare solo la ricerca che l'antropologo Terence Turner sta portando avanti da anni insieme ai kayapò:

l'uso che le popolazioni indigene fanno del video e di altri mezzi di comunicazione visuale, come le trasmissioni televisive, è molto differente dalla produzione di film etnografici o dai video fatti da antropologi o persone non indigene (...). E l'uso dei kayapò forse ne rappresenta l'esempio più diverso e sorprendente (1993:82).

Manifesto dell'incontro di Cuzco, 1992

Il 1992 deve essere ricordato come un impegno legato non solo a commemorare il cinquecentenario della cosiddetta "scoperta" dell'America, quanto a ricerche costanti su come poter ripensare il rapporto tra Occidente e nazioni indigene. A tal fine è fondamentale utilizzare in modo nuovo quello straordinario mezzo di conoscenza che è il cinema. La semplice "autocritica" dell'Europa sull'etnocidio compiuto contro le popolazioni native non è sufficiente. Deve essere compiuto un profondo salto epistemologico rispetto al quale l'antropologia può costituire l'asse disciplinare decisivo: la grande sfida di una rinascita delle visioni del mondo native in connessione – decentrata, autogestita, autorappresentata – con le nuove tecnologie.

Si tratta, cioè, di elaborare un programma di ricerca preciso, attraverso cui affrontare – nel caso qui presentato come esemplificativo di un processo più ampio – la visione dei film fatti sulle popolazioni native brasiliane nei decenni passati da antropologi o giornalisti con un doppio sguardo: essi, infatti, da un lato rappresentano un patrimonio parziale di conoscenze sulla loro alterità e, dall'altro, ci "parlano" della cultura del vincitore, della "nostra" cultura.

Su quest'ultimo aspetto, in genere sottovalutato o trascurato, sarebbe importante svolgere una ricerca su tutto il cinema esistente di argomento indigeno, articolata su due piani linguistici:

• il primo, e più evidente, è il commento sonoro, sia parlato che musicale: la voce-off rappresenta una testimonianza storica di quella che è stata la percezione dell'indio da parte del bianco. In essa è concentrato tutto quel potere della parola che cerca di controllare l'alterità attraverso una comunicazione presunta oggettiva che si nasconde dietro un commento invisibile quanto autorevole. Mentre anche la colonna sonora spesso costituisce un tappeto musicale che, anziché accompagnare secondo modelli musicali interni a quelli delle immagini, deforma la percezione visiva in modo efficace quanto indiretto attraverso la costruzione di colonne sonore con moduli musicali del tutto inventati e arbitrari;

• il secondo, e più sottile, è quello tecnico: a lungo si è pensato che la scelta delle inquadrature, il montaggio, i movimenti di camera rispecchiassero in modo oggettivo l'alterità culturale. Ora, salvo alcuni residui pseudoscientisti, tutti i ricercatori sono concordi nel vedere anche in questo linguaggio la grammatica del soggetto che sta *dietro* la cinepresa, più ancora della soggettività altra che sta *davanti* essa.

Assistere oggi a questi filmati vuol dire assumere uno *sguardo polifonico*, per così dire, che cioè sappia guardare, riconoscere e interpretare i molti codici e i molti soggetti presenti nell'inquadratura. Anche quelli invisibili.

Inoltre, nuove generazioni native vogliono usare gli strumenti audiovisuali per comunicare. Sempre più spesso in Brasile gli operatori dietro la telecamera sono gli stessi kranak, xavante, bororo; e ora sta nascendo anche una nuova leva di registi, in gran parte grazie a Vincent Carelli. In questa direzione, tutta l'opera di Divino Tserewahú, e in particolare *Vamos à luta* (2002), è fondametale.

In tal modo, i vari gruppi etnici possono contribuire ad affermare il loro diritto non solo all'esistenza fisica e alle loro tradizionali cosmologie, ma anche a non essere rinchiusi in "musei viventi" eliminando ogni contatto con il mondo circostante, eccetto che per essere esotizzati. È singolare constatare come queste posizioni siano difese da non pochi antropologi, che non casualmente contrastano con ogni mezzo l'affermazione dell'antropologia visuale come una subdisciplina con metodi e tecniche di ricerca propri, per la comprensione dell'alterità etnica e dell'identità del ricercatore[2].

In Brasile sta nascendo una nuova sensibilità di ricerca e una nuova attività editoriale su un'"antropologia etica" che analizza, con l'uso di disegni, foto, video, il *grafismo indìgena* (Vidal, 1992). Per esempio, la pittura corporale dei kayapò-xicrin raggiunge tuttora un tale livello di arte grafica che le stesse categorie estetiche occidentali devono essere ripensate (si pensi alla body art), per non consumarsi dentro le chiuse stanze euro-centriche. Dice Lux Vidal, antropologa paulista, che...

> l'uomo occidentale tende a dare sentenze sull'arte dei popoli indigeni come se essi appartenessero all'ordine statico di un eden perduto. È ora necessario lasciar includere nel contesto delle arti contemporanee, a un livello di eguaglianza, queste manifestazioni estetiche di grande bellezza e profondo significato umano. E attualmente si percepisce un crescente interesse verso le arti indigene come fonte di ispirazione, così come riconoscimento di una continuità della produzione artistica dei popoli che abitavano in questa parte del continente americano e che oggi, decisi a continuare come indios, ancora creano e sempre ricreano importanti opere d'arte dotate di una notevole specificità storica e culturale (p.7).

La rinascita delle culture native è strettamente legata alla diffusione e alla precisazione metodologica dell'antropologia visuale ed estetica.

Una volta che è stata distrutta la presunta oggettività della rappresentazione filmica (o fotografica) e della descrizione etnografica in quanto tale, le trame di significati prodotti dalla comunicazione visuale non si restringono più alla sola produzione di documentari scientifici in senso stretto. Lo scenario visivo che si apre si articola in diversi modelli aventi per oggetto la comunicazione nativa:

• il primo è ovviamente quello scientifico etnografico, prodotto da antropologi visuali sia in modo ingenuamente "oggettivo" sia con una metodologia più attenta alla complessità attuale;

• il secondo si espande nel cinema di finzione, che include immagini più o meno ricostruite sui nativi brasiliani, ma che diffonde una pluralità di significati indispensabile per la ricerca contemporanea. Anzi, è possibile sostenere che ogni filmato – documentario o meno – sia sempre una *fiction*, una costruzione dell'alterità col potere del linguaggio occidentale. *Fictio* anche nel senso in cui (qui giustamente) Geertz vede la produzione in senso letterale (*fictio* = qualcosa di fabbricato, qualcosa di modellato) dell'oggetto etnografico (1973:53);

• il terzo livello comprende i documentari giornalistici delle televisioni. A volte in essi non vi è solo la pura fruizione della notizia che svapora il giorno dopo. In alcuni casi, le TV riescono a presentare uno straordinario terreno del conflitto dentro il quale si inseriscono lucidamente e creativamente gli stessi nativi;

• il quarto consiste nella svolta epocale che afferma l'autorappresentazione come determinante una nuova relazione tra il ricercatore e il suo tradizionale "oggetto", per cui la produzione di video antropologici in senso stretto, di informazione alternativa o di agitazione politico-culturale è realizzata da parte degli stessi nativi.

Tra i documentaristi del primo tipo, è importante ricordare la figura di Luis Thomas Reis, che accompagnò il generale Rondòn nelle esplorazioni sulle frontiere dal 1911 al 1938, in particolare lungo il fiume Xingu. È qui che egli filma quello che gli antropologi chiamano *first contact*, il cruciale primo contatto tra nativi e bianchi. Eppure, nonostante le sue migliori intenzioni, anche qui può scattare la scelta ideologica: le riprese dei nativi sono fatte secondo lo stile antropometrico vigente all'epoca – di stretta derivazione dall'antropologia criminale – per cui il soggetto "altro" viene ripreso prima di fronte e poi di profilo. Lo scopo di questo "contatto" era di trasformare gli indios in lavoratori nazionali. Nonostante queste intenzioni nazionalizzanti, ancora adesso è possibile vedere i Karajà, noti per le loro straordinarie opere artistiche in terracotta, o i nambikwara sui quali Lévi-Strauss ci ha lasciato i suoi famosi saggi. Lo stesso regista aveva precedentemente filmato alcune cerimonie bororo in relazione al funerale – un rito straordinariamente denso in quella cultura. È importante ricordare che Rondòn, padre della geografia brasiliana, era di origine bororo per parte di madre.

Un'altra serie di documentari furono effettuati dai fratelli Vilas-Bõas (Orlando, Claudio e Leonardo) che riuscirono a stabilire il primo pacifico contatto con gli Xavantes. Infatti, questa etnia del Mato Grosso, il cui desiderio di autonomia fu etichettato come "ferocia" per la loro capacità guerriera di contrastare a lungo il dominio bianco, è stata l'ultima nazione indigena che ha sfidato con le armi il governo centrale del Brasile fino agli anni Cinquanta. Ora gli Xavantes – una volta tradizionali nemici dei Bororo – hanno sviluppato una ripresa economica autonoma, che ricerca un equilibrio tra identità culturale e autogestione produttiva, tra tradizione e innovazione, utilizzando sia i saperi tradizionali sia alcune nuove tecnologie. Un altro merito dei Vilas-Bõas fu la costituzione del grande parco dello Xingu nel 1961, a sottolineare l'intreccio tra valori etici, ricerca etnografica, produzione visuale, progetto ecologico[3].

Sono da ricordare inoltre il lavoro di Marcelo Tassara sugli yanomami basato sulla ricerca fotografica di Claudia Andujar (fotografa svizzera da tempo residente in Brasile) e il reportage televisivo della TV Manchete del 1990 sulle malattie conseguenti all'invasione dei *garimpeiros* prima della costituzione del parco yanomami.

Un vero evento comunicativo globale – che si risolse con una vittoria di avanguardia per tutti gli indios brasiliani – fu l'incontro di Altamira nel 1989: *Kararao*, grido di guerra kayapò. Sui video prodotti in quell'occasione (dalla TV Cultura di São Paulo, da giornalisti provenienti da tutto il mondo, da antropologi e dagli stessi kayapò) è necessario fare alcune riflessioni.

Qualche anno prima i principali network brasiliani avevano trasmesso alcune immagini straordinarie sul giovane leader dell'Unione delle Nazioni Indigene Ailton Krenak.

Al di fuori del parlamento di Brasilia, da dove l'allora presidente Sarney sosteneva che in Brasile non c'era mai stato genocidio, il giovane Krenak, vestito elegantemente all'occidentale, tutto di bianco, laureato e di bell'aspetto, comincia a parlare con voce calma ma determinata contro la truffa prevista dalla costituente riferita alle nazioni indigene. Poi senza mutare tono di voce, usando in modo potentemente creativo ed efficace il mezzo televisivo, comincia a spalmarsi il viso con il colore nero, simbolo di lutto e di conflitto. La sua accusa verbale è precisa, logica e stringente; ma quella visuale è forse ancor più potente dal punto di vista comunicativo. Le parole da sole non avrebbero avuto la stessa efficacia del gesto: l'efficacia di chi rappresenta il suo popolo, ma allo stesso momento sta dentro i suoi tempi e li sa piegare alle esigenze di tutti. L'impatto fu enorme e, anche per questo gesto, la legge venne modificata.

Qualcosa di ancor più importante accadde ad Altamira. La storia deve essere conosciuta. Il progetto di fare una grande diga da parte della Eletrobras avrebbe inondato e distrutto l'ecosistema in cui vivono i kayapò nel *Parque do Xingu*. I nuovi leader di molte nazioni indigene – superando tradizionali rivalità – si convocano in questa piccola cittadina, grazie alla spinta di Payakan e Kuben della nazione kayapò: Davi Yanomami, lo stesso Ailton Krenak, il grande Raoni, Marcos e Jorge Terena. La cittadina accoglie tutti questi indios con diffidenza: il progetto Eletrobras è una prospettiva di lavoro. E poi vi è la diffidenza piena di pregiudizi contro i nativi. Ma arrivano le televisioni di tutto il mondo. I giovani delle varie nazioni indigene sono istruiti sulle loro danze e sui significati rituali a esse connessi. Si riscoprono i segni nativi, il linguaggio del corpo, i costumi tradizionali, l'intonazione della voce, le musiche. Si svolgono giornaliere manifestazioni colorate, gioiose, determinate. Musiche, danze, cortei. Molti ragazzi si riappropriano per la prima volta delle loro tradizioni e il risultato non appare restaurativo, bensì innovativo. Le immagini televisive nazionali, la presenza di tanti giornalisti stranieri e anche di un noto cantante pop, produce un mutamento nell'opinione pubblica. Le televisioni riprendono e trasmettono in tutto il mondo le danze dei nativi e anche la straordinaria immagine di quella anziana donna che – durante il confronto col presidente della Eletrobras – si alza e poggia il suo machete sul collo sudato dell'uomo bianco. È veramente un grido di guerra che coinvolge l'intero paese.

Dice Turner, che partecipò all'evento:

> tra le drammatiche dimostrazioni e incontri politici dei kayapò con i brasiliani, una caratteristica di maggior successo fu l'uso ostentato da parte dei kayapò delle proprie telecamere con cui filmavano gli stessi eventi che erano filmati dai rappresentanti dei media nazionali e internazionali. Di conseguenza, i cameraman kayapò diventarono una delle principali attrazioni da filmare da parte delle altre equipe (1993:86).

All'inizio della mobilitazione contro la diga nel parco,

i leader kayapò visitarono la grande diga di Tucuruì. Essi portarono le loro telecamere per filmare e mostrare alle persone rimaste nelle *aldeias* che cosa produce una grande diga col fiume e con la terra intorno. Essi puntarono anche le loro telecamere sul viso dei burocrati brasiliani che tentavano inutilmente di spiegare quello che era accaduto con altri popoli indigeni le cui *aldeias* erano state coperte dall'acqua della diga (p. 88).

Da qui nasce l'impegno da parte dell'antropologo di organizzare un Progetto *Video Kayapò* sotto il controllo scientifico e culturale dei nativi.

Per tornare al conflitto ecologico-visuale contro la diga, alla fine tutti gli abitanti partecipano alla grande sfilata finale: Altamira è stata conquistata e con essa si afferma una gestione postcoloniale del conflitto da parte delle nazioni indigene.

La comunicazione visuale fa parte di questo conflitto: da sola non lo riassume né lo elimina, ma senza di essa non è concepibile un processo di liberazione delle nazioni indigene. Per questo i documentari – ideati e gestiti dai nativi come soggetti – sono appena iniziati.

Nell'importante libro *O ìndio ontem hoje e amanhà* (Tassara, 1991), sono stati pubblicati gli atti di un primo ciclo di analisi sulla condizione indigena tenutosi al *Memorial da America Latina* di São Paulo. Qui furono presentati film sui nativi con dibattiti cui parteciparono cineasti bianchi e nativi, antropologi, leader politici indigeni, giuristi, scienziati e politici. A tale evento, partecipa lo stesso Ailton Krenak:

il mio nome è Ailton. Faccio parte di una popolazione che stava nella regione della Vale do Rio Doce, che era chiamata botocudo e che poi fu chiamata krenak. Questa popolazione si ridusse di molto principalmente in questo secolo. È un popolo che ebbe contatti col fronte della colonizzazione che arrivò nella nostra area verso il 1910. Molte regioni, fino al 1920, non erano ancora colonizzate e la colonizzazione che arrivò lì ridusse la nostra popolazione da circa duemila persone a centoquaranta. In quell'epoca stavamo in una situazione molto prossima a quella del popolo yanomami oggi, là in Roraima. Oggi siamo centoquaranta persone. Nella stessa epoca il popolo brasiliano era di ventisei milioni. Oggi la popolazione del Brasile è di centotrenta milioni, noi siamo centoquaranta persone. Io credo che, forse, quando voi arriverete a trecento milioni di persone, noi saremo zero (p. 20).

La sua conclusione è lapidaria:

le stesse condizioni si ripetono nello Xingu, nel rio Negro, nella valle dello Javari. Tutto questo si ripete nel Brasile intero con una costanza tanto monotona che dà l'impressione *do que o Brasil se instala precisamente em cima de cemitèrios indìgenas*.

Un cimitero con i nomi guarani, yanomami, tikuna, karajà, krenak, terena, kadiwèu. Un cimitero che riguarda anche noi, in Italia e in genere il mondo occidentale, che ha prodotto la cultura del genocidio a difesa dei suoi propri interessi, di una "religiosa" indifferenza o di una oggettività etnografica.

> È una società che si dà il lusso di vivere senza un capo. Accanto al *pajé*
> (sciamano) c'è il *cacique* (capo), cui noi diamo una autorità che lui proprio non ha.
> Perché noi non possiamo vivere senza avere un'autorità vicino. Dunque, pensiamo
> che nella società indigena il *cacique* ha l'autorità di un delegato.
> (Orlando Vilas-Bõas, in Tassara ,1991:49)

Per fortuna in questi ultimi anni si sta assistendo anche a un processo contrario: alcuni segnali di ripresa demografica, in particolare per le nazioni indigene più decise ad accettare la sfida di un mondo globalmente e localmente trasformato. L'antropologia visuale è uno dei terreni di questa sfida. L'uso del digitale (molto più facile e a basso costo) si va diffondendo e i risultati, più che incoraggianti, delineano una strategia politica e culturale. Non è casuale che le persone che usano il video siano proprio quelle che riscoprono il valore della cultura tradizionale, ma che, nello stesso tempo, non si rinchiudono in essa: non vogliono essere né dolcemente museificati, né violentemente acculturati. Essi possono gestire una trasformazione della loro identità – come d'altronde avviene anche da noi – senza perdere i molti linguaggi di cui sono ricchi, ma inserendoli in possibilità documentarie e trasformatrici. Questo il progetto del regista nativo Sià Kaxinàwa, documentarista e cameraman della "Fundação Cultural do Acre" che ha diretto il film *Fruto da aliança dos povos da floresta*: «Ogni persona ha il senso del suo vedere. A me piace fare le cose della foresta. Quello che ha la foresta. Tutto quello che esiste nella foresta, per mostrarlo». E a una domanda su come faccia a filmare e, nello stesso tempo, fare domande, così risponde:

> quando cominciai a filmare, io sentii che sarei rimasto appassionato per questo
> tipo di lavoro. Mi sono incantato. Ci sono lavori che si fanno, a volte, senza
> averne il senso. È come rimanere fuori di tutto. Io finii per legarmi molto a
> queste immagini. Sentivo che erano una cosa vera. Se mi si domanda come si
> vive nella foresta, per me è più facile rispondere. Mentre è più difficile parlare
> nel linguaggio del film. Ma è obbligatorio che noi assumiamo – nell'anno 2000,
> 2050 – il fatto che dobbiamo tenere queste cose pronte, per entrare in lotta (...).
> Non sono cineasta: sto iniziando. È un anno che lavoro e credo che ne farò altri
> di film. Se dipenderà dalla mia volontà? Dalla buona volontà che esiste. *Sou ìndio*
> *Kaxinàwa là no Jordão, que fica no Acre* (Tassara, 1991:103-4).

Vorrei finire questo paragrafo con le parole conclusive dette da Orlando Vilas-Bõas (in Tassara, 1991):

> nella nostra area, dentro il Parque do Xingu, vi è una tribù che non ha mai visto un "civilizzato". Si chiama avagotokuéng. Sapete che vuol dire? "Uomini allegri". Perché ogni volta che gli altri indios li avvistano, loro si mettono a ridere. (p. 56).

●● LA MORTE DELL'INTERVISTA

La sfida della comunicazione visuale passa su come la tensione, la dialogica e il conflitto tra *etero-* e *auto*-rappresentazione verrà affrontato e risolto di volta in volta secondo procedure decentrate. Le prospettive metodologiche secondo cui il ricercatore della comunicazione (scienziato sociale, giornalista, pubblicitario, politico o militante-ong) rappresenta l'altro con logiche esterne, immagini aliene, autorità discutibili si vanno esaurendo.

Si può riassumere tutto questo con *crisi dell'intervista*. L'intervista, infatti, è una tecnica attraverso la quale si costruisce lo scenario cognitivo basato sull'etero-rappresentazione: solo l'altro ha il potere di rappresentare. Cioè antropologo, sociologo, giornalista, politologo pretendono di rappresentare l'altro facendo domande e registrando risposte, senza esporre la propria soggettività rinchiusa nella fortezza di una logica indiscussa. A domanda *l'altro* risponde. Questa tecnica dell'intervista è basata su una rappresentazione in cui questo *altro* (indigeno, giovane, marginale ecc.) manifesta il proprio punto di vista su argomenti e su logiche predeterminati. Così non è tanto l'intervistato, quanto l'intervistatore che *parla sempre*, poiché è lui/lei che dirige le domande senza posizionarsi sui temi trattati: domande che, come si sa, contengono già nel suo *frame* la risposta. In tal modo, un'autorità affine alla *voce-off* non solo sceglie la domanda (che non è mai neutra o innocente), ma seleziona le risposte, le traduce, le monta, le organizza linguisticamente e infine le trascrive per la lettura o per la visione.

La tecnica dell'intervista è lo strumento principale dell'etero-rappresentazione.

Un soggetto qualsiasi è sempre e solo rappresentato da un soggetto professionista altro (*etero*) con una sua propria logica, una discorsività differente trascritta nell'unico linguaggio comprensibile: quello occidentale o, più in generale, egemonico. Le distorsioni interpretative basate su questa metodologia hanno costruito un dominio narrativo quanto politico, e soprattutto *comunicazionale* ancora non affronato dagli studi post-coloniali. *L'intervista è sempre una traduzione*. Traduzione non solo di lingue diverse o di dialetti, quanto dei codici non verbali, delle pause, del tono emotivo e sonoro in cui parole, viso e corpo nella sua interezza interagiscono e comunicano visioni complete del (proprio) mondo. I tradimenti di tali traduzioni sono sotto gli occhi di chiunque voglia osservare i risultati di decenni metodologici basati su tali domini.

Dichiarare e praticare la morte dell'intervista significa transitare dalla centralità metodologica dell'etero-rappresentazione verso un decentramento compositivo ed espressivo basato sull'auto-rappresentazione che può dialogare tra posizionamenti riflessivi basati sulla reciprocità. Altrimenti i soggetti della rappresentazione continuano a essere soltanto coloro che svolgono la ricerca e intervistano, realizzano fotografie, video e disegni; e gli altri sono sempre gli *oggetti* della ricerca che acquisiscono una parola guidata, "montata" e trascritta secondo procedure che appartengono solo e sempre a questo alieno venuto da un esterno istituzionale. Gli altri rimangono gli esclusi: i rappresentati. L'intervista è la forma ideologica del potere del monologismo contro le possibilità dialogiche, sincretiche, polifoniche.

In un'intervista video, il montaggio realizzato seleziona e giustappone solo quelle espressioni linguistiche o fisiognomiche adeguate al *format*. L'intervistato può parlare per ore, sviluppando complesse relazioni logiche, decisive critiche radicali o incerte spiegazioni contestuali: ma alla fine chi parla per lui è il *suo* montaggio, laddove il pronome *suo*, qui, non appartiene all'intervistato, bensì all'intervistatore. Parole e immagini travasano dalla bocca apparentemente loquace dell'intervistato (che spesso deve ripetere la domanda come se fosse il suo proprio punto di vista) a quella formalmente muta dell'intervistatore. La sua voce è *off*, mentre di fatto è l'intervistatore che comunica attraverso l'intervistato. Protetto da una professionalità data per certa, l'intervistatore acquisisce potere, status e controllo sull'intervistato, si impossessa di quella soggettività altra, lo rappresenta, lo codifica, lo dirige. L'intervistatore crea il suo potere indiscusso attraverso un metodo gerarchico e dicotomico che rappresenta l'altro e che su questo rappresentare apparentemente neutro costruisce il modello dell'etero-rappresentazione.

Tale *etero*-rappresentazione ha avuto e in qualche modo potrà continuare ad avere un ruolo importante, ma non più unico né centrale e tantomeno di dominio.

Accanto, di lato e spesso contro tale discorso si colloca con sempre maggiore forza espressiva e concettuale l'*auto*-rappresentazione, cioè i modi anch'essi plurali attraverso cui quelli che a lungo sono stati trattati solo in quanto *oggetti* di studio si rivelano *soggetti* che interpretano prima di tutto se stessi, e poi anche la cultura dell'eventuale ricercatore esterno. Queste metodologie, che tendono a una comunicazione visuale compositiva, cercano di rifiutare dicotomie e gerarchie: penetrano nelle frontiere del linguaggio digitale – foto, video, Internet, tablet, CD musicali e CD-Rom. Insomma, le nuove tecnologie e le nuove soggettività sfidano il monopolio ormai obsoleto della sola scrittura accademica connessa a un unico soggetto legittimato; si spezza il monopolio della scrittura come linguaggio unico della rappresentazione dell'altro da parte dell'Occidente egemonico grazie alle possibilità pratiche del digitale.

Questo sconvolgimento vale soprattutto per la *comunicazione visuale*. Le impostazioni linguistiche attraverso cui le immagini dell'"altro" sono state realizzate da antropologi, giornalisti, politici locali, turisti sono tutte obsolete. Ovvero ci parlano del loro dominio. I codici espressivi attraverso cui narrare la cultura o la soggettività di ogni gruppo umano non sono più accentrati in un sapere oggettivo ristretto a un sapere tecno-scientifico e iconico-espressivo del solo Occidente: ancora adesso i modelli attraverso cui si compongono gli spazi museali dove esporre i "nativi" sono espressione di un *altrove* considerato "primitivo" o da preservare da ogni mutamento culturale o tecnologico (razzismo ecologico).

Una nuova composizione della comunicazione visuale è attraversata da queste nuove soggettività che collocano le proprie auto-rappresentazioni su scenari mobili, in cui le immagini viaggiano in tutte le direzioni, non più solo dall'alto (o presunto tale) del sapere antropologico-giornalistico-museale verso un lettore-spettatore congelato nelle proprie certezze. Le sottili differenze espresse dalle culture native riguardano i processi attraverso cui i linguaggi vengono costantemente costruiti, esposti e modificati, anche per gli aspetti rituali della vita quotidiana: dalla sessualità alla mitologia, dai grafismi corporali alle cosmologie, dalle religioni ai rapporti tra generazioni. Queste rappresentazioni innovano fotografia, video, Web, trasformati in qualcosa di *performativo* e di *processuale* in quanto composizioni riflessive all'interno dei propri universi.

I soggetti nativi utilizzano complessi linguaggi comunicazionali attraverso cui dare senso alle proprie individualità appartenenti a culture vive; in una costante sfida contro chi li vorrebbe collocati in quell'immobilità a-temporale e pre-individuale con cui a lungo sono stati (etero)-rappresentati.

Le metodologie emergenti della comunicazione si collocano su questo punto vitale. Le classiche scienze sociali, anche quelle che hanno sottoposto a revisione le autorità delle scritture, devono passare dentro tale *multi*-verso che intreccia culture, sincretismi, tecnologie, identità nelle loro articolate mutazioni ben oltre un presunto passato a-storico. Molte persone native dell'America Latina si stanno appropriando dei linguaggi multi-comunicazionali, con cui ridare senso e vitalità alle loro filosofie e mitologie. Queste ultime coabitano conflittualmente dentro i processi di mutazione e ibridazione, poiché non sono fissate in una presunta condizione "naturale" dalla purezza incontaminata. Per questo qualsiasi ricercatore non può rimanere tranquillo e fermo nelle sue passate certezze: è iniziato il tempo fantastico e fantasioso verso modalità inventive attraverso cui svolgere ricerche diverse, per affermare polifonie di linguaggi, stili, metodologie, immagini, suoni da elaborare – è auspicabile – *insieme* alle irriducibili soggettività altre.

Le prospettive delle trans-culture che emergono da tale contesto, ancora ignorato dagli approcci post-coloniali, focalizzano singoli tratti di culture mobili. Sono *culture transitive* nel senso che si possono originare in luoghi specifici, spazi indefiniti, interzone temporanee che non rimangono lì fissate, immobilizzate e "autentiche", bensì si offrono a un transito lungo il quale mutano attraverso aspetti qualitativamente diversificati o acquisendone altri.

Il movimento che si genera è un transito costante tra modelli linguistici, iconici o sonici diversificati dagli intrecci sorprendenti e mai pacificati. Le trans-culture favoriscono le inter-soggettività: cioè sviluppare rapporti paritari tra soggetti che esprimono le loro differenze psico-spaziali. E queste differenze non implicano gerarchie, un alto e un basso, un inferiore e un superiore, bensì la presenza di uguaglianze basate sulla differenza e non sull'identità. Chi è identico è già uguale e proprio questo modello politico-morale è fallito perché ha gerarchizzato chi era percepito da diverso. Trans-cultura e inter-soggettività liberano mix di tecnologie e comunicazione.

Sincretismi culturali, pluralità soggettive, polifonie testuali: queste le prospettive metodologiche di mutanti transculture visuali.

Nell'antropologia della comunicazione visuale, l'etnografo è legittimato a interpretare l'altro – con o senza fotografie, video, taccuini vari – solo in quanto disponibile a farsi interpretare dall'altro e a interpretare insieme all'altro. Questa polifonia muove sfide verso una epistemologia *transitiva* e *riflessiva* della rappresentazione.

Quello che è stato il paradigma dell'antropologia – "cogliere il punto di vista nativo" – ora sta ridefinendosi in modo ben diverso: sviluppare i punti di vista polifonici dell'auto-rappresentazione in tensione dialogica con l'etero-rappresentazione. Nel corpo di questo prefisso – *auto* – vi è un soggetto che non è più inscrivibile dentro una cultura di appartenenza compatta, comprensibile solo grazie all'intervento esterno dell'antropologo. È l'internità stessa del soggetto alla propria cultura che libera nuovi moduli narrativi. Con auto-rappresentazione si intende che, per esempio, la cultura maya del Chiapas attuale, quella brasiliana vissuta da giovani *favelados* può e deve essere rappresentata anche da una fotografia espressa da chi vive all'interno del suo spazio vitale.

Attraverso un'etnografia artistica visuale si moltiplicano le soggettività "native" che svuotano il concetto stesso di *nativo* dai suoi significati etnocentrici e "naturalistici". Prima le etichette adatte all'*altro* erano selvaggio, primitivo, senza-scrittura, semplice, orale; ora da qualche tempo si è affermato l'uso del termine formalmente "per bene" di *nativo*, le cui le ambiguità – anziché svanite – si sono diversificate. In tale parola si afferma una vicinanza – innocente solo per qualche credulone – con l'essere-nato, *nato-lì*, come se il nativo fosse precedente e quindi più autentico perché *più-nato*. Eppure tale termine dovrebbe valere per ciascun essere umano, perché tutti noi siamo nati in qualche "lì"; di conseguenza con tale categoria apparentemente corretta (che sottintende lo stigma di precedenza incontaminata e di autentica purezza bio-culturale) rafforza il concetto che solo l'"indio" è un nativo, campione ambientalista di amore-natura-animali, forse shamano, sessualmente ricco e immancabilmente pre-tecnologico.

A questa immagine di un *nativo-al-naturale*, qualche presunto "nativo" non ci sta più. Se siamo tutti nativi, questo termine non può più classificare una parte dell'umanità che sarebbe "più nativa" di altre.

La comunicazione fluttuante contemporanea dovrebbe dichiarare decaduto l'uso del termine "nativo" per indicare le popolazioni che continuano a essere presupposte come "naturali" o "primitive". Tra l'altro l'alternativa pratica è molto semplice, basta apprendere l'uso dei termini che essi stessi e tutti noi adottiamo per designarci: Cherokee, Xavante, Textal, Tzotzil, Bororo, Maya. Europeo. È ora di impegnarsi a lottare contro l'uso di tassonomie che riproducono politicamente e linguisticamente pregiudizi biologici e domini coloniali.

La relazione tra comunicazione e alterità si posiziona dalla parte di un'auto-rappresentazione polifonica, sincretica, transitiva. Il fine è cercare di corrodere la proliferazione di stereotipi che dilagano nella politica, nei media, nelle università; e le classificazioni dell'altro da rinchiudere, con un metodo necrologico, all'interno dei musei occidentali o esporre – puro e incontaminato – nei media "ecologici".

Storni Weather

> Parigi cambia, ma nulla nella mia malinconia si è mutato: palazzi nuovi,
> massi, vecchi borghi, impalcature, tutto si trasforma in allegoria.
> (Baudelaire, 1857, *Le Cygne*)

Questi versi di Baudelaire su Parigi sono stati strappati dal loro inquieto riposo tra i "fiori del male" per essere vivificati nei nuovi paesaggi urbani a Roma. Nessuna metodologia quantitativa è paragonabile a questo approccio, dove ogni singolo muro, sasso, pietra o animale si "trasforma in allegoria". Tale allegoria – sorella povera, più materialistica e temporale del simbolo – ha l'incarico di dare un significato altro a una sparsa manifestazione della vita urbana. L'allegoria urbana si dispone come metodo qualitativo, dunque, che cerca di decifrare i significati altri, visibilmente nascosti tra noi, anche attraverso le immagini dialettiche di uccelli urbanizzati.

Qualcosa di performativo avviene da qualche tempo nel cielo, negli alberi e nelle strade di Roma. Nei mesi freddi, il centro arboreo di questa città si è trasformato in residence per migliaia di storni svernanti[4]. Di conseguenza il paesaggio urbano è mutato in alto, al centro e in basso, secondo uno schema triadico che è inseribile nel campo di una nuova allegoria ecologica. Il dramma degli storni al tramonto sarà interpretato come una successione allegorica di tre fasi.

A ~ L'alto: da qualche anno, sulla base di mutazioni ecologiche, alcuni caratteristici quartieri romani postunità – dai grandi palazzi, larghi viali, alti alberi come quelli di piazza della Repubblica, piazza Indipendenza, viale delle Milizie – hanno subito una trasformazione ambientale che viene dall'alto. D'inverno il cielo si anima improvvisamente al tramonto. Il crepuscolo diventa un occaso: un dramma uranico che innumerevoli storni, riuniti in gruppi incostanti, disegnano nel cielo crepuscolare. Questi disegni puntiformi, una sorta di divisionismo volatile live, sono come merletti che si dilatano improvvisamente, esplodono quasi con forze centrifughe, per riunirsi e accorparsi come animati da forze anche contrarie, centripete. Esplosioni e implosioni si alternano e si sovrappongono come fuochi d'artificio viventi, pattuglie acrobatiche, frecce azzurre sotto forma di storni. Sembra una danza cosmica piena di deliri etologici e dolori ecologici. La morte del sole può essere placata e annullata solo da esagerate circonvoluzioni, segni arabescati dell'irraffigurabile ansia per un dio analogamente morto.

Nei dintorni della vecchia piazza Esedra, con ninfe, tritoni e zampilli – tra il vecchio Dipartimento di Sociologia (ora sede della Terza Università), il Ministero della Difesa, la stazione Termini, la redazione de La Repubblica – studenti frettolosi, turisti smarriti, impiegati indifferenti, intellettuali scettici si fermano e alzano la testa al cielo, aprendo bocca e occhi alla contemplazione di un rito azteco, che rivive misterico a opera di infiniti storni quetzalcoatl.

I barboni di Zavattini e De Sica in Miracolo a Milano guardavano stupiti e rapiti il tramonto, allineati su vecchie sedie, quotidiano mass medium gratuito e popolare programmato dalla natura. Invece l'ecologia romana degli anni Ottanta sembra spinta all'omologazione con le produzioni alla Spielberg, in cui le emozioni devono essere esagerate, moltiplicate per unità di immagine, tecnicizzate. Al neorealismo postbellico subentra la nuova spettacolarità digitale anche in "natura". Gli storni capitolini hanno inserito, adeguandosi, nei tramonti intorpidenti e piagnoni, grafie da video-art, computer-graphic, laser puntiformi.

Forse gli antichi aruspici sarebbero inorriditi di fronte a tanta esplicita ammonizione di un caos incombente: un caos naturale e, insieme, divino. O forse tutto artificiale. Gli spettatori attuali, sbigottiti da un fenomeno incontrollabile e timorosi di apparire antiecologici, alternano occhi in verticale al cielo con sorrisi in parallelo ai vicini occasionali per rassicurarsi rassicurando.

B ~ Il centro: con l'esaurimento del chiarore solare, gli storni, come tante Cenerentole impazzite, si precipitano tra i rami degli alberi, allineati sui viali o sulle piazze, col terrore di trovarli esauriti. Forse esiste anche un ordine di precedenza relativo al tempo di arrivo nel cielo sovrastante le rispettive zone alberate, per evitare il rischio di scontri nell'eventuale discesa. Questi alti alberi si trasformano in insufficienti alberghi per un numero crescente di ospiti. A ben guardare i folti alberi sempreverdi diventano contenitori di una danza infinitesima e sfibrante, come un formicaio capovolto e scoperchiato. Ogni minuscola foglia è agitata dall'emozione degli uccelli che va progressivamente placandosi. Foglie e ali, nel buio crescente, diventano indistinguibili: entrambe appaiono tremanti8. Contemporaneamente il cinguettio corale si fa stridulo, per poi attutirsi in un "pianissimo". Poi è l'ultimo tremolio: uno stridio finale spenge la luce. Tutto è pronto per il sonno notturno. Ma, chiusi gli occhi e allentata la tensione, finalmente si allarga l'ano.

C ~ Il basso: da piazza Indipendenza alla Repubblica, il "basso" corporeo e stradale si unifica, in un elogio a Rabelais e a Bachtin. Ogni testa è minacciata da calde gocce bianco-scure che, soffici, si adagiano sopra indifesi passanti, i cui piedi cominciano a scivolare tra i grumi crescenti di guano che dilaga per le strade, rischiando non desiderate contaminazioni. Se dal cielo cade anche la pioggia, la situazione diviene incontrollabile: anche le auto rischiano l'ingovernabilità. L'acqua unita

Storni nel cielo di Roma

al guano produce un liquame vischioso. Gli storni, potenza ormai invisibile del paesaggio urbano, in quanto perfettamente mimetizzati, circoscrivono il loro territorio irrorandolo con la rapida digestione di olive della campagna romana, da loro "beccata" durante il giorno. I parcheggi si vedono trasformare le auto in sosta in deformi e inutilizzabili maschere di cera al guano. Le fermate degli autobus diventano delle trappole: se il bus ritarda, il pedone è "truccato" come in un film dell'orrore. Tutti guardano ora solo in basso per protezione e per schifo, il naso offeso da odori inattuali, come provenienti da un pollaio modello, i cui resti il sole mattutino avrà il compito di surriscaldare ed essiccare. Le eventuali piante dei giardinetti sottostanti si bruciano a causa delle eccessive irrorazioni, i marciapiedi diventano biancastri: una sorta di paesaggio lunare deforma quello che era un panorama urbano ordinato, un diffuso terriccio informe confonde, come risultato finale, tutto il territorio sottostante.

Nella citata poesia di Baudelaire, all'inizio compare un cigno che, «ridicolo e sublime come gli esuli», cammina inesplicabilmente tra le strade di Parigi, invocando il «bel lago natale»: la sua immagine di natura diventa allegoria di un mondo armonico che la nuova città ha ingoiato. Per questo l'uccello è ridicolo solo all'occhio cittadino oramai disabituato ai paesaggi naturali.

Nella spettacolarità dei crepuscoli romani, gli storni danzanti ed evacuanti sono la nuova allegoria urbana. Le loro vibrazioni nel grande schermo celeste – che segnala il ritorno imprevisto della natura sullo spazio urbano – significano la fine del terrore azteco (a cui da tempo anche i volatili non credono più) per un sole che muore e la nascita del loro allineamento a un display tecno-morphizzante. L'ambientalista ingenuo vede in ciò l'equilibrio raggiunto tra storni e piazze, da difendere in nome della nuova ecologia. Egli immagina di proteggere una natura sempre vergine, non evolutiva, mentre legittima il contrario, cioè un risultato dissoluto della mutazione storica nel rapporto città-campagna, di cui anche gli storni sono parte ecologicamente connessa agli abitanti urbani. Egli crede di difendere la purezza di una natura "buona" in quanto tale, mentre azzera e immobilizza la dialettica soggetto-oggetto. Sull'altro fronte, il cittadino offeso e inerme applica nelle zone contaminate altoparlanti che diffondono richiami registrati (il "grido d'angoscia") che si vorrebbero etologicamente minacciosi per terrorizzare e, quindi, dissolvere gli storni; questi ultimi, invece, sempre più tecnologicamente avvertiti, continuano ad aspettare solo il tepore primaverile per il loro armistizio stagionale.

Gli storni metropolitani sono l'immagine dialettica in cui il mito della natura animale pare unirsi con le nuove forme della spettacolarità urbana; l'arcaicità del tramonto, ridotta ad allegoria quotidiana dell'eterno ritorno, sconvolta dalla eccessiva modernità di queste immagini di storni. L'evocazione preistorica di uccelli incontrollabili si sposa con l'utopia di ecologie possibili; il terrore si trasforma in meraviglia, in epifania di un mondo a venire che si annuncia pieno di allegorie drammaturgiche, inaspettate e incomprensibili.

1. Rinvio a questo manuale per la bibliografia sull'argomento, la migliore esistente in Italia.

2. Nonostante la sua legittimazione in campo internazionale, con sezioni all'interno dell'associazione mondiale delle scienze etnoantropologiche (ICAES), in Italia i tradizionali feudi di un'etnografia scritta condannano l'antropologia visuale e le critiche all'autorità della scrittura (cfr. Clifford, Marcus 1986; Marcus, Fischer 1986).

3. "Nei tempi dello Estado Novo, Mato Grosso e Goiàs erano un mistero che l'immaginazione popolava di fiere, indios e banditi. Andare fino a Araguaia era un'avventura folle. Il fiume Rio das Mortes era un incontrastato territorio degli xavante. Poco si parlava dello Xingo o dell'Amazzonia. L'Africa era più vicina. Fu in questa situazione che i fratelli Villas-Bõas iniziarono la loro azione, evitando lo sterminio dei gruppi indigeni in un'area di 26 mila chilometri quadrati. Questi intrepidi paulisti, rivivendo la dottrina di Rondòn, contribuirono decisamente alla creazione, nel 1961, del Parque Nacional do Xingu" (Tassara, 1991:48).

4. *Sturnus vulgaris*.

Pasolini, Medea-Callas, 1969

6

Il sincretismo mitico di Pasolini

> Gli antropologi diventano poeti, i poeti diventano antropologi, ma
> esiste una connessione necessaria tra le due attività? Io credo che ci sia.
> Almeno c'è per entrambi un modo di vedere
>
> Dell Hymes, 1986:12

Per un autore come Pier Paolo Pasolini, il mito costituisce uno dei centri di riflessione che la sua sensibilità poetica può rappresentare come reinvenzione e non come riproduzione. In verità, tutta l'opera poetico-filmica di Pasolini può essere analizzata come ruotante dentro e fuori i grandi miti che dal passato "ci alitano addosso", per dirla con Nietzsche: dai primi film di tipo "realistico" alla trilogia della vita, dal *Vangelo secondo Matteo* a *Salò* secondo Sade. Ora vorrei elaborare una morfologia antropologica di *Medea* e di *Edipo Re*, che verranno descritti e interpretati come un testo; poi, dopo l'analisi comparata dei valori e dei segni emergenti, sarà definito un modello che cercherà di attraversare le sue opere come un sistema fluido di simboli e, insieme, la sua personalità che da poetica si "converte" in etnografica e viceversa. In conclusione, verrà applicata allo stesso Pasolini quella sua impostazione estetica e tecnica del "discorso libero indiretto", che è la versione filmica della sua "lingua della poesia". E cioè,

> esso è semplicemente l'immersione dell'autore nell'animo del suo personaggio,
> e quindi l'adozione, da parte dell'autore, non solo della psicologia del suo
> personaggio, ma anche della sua lingua (1972:180).

L'interpretazione semiotica diventa, quindi, decisiva per comprendere le opere di Pier Paolo Pasolini come egli stesso ha precisato nella sua attività di saggista:

> c'è tutto un mondo, nell'uomo, che si esprime con prevalenza attraverso immagini
> significanti (vogliamo inventare, per analogia, il termine *im-segni*?): *si tratta del mondo
> della memoria e dei sogni* (p. 172).

Questo mondo degli im-segni è il terreno aperto da cui fuoriescono i miti, i *suoi* miti di Edipo e Medea: così prende corpo quella "mimesi visiva", secondo la sua stessa chiara espressione. Può essere, infine, fruttuoso connettere queste sue premesse precisando l'approccio "denso" di Geertz: «lo scopo di un approccio semiotico alla cultura è di aiutarci a raggiungere l'accesso al mondo concettuale in cui vivono i nostri soggetti così che possiamo *dialogare* con loro, nel senso esteso del termine» (1973:64). Ora si cercherà esattamente di dialogare con due opere di Pier Paolo Pasolini – oltre che con Pasolini stesso – per far emergere la loro possibile interpretazione nella e con la specificità della descrizione antropologica.

6.1 — Medea

Il mito

Pur essendo questo mito molto noto, lo vogliamo ricordare brevemente: Giasone, per riscattare il suo regno usurpato, deve recuperare il vello d'oro e a tal fine organizza una spedizione, detta degli Argonauti. Ma solo grazie all'aiuto di Medea riesce nell'impresa. Il film inizia con una grande sequenza ibrida ambientata nella Colchide, cioè nella Cappadocia, in una vera città antichissima scavata nella roccia e modellata da millenni di acqua, di vento e di uomo, scenario incredibile – realistico e fantastico insieme – per ricreare come testimoni gli strati più arcaici del mito sopravvissuti fino a noi. In tale contesto, Pier Paolo Pasolini sceglie un rito o, meglio, una serie di riti tra loro collegati in un continuum unitario, senza dialogo e con un commento musicale spesso decontestualizzato – e proprio per questo tanto più efficace di tanti tentativi di ricreare musiche arcaiche – che si avvale della collaborazione di Elsa Morante. In questo regno barbarico, la cinepresa "fissa" una specie di bassa croce a forma di P greco divaricato, dalla chiara funzione rituale e sede abituale del vello d'oro. Un giovane sorridente ed elegante come un dio viene guidato tra la folla plaudente, per essere legato a questa croce-altare. Il suo corpo è dipinto, mentre il suo viso sorride come fosse in preda a una droga. Si avvicina un sacerdote che prima lo strangola e poi lo macella in tanti piccoli pezzi, che subiranno un duplice inghiottimento: alcuni verranno divorati dai fedeli, come in un pasto totemico; altri saranno seppelliti tra i campi.

Lo stesso per il sangue: in parte bevuto e in parte asperso sulle messi. Infine, con un'accentuazione della frenesia sia tra i partecipanti al rito sia della macchina da presa – che si muove "in soggettiva" – inizia una specie di festa, anzi la Grande Festa. I sudditi cominciano a sputare sui loro regnanti; lo stesso erede al trono viene preso di forza e fustigato, mentre Medea è a sua volta posta sul luogo del sacrificio. Si diffonde una musica frenetica e compaiono delle maschere. Si danza per evocare altri mondi, altre specie animali e divine. Si ride: il rovesciamento dei ruoli, l'acquisizione di un'identità diversa, il movimento frenetico del corpo produce un'ilarità "bassa" che si indirizza nell'orgia finale, che peraltro nel film è assente. Nel trattamento precedente alla sceneggiatura, Pasolini afferma che nel «caos originario, precedente la creazione, vi si accennerà a un'orgia – a una danza in cui ai vivi si mescolano promiscuamente i morti – i morti sono uomini mascherati» (1970:34). Infine, in una splendida inquadratura finale che sembra evocare un'icona bizantina, la famiglia reale al completo riassume la fastosa pienezza del potere.

La letteratura antropologica usata da Pasolini per tale sequenza ibrida è chiaramente *Il ramo d'oro* di Frazer (1890), diversi anni prima che ispirasse anche Francis Ford Coppola e il suo *Apocalypse Now*. Ma a Pasolini non interessa tanto la successione al potere, quanto la descrizione fenomenologica di come doveva apparirgli uno stato barbarico di "natura", ove è ancora presente il grande mito della morte e resurrezione nella sua versione asiatica. Miti selvaggi e crudeli che pure fondavano una comunità vitale e appassionata, senza ancora la supremazia della razionalità calcolante e utilitaria. Questa grande sequenza senza dialogo (cioè, in un certo senso, senza voce-off) è un appassionato rivivimento dei miti di Dyonisos Baccheios "che rende pazzi gli uomini", detto anche Sabos o Sabazios. Infatti, la vittima sacrificale è lo stesso dio, Dioniso. Per questo è bello, giovane e riverito da tutti: la sua morte rituale, con la vittima consenziente grazie all'uso di droghe che ne causano l'estasi, l'uscita-da-sé, è la riproduzione della passione del dio in una comunione mistica e cannibalica. Da qui la sepoltura dei pezzi del suo corpo e l'aspersione del grano nascente: perché a primavera Dioniso morto tornerà a vivere analogamente alla carne divina. Il grano può risorgere e l'umanità rivivere grazie a un sacrificio che impone una morte, un omicidio che è anche un deicidio. Questo possente mito originario si unisce, per Pasolini, alla Grande Festa, caratterizzata da tre elementi: il rovesciamento dei ruoli, il cambio d'identità, la mimesi danzante. Il re, per dare legittimità e continuità al suo potere, deve correre il rischio di negarsi in quanto autorità e diventare oggetto di scherno: come dice Bachtin, l'alto diviene basso e il basso alto (1965). Così i sudditi per una volta l'anno devono provare l'ebbrezza dell'oltraggio al potere, per potersi sottomettere a esso nel restante tempo. Ed è proprio questa confusione dell'alto e del basso che produce il riso, questa attività specificamente umana che può tanto essere crudele quanto acquisire forma divina, il riso dionisiaco generatore di istanze vitalistiche. Ed è qui che Pasolini trasporta la visione di una celebre pittura preistorica, ove uno sciamano assume le sembianze di un animale totemico. Il messaggio è chiaro: con la Grande Festa nasce il teatro e forse anche, in un certo senso, il cinema (Eberle, 1955); grazie alla possibilità offerta dalla maschera di assumere un'altra identità, di abbandonare il proprio io quotidiano e assumerne un altro, compulsivamente vicino al mondo di natura da cui l'umanità si sta dolorosamente separando. Maschere animali, dunque, ma che nel loro ambiguo desiderio di ritorno alla natura esprimono anche l'istanza di cogliere il divino. La festa, come il teatro, come il cinema, sembra dirci Pasolini, ristabilisce quella triplicazione dei mondi che è la fonte segreta del suo fascino: la relazione dio-uomo-animale. Da qui la musica ossessiva stridente e ripetitiva che evoca e invoca la danza, cioè una serie di movimenti corporali extraquotidiani che, attraverso la mimesi con animali, agisce sugli stessi uomini trasformandoli in dèi (Rodhe ,1890).

La morfologia generale del film *Medea* è elaborata dall'autore anche grazie a un secondo antropologo, Claude Lévi-Strauss, (1958), seppur reinterpretato secondo la sua sensibilità. Il conflitto tra natura e cultura diventa l'incontro-scontro tra Giasone e Medea, tra il mondo greco e quello barbarico, tra razionalità e mito. Pasolini sembra essere influenzato anche dalla *Dialettica dell'Illuminismo* di Adorno e Horkheimer (1947), che analizza in modo insuperato il rovesciamento della razionalità nel suo contrario, per cadere in preda alle forze oscure del mito.

Per questo, la magia appassionata di Medea, la sua forza di "natura" fondata su un amore assoluto, distrugge la logica cinica ed efficiente di Giasone, campione del regno della cultura e dell'utilità personale. «Ecco, tutto è pronto per il destino illuministico, laico e mondano di Giasone» (Pasolini, 1970:35). C'è anche da aggiungere, tuttavia, che questo campione del logos distrugge ogni resistenza di Medea e, quindi, del mito,

grazie al suo apparire come l'immagine di eros: alla sola vista dell'eroe –
che abbina le due forze di eros e logos – la maga sviene d'amore e, con la
ripresa di coscienza filmata dalla riapertura degli occhi, tutto è già stato
deciso e capito. Poco dopo c'è una scena paradigmatica in cui Medea
sorride in modo quasi scanzonato guardando al vello d'oro e lo "vede"
per la prima volta come strumentale, povera pelle di caprone, con cui può
"comprare" l'amore di eros.

Il rapporto tra antropologia e mito mediato dal cinema si fa, in Pasolini,
saggio che illustra una teoria generale sulla religione, sul potere, sulla
festa con un taglio unitario quale raramente si è rivisto. La forma di tale
saggio è di tipo fantastico e sincretico, eppure ha la forza, per così dire,
realistica di cogliere una sequenza diversificata di miti e rappresentarli
consecutivamente in modo sincronico e appassionato e *ibrido*. Credo
proprio che abbia ragione Dell Hymes quando, commentando il libro di
poesie *Totems* del collega antropologo Stanley Diamond, scrive che "ci
sono diversi aspetti in cui la poesia è la continuazione dell'antropologia
con altri mezzi" (1986:20).

⁘ LA MORFOLOGIA

L'analisi morfologica del film sarà ora suddivisa a sua volta in tre parti: la
prima è articolata nelle quattro fasi "logiche" che definiscono la scansione
del film (mito-rito-ratio-hybris), la seconda affronta la collocazione
formale di ciascun segno all'interno della griglia metodologica *fake*,
ovvero articolata per opposizioni binarie (*pater vs spiritus* e *filius vs
diabolus*). La terza individua nel *doppio* il tema ricorrente.

A ~ *Mito*. Il film inizia col Centauro – rappresentato nella sua forma
"ibrida" di mezzo uomo e mezzo animale – che racconta al giovane Giasone
una storia: «tutto è cominciato con una pelle di caprone. Sì, c'era un caprone
che parlava: era divino…». E il Centauro prosegue spiegando che il vello
d'oro è un «segno della perennità del potere e dell'ordine», che porta fortuna
ai re (i loro regni non finiranno mai), e infine ricordando l'usurpazione dello
zio Pelia che ha imprigionato il padre di Giasone. Dopo questo prologo,
esposto a parole nonostante la storia sia «fatta di cose e non di pensieri»,
Pasolini – attraverso il Centauro – presenta la sua visione antropologica
dell'età mitica: «tutto è santo, tutto è santo, tutto è santo. Non c'è niente di
naturale nella natura, ragazzo mio, tienilo bene in mente. Quando la natura
ti sembrerà naturale, tutto sarà finito, e comincerà qualcos'altro».

Si delinea il senso sacro della natura che la ratio vedrà poi come il vero antagonista da eliminare. «Guarda laggiù – prosegue il Centauro-Pasolini – quelle ombre di alberi, quei canneti. In ogni punto in cui i tuoi occhi guardano è nascosto un dio!». Il mito è compenetrazione e trasfigurazione di ogni fatto naturale in un evento sacro; e da questa potenza del mito si affermano i riti, fondati, quindi, su esperienze concrete, su esperienze corporali e quotidiane. Per l'uomo antico, «la realtà è un'unità talmente perfetta, che l'emozione che egli prova, mettiamo, di fronte al silenzio di un cielo d'estate, equivale in tutto alla più interiore esperienza personale di un uomo moderno». Contro tutto questo ordine cosmico, la civiltà ha il potere di dissolvere il rapporto mitico tra cereali, semi e resurrezioni. La conclusione sarà quella cara a Nietzsche: «infatti non c'è nessun dio».

B ~ *Rito*. La seconda fase contiene la lunga sequenza rituale già descritta da un punto di vista strettamente antropologico. Dice lo stesso Pasolini nella sceneggiatura: «il rito è eseguito oggettivamente, come in un documentario, nei suoi inspiegabili dettagli» (1970, p. 31). Qui le uniche parole dette sono quelle di Medea che, mentre disperde le ceneri della vittima sacrificata dice: «dà vita al seme e rinasci con il seme».

C ~ *Logos*. Durante il viaggio di ritorno, la nave approda su una spiaggia e mentre Giasone prepara le tende per passare la notte, Medea si smarrisce e urla piena d'angoscia: «questo luogo sprofonderà perché è senza sostegno! Ah! Non pregate Dio, perché benedica le vostre tende! Non ripetete il primo atto di Dio. Voi non cercate il centro, non segnate il centro. No! Cercate un albero, un palo, una pietra!». È noto, infatti, che grazie a un atto di fondazione rituale una particolare pietra diviene il simbolo di Dio, della sua presenza. Seguendo i lavori di De Martino (1959, 1973), la modernità sottrae il punto di riferimento alla persona "mitica", che vive nel ciclo naturale – il famoso campanile di *Sud e magia* (1959) – per cui tutto precipita nel caos, nell'indistinto. Il legame – la *religio* – che unisce la terra, il sole, l'erba si dissolve: ogni elemento è solo se stesso, come l'individuo moderno. Insieme al viaggio lontano nella Colchide, è iniziato un altro viaggio lungo il rischiaramento della ragione strumentale. E proprio per questo, al suo ritorno dallo zio Pelia, Giasone gli dice sprezzante quanto pieno di razionalità illuminata, gettandogli ai piedi la carcassa del vello d'oro: «e poi, se vuoi che ti dica quella che secondo me è la verità, questa pelle di caprone, lontano dal suo paese, non ha più alcun significato». Il mito che santifica le cose è dissolto: ciò che trionfa è il logos.

D ~ *Hybris*. A questo punto riappare il centauro, che è ormai una persona "normale" (e quindi lo scriviamo con la minuscola), non più "ibrido", perché anch'egli è stato sconsacrato in sintonia col passaggio di Giasone all'età della ragione. Anche Medea non è più la stessa: come il vello d'oro, lontano dalle terre del mito, non è altro che una pelle di caprone, così quella che è stata una maga è ridotta a essere «un vaso pieno di un sapere non mio». Ma a questo punto il dio Sole, padre di suo padre, la sveglia e la incita ad agire come una volta, come resurrezione della potenza della natura contro la ragione, contro la potenza della cultura che l'ha ripudiata insieme ai figli. Seguendo quasi alla lettera alcuni passi celebri della *Dialettica dell'Illuminismo*, il nuovo, laico centauro dice: «ciò che è sacro si conserva accanto alla nuova forma sconsacrata». In questa frase è contenuta quella tesi cosmologica e anche antropologica del rovesciamento della ratio nel suo contrario, territorio percorso proprio da quei miti ora scatenati e incontrollabili, che si erano illusi di sconfiggere e che invece condurranno all'abisso, alla rovina individuale e storica, alla suprema infrazione contro natura.

LE OPPOSIZIONI

A ~ *Pater versus Spiritus*. Il movimento morfologico del film appare legato a precisi segni logici, a veri e propri punti cardinali che ne orientano l'intelaiatura. La prima opposizione binaria è tra il logos e il mito, tra il principio civile e virile che ha il suo centro contemporaneamente a Corinto e a Pisa. L'eredità greca trapassa direttamente nei punti alti della cultura occidentale, la Piazza dei Miracoli: il mondo classico, il rinascimento toscano, la civiltà contemporanea costituiscono altrettante tappe di un medesimo processo storico che trasmette i problemi irrisolti di una civilizzazione sempre sull'orlo di rovesciarsi nel suo contrario. Ciò che muove questo punto alto del logos è il potere, il calcolo, l'utile e per ottenere tali obiettivi è disponibile a passare su tutto: il vello d'oro non è che l'esemplificazione di una razionalità predatoria rispetto allo scopo che riduce il sacro a fatto positivo. A questa perfetta e seducente macchina di conquista, si oppone il mito, la Colchide barbara e asiatica, che Pasolini ha collocato volutamente tra gli scenari trogloditi della Cappadocia, ulteriore conferma di un territorio che è stato sì conquistato, ma non domato, che è presente, testimonianza "cava" dell'impossibilità di eliminare l'irrazionale, le cui macerie sopravvivono come monumenti carsici a un passato che torna ad animarsi. Cunicoli, guglie, pinnacoli, minicanyon. Lì in ogni caprone si esprime la continuità con i riti dionisiaci, si preserva la manifestazione del dio, suo abitacolo e riparo; ma ogni mito sopravvive solo all'interno della sua cultura, dentro un insieme di relazioni che lo vivificano nei modi di pensare, sentire, agire: nel processo di simbolizzazione. Il feticcio agisce solo su chi ci crede: per tutti gli altri è oggetto de-simbolizzato di curiosità, di collezione, di scambio.

B ~ *Filius versus Diabolus*. La prima opposizione si incrocia con un'altra opposizione binaria tra *filius* e *diabolus*. Il primo polo rappresenta il principio di individuazione secondo cui, in quanto eroe, deve compiere una serie di azioni esemplari – come in un rito di iniziazione – prima di diventare a sua volta pater. Ma il Giasone di Pasolini non deve più attraversare il rischio dell'avventura: tutto è come un gioco per il rappresentante della cultura vincente. Quando lo zio rifiuta di cedere il regno usurpato, dopo il ritorno degli Argonauti, il "nostro" eroe se ne disinteressa e cinicamente svela il carattere di feticcio, di inutile feticcio della pelle del caprone. La sua bellezza esotica e sfacciata supera subito le difese di Medea; per il suo interesse personale non esita a sposare Glauce al fine di ereditarne il regno. Contro questo potere si erge uno dei più classici modelli della tragedia: Medea, nipote del Sole, maga potente, capace di entrare nelle segrete essenze delle cose. L'assoluta unilateralità della sua passione amorosa è priva di pensamenti e ripensamenti; la donna dei misteri è subito sedotta e subito complice: segretamente e radicalmente collegata

con lo spiritus del mito quanto Giasone lo è con il logos del pater. È, ovviamente, il personaggio più appassionante del film, colei che per cieco, assoluto amore non esita a uccidere il fratello, del quale sparge le membra al suolo per fermare il padre e ferire la madre. È colei che accompagna nel sonno i figli alla morte "nera", per punire l'altro genitore. Madre e carnefice congiunte nell'insopprimibile desiderio di essiccare ogni discendenza dell'infedele Giasone: è colei che, reinvestita delle sue virtù magiche,

Giuseppe Gentile e Maria Callas, 1969

costringe la rivale al suicidio, seguita dal debole padre. Intorno a Giasone non rimarranno che macerie e terra bruciata: senza più regno, né discendenza, né mogli. La sua fine è taciuta, ma è possibile immaginare ciò che rimane della sua vita come immerso dentro fantasmi che la sua logica virile aveva cinicamente deriso. Lo sguardo di Medea-Callas è qualcosa che nel cinema è raro vedere. Nei suoi occhi di passione, neri e oscuri, dilatati e trasparenti, vi è il piacere di percorrere – con un piano sequenza soggettivo – il corpo nudo e dormiente di Giasone, l'atleta olimpico Giuseppe Gentile, rinvio, forse, a quell'altro di lei amore verso il corpo e l'anima del regista, ma che quest'ultimo le negò sempre.

Questi quattro segni si muovono con perfetta simmetria: l'uno influenza tutti gli altri e viceversa. La griglia semiotica *fake* può dare senso formale a quel complesso calco di mutilazioni arcaiche che Pasolini ha voluto imprimere rielaborando una tragedia ben nota. Il prototipo dell'eroe (ego = Giasone) e del suo antagonista (alter = Medea) si dialettizza in modo incrociato col principio maschile (alto) e quello femminile (basso). Lo schema cerca di rappresentare con un solo sguardo sinottico tutto questo complesso intreccio tra civiltà e barbarie, tra la perfezione architettonica del battistero pisano e l'intrigo cavernoso delle grotte in Cappadocia.

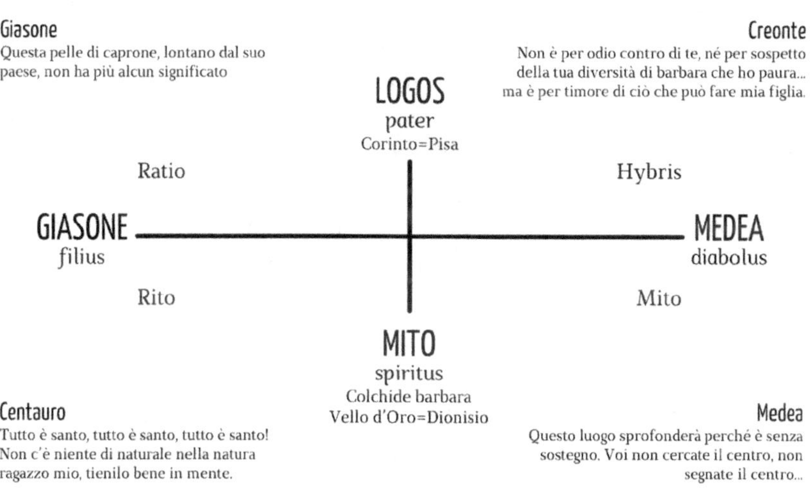

•• Il tema

Infine, in questa terza parte è stato individuato il tema ricorrente, ricordando che nel film si muovono tre doppi. Come è noto, il doppio è un tema centrale della letteratura antropologica, sul quale sono stati prodotti un'infinità di materiali mitologici in quasi tutte le culture.

A ~ Il primo doppio è quello del Centauro, rappresentato come personaggio mitico che vive la sua "doppia" natura umana e animale tutta interna alla sacralità della natura, quando ancora dietro ogni albero si nasconde un dio; invece, il semplice uomo-centauro, senza più la parte equina, produce – in questo differenziarsi, in questo separarsi – la nascita della stessa ragione, per cui la potenza del mito si dissolve in leggenda, si laicizza in "fabula".

B ~ Il secondo è tutto inserito nella straordinaria sequenza del rito: come già detto, il sacrificio del giovane che rappresenta la divinità implica lo smembramento del suo corpo, il suo seppellimento per la futura resurrezione, il suo inghiottimento per assorbirne "eucaristicamente" le virtù divine. Grazie ai poteri del mito e del rito, lo smembramento è premessa di una futura ricomposizione, la frattura ricerca e rinvia a una nuova e più profonda unità, come quella che lega la fertilità genitale a quella agraria e tutte e due al riso. Poco tempo dopo questo sacrificio rituale, Medea, la sacerdotessa, compie un atto uguale e contrario, una sorta di duplicato senza più alcun riferimento al sacro: il fratricidio come scannamento profano, caratterizzato da una bruciante passione d'amore e da una funzionalità rispetto allo scopo. Lo smembramento del corpo fraterno non è finalizzato al seppellimento, alla custodia della terra in attesa del nuovo ciclo di fertilità, ma è gettato sopra la terra, per essere visto, nudo e spezzato, in ogni sua parte. Per questo la pietosa ricomposizione del cadavere è vista come un supremo e quasi inspiegabile orrore, come una morte replicata per ogni sezione di corpo. Non saranno più previsti ritorni di entrambi i figli, dello scannato e della scannatrice. Per questo, nella sequenza finale, si eleva stridulo e agghiacciante l'urlo di dolore materno, "eterno" pianto rituale dell'intero bacino mediterraneo. In conclusione, il fratricidio è una replica razionale del primo sacrificio, ma ormai deprivato di ogni investitura sacrale.

C ~ Nel terzo e ultimo doppio, Pasolini rappresenta la *hybris*, la suprema infrazione delle regole del giusto comportamento, attraverso la duplicazione della morte di Glauce e Creonte, l'una immaginata e l'altra vissuta. Quando Medea riscopre la sua natura solare, la sua potenza di maga, ha la visione di ciò che, nella filologia della tragedia, dovrebbe accadere a Glauce, la promessa sposa. Ma qui il regista svolge un secondo discorso analogo a quello già fatto esprimere da Giasone sul collasso dei simboli: i vestiti che i figli di Medea offrono a Glauce non hanno alcun valore magico, come la pelle del caprone decontestualizzata. Bisogna "simpatizzare" per la magia, per poterne subire i suoi effetti. Mentre ora l'azione si svolge nella terra del logos, anzi, con una geniale invenzione antropologicamente poetica, nel territorio di psiche: la sposa promessa non riesce a sopportare psicologicamente di dover arrecare un così forte dolore a un'altra donna come Medea, che per di più è tanto dolce da inviarle i propri figli con un ricco vestito in dono di nozze. Il nuovo potere del vestito, quindi, non giace più negli artifici magici dell'era mitica, bensì nelle pieghe civili del complesso di colpa. È per rappresentare questa duplicità di potenze in atto che Pasolini raddoppia la morte di Glauce e Creonte – infelice l'una, indeciso l'altro – il cui atto finale da omicidio infuocato diventa il molto più terribile e "moderno" volontario suicidio. Infatti, l'immagine che Glauce non riesce a sopportare è proprio la sua che lo specchio – primario riproduttore di doppi – le rinvia nello splendore del nuovo vestito.

Infine, nei tre doppi è rappresentata la successione delle fasi del film: l'inizio col doppio centauro che si trasforma da esponente ibrido del mito a rappresentante della ratio; il momento centrale che va dalla sacralità dionisiaca del rito allo sconsacrato fratricidio; quello finale in cui la magia arcaica cede il passo alla nuova *hybris* del complesso di colpa. Nel doppio vi è il contenuto e la forma di verità per la dialettica dell'incivilimento e l'immagine finale dello specchio riassume tutto ciò come il vero segno che *riflette* – che *specula* – il passaggio fatale verso la modernità. Da un lato rito-mito-magia e, dall'altro, ratio-delitto-psicologia: in questo rigoroso movimento logico la poesia di Pasolini si fonde con l'antropologia.

Medea: Morfologia antropologica "ipostrutturale"

Tre "doppi":

* Centauro: mitico e desimbolizzato

* Macellazione: sacrificio e fratricidio

* Hybris: morte "magica" e suicidio "psicologico di Glauce e Creonte

6.2 — Edipo Re

○ ● Il sincretismo mitico

Ciò che vorrei sottolineare inizialmente in questo film è il suo ricercare un incontro, una fusione, tra il mezzo filmico, il più classico dei miti greci (e non solo), e la biografia personale; il tutto conduce a "fissare" un tema che ci è molto caro e che in genere continua a essere trascurato (Canevacci 1976): il *complesso di Laio*. L'approccio antropologico a tale questione ha per noi la medesima valenza del rito arcaico descritto in *Medea*: ancora una volta non è possibile rinchiudere Pasolini nella gabbia della pura poesia e intuizione. In lui è sempre facile rintracciare il filo di una ricerca complessa su temi di fondo della nostra cultura, pur sempre mediati dalla sua esperienza biografica. Il tema dell'Edipo, infatti, rinvia alla questione dell'uovo e della gallina trasportato sul padre e sul figlio. Nella genesi della dinamica patologica intrafamiliare è pur certo prioritaria la persecuzione paterna nei confronti del figlio. La bibliografia etnoantropologica sull'argomento è ormai molta e diffusa a livello comparato tra culture molto diverse tra loro (Propp, 1944; Lévi-Strauss, 1969; Devereux, 1973; Fox,1975). È possibile riconsiderare il complesso edipico – dentro di esso, prima e dopo di esso – come il riflesso del terrore di Laio: ed è esattamente quanto fa Pasolini nel suo film incrociando mito e biografia. L'oscuro presagio di Laio concentra la minaccia inconfessata che ogni padre sente da parte di ogni figlio. La crisi fatale di Laio si origina nel pericolo – storico e ciclico a un tempo – che ogni generazione dei padri avverte nei propri confronti a partire dalla stessa nuda presenza di un figlio: la successione nei beni, nel sesso, nella vita. L'apparente insidia da parte della generazione dei figli – di ogni Edipo – e del loro ambivalente rapporto di amore-odio, cela una realtà ben diversa, un terrore angoscioso, profondo, irrazionale che la generazione dei padri prova inconsciamente nei confronti di chi, venendo alla vita, ne preannuncia la caducità e ne mette in discussione i privilegi nella sfera del vissuto. Il complesso di Edipo è il prodotto del terrore autoritario di Laio *negato, capovolto* e *proiettato*.

Come dice una fiaba Zulu: «Si dice che c'era un capo, che generò una quantità di figli. Ma non gli piaceva la nascita di figli maschi perché, diceva, questi, diventati adulti, gli avrebbero tolto il potere» (Propp, 1944: 95).

Allora si compie l'infanticidio nelle forme più varie e crudeli: ai vari Edipo si forano i piedi, si taglia il ventre, si mozza la testa, si trafigge il petto, si castrano – fisicamente o psichicamente – i genitali, fino a imbandirne le carni a tavola. Il mito si dispiega in una persecuzione quasi universale contro il più indifeso degli inermi da parte della famiglia patriarcale e no. Eppure la conclusione è sempre identica: «Edipo, che ha ucciso il padre, è uno scellerato, anche se involontariamente. Mentre il delitto di Laio, che ha cercato di uccidere il figlio, non è mai sentito come un delitto» (p. 97). Su questo giudizio, la cultura dei padri si riunifica senza pregiudizi razziali o di censo.

Tutto ciò è esposto in chiave quasi didattica e comunque esemplare nel film. Già la forma stessa, divisa in tre fasi temporali, con quella centrale propriamente mitica, girata nell'attuale Marocco, dove, come per la Cappadocia, il mito arcaico continua a essere presente; un prologo ambientato nell'Italia monarchico-fascista e un epilogo negli anni Sessanta del cosiddetto "miracolo economico".

Questa costruzione temporale e formale stabilisce una trama che connette l'infanzia di ciascuno (e in particolare quella del regista), con la mutazione storica e i relativi modelli di autorità, e con quel retaggio di memorie arcaiche che deriva dall'incrocio fatale (il trivio per Tebe?) tra istanze bioistintuali e socioculturali (ipostruttura).

Per Pasolini non ci sono dubbi: al senso oceanico di appagamento e di onnipotenza originaria che il bimbo prova durante l'allattamento della madre, egli connette una produzione di senso che durerà per tutta la vita. Per questo abbiamo voluto citare una celebre frase di Karl Kraus – *l'origine è la meta* – che sembra riassumere la tensione conciliatrice di Pasolini. Con la *seduzione del ciclo* si sostiene, in un apparente paradosso, che ciò che l'uomo desidera di più, tanto da essere collocato persino come *il fine* di ogni suo agire, altro non è che la propria *origine*, quando ha potuto "godere" quel senso di benessere totale che faceva coincidere il proprio io col mondo. A tutto ciò, a questo segno materno, corrisponde un segno del tutto contrario di tipo paterno. Ancora una volta la semplice, nuda presenza del bimbo attrae le attenzioni materne distraendole da quelle coniugali e scatenando la competizione del padre-marito. Dice, infatti, Laio sotto le vesti di un ufficiale dell'esercito: «tu sei qui per prendere il mio posto nel mondo, ricacciarmi nel nulla e rubarmi tutto quello che ho. La prima cosa che mi ruberai sarà lei, la donna che io amo. Anzi già mi rubi il suo amore».

La moderna Giocasta, la moglie-madre, non gode più delle attenzioni sessuali del marito, ma è "presa" dal figlio. È il terrore di essere ricacciato nel nulla che spinge Laio ad afferrare i piedi di Edipo e stringerli con forza fino a farli gonfiare. Edipo è infatti "colui che ha i piedi gonfi" (*Oidìpous*), ma, dice Kerényi, ciò nasconde un'origine diversa e più arcaica: nei tempi antichi i Dattili – incontinenti «figli nati dalla terra, la Grande Madre degli dei» (1951:96) – usavano nomi propri come *Oidìphallos*, al posto della perifrasi "dai piedi gonfi", quando si alludeva alle caratteristiche genitali proprie di questi uomini. Per cui l'*Oidìpous* appare una successiva razionalizzazione dell'originario "dal fallo gonfio" che, pur rimosso dal padre, continua a sopravvivere e a riesplodere nel corpo del figlio. Questa considerazione, non solo filologica, tende a rovesciare una delle tesi più accettate dalla psicoanalisi, secondo cui non è tanto il figlio a subire la supremazia fallica del padre, quanto anche il suo contrario: ogni figlio annuncia al proprio padre la legge della sua decadenza inarrestabile, cui corrisponderà una sempre maggiore potenza "megafallica" del primo. Edipo è il portatore di una sessualità nuova e più potente, che è necessario punire o trasfigurare in metafora. La frase di Pasolini citata sopra non poteva esprimere in termini più chiari quello che noi intendiamo per complesso di Laio.

• • Citti *Edipo- La morfologia*

Anche in questo caso l'analisi morfologica del film è divisa in tre parti: la prima articolata nella suddivisione logica delle fasi del film (viaggio-mito-pathos-*hybris*); l'altra fissata nelle opposizioni binarie incrociate; la terza tesa a individuare il tema ricorrente.

A ~ *Viaggio*. Il film inizia con il viaggio che ogni nato affronta in due direzioni tra loro opposte: verso il futuro, ovvero la storia, e verso il passato, cioè il mito. Questa opposizione temporale da divergente diviene convergente all'interno dell'esperienza dell'ego, che è contemporaneamente vitale e cosmica, dove il presente si incrocia col passato prima di produrre il futuro. E il viaggio inizia con un'ombra: quando Giocasta allatta Edipo, producendo la già citata identità io-mondo del narcisismo primario, un oscuro presagio le attraversa il volto, spezzando questa fusione. In esso vi è la percezione che la storia avanza e contemporaneamente che si regredisce verso il mito. L'uomo, ogni uomo, è sempre stretto tra queste due opposizioni. E allora ecco che il padre si veste (o si traveste?) da ufficiale dell'esercito italiano durante il fascismo ed esprime tutto il suo rancore nei confronti della semplice presenza filiale. Vi è una festa al circolo ufficiali: il bimbo è lasciato dai genitori a dormire solo, ma il rumore lo sveglia. Si alza, esce sul balcone e vede i fuochi d'artificio che, esplodendo, illuminano il mondo; ma piange e si dispera. Egli ha sperimentato per la prima volta il suo essere solo al mondo, ha subito l'antagonismo paterno, mentre la fusione che l'amore materno promette si è infranta. Il mondo non è più un insieme di attributi fatti per appagare i suoi bisogni: inizia l'era delle grandi frustrazioni. E del vagare. Nel viaggio, infatti, non c'è solo il piacere, ma anche l'oscura istanza di cercare o, meglio, di ricercare qualcosa che è stato avvertito, ma che non si sa più cosa sia. Per Pasolini il viaggio, e non solo in questo caso, è uno sprofondare nel passato più arcaico, fino ad arrivare nel mito più intatto.

B ~ *Mito*. Le tappe del mito sono ineludibili: al giovane Edipo, che cerca di sfuggire al suo destino e tenta la sorte a ogni bivio coprendosi gli occhi, si presenta sempre e soltanto la stessa scritta, Tebe. Qui lo scontro supremo tra un padre autoritario e quasi sacrale e un figlio iracondo e incontrollato trova come arma parricida una particolare scelta dell'inquadratura: «una lama di luce inonda l'immagine al momento del colpo mortale e crea un'ombra di compassione pur nella barbarie» (Petraglia, 1974:88). È la seconda ombra, anche questa funerea, che appare nel film; sembra quasi che alla macchina da presa sia stata consegnata la chiarezza di un messaggio meta-comunicativo usando un linguaggio visuale puro. In questo controluce girato in forma omicida, come un'arma che cade pesante e implacabile con la forza della metafora, si rappresenta il senso di un'arte parricida, e, in quanto tale, forse salvifica oppure – e sempre più – dannata.

Franco Citti in *Edipo,* 1967

C ~ *Pathos* e *hybris*. La risoluzione dell'enigma della Sfinge e il premio della vedova, la madre Giocasta, si concatenano verso un desiderio espresso in modo inequivocabile. Dice Giocasta al figlio-marito: «perché hai tanta paura di aver fatto l'amore con tua madre... Quanti uomini non hanno mai sognato di fare l'amore con la madre?».

Questa dichiarazione è la risposta alla vera domanda che la Sfinge aveva rivolto a Edipo prima di essere sconfitta e sprofondata nel baratro:

Sfinge: «C'è un enigma nella tua vita. Qual è?»

Edipo: «Non so, non voglio saperlo.»

Sfinge: «È inutile. L'abisso in cui mi spingi è dentro di te.»

La passione di infrangere le regole dell'incesto è incontrollabile altrettanto quanto quella di recidere i legami di sangue. La passione diventa un patire: chi non ha voluto vedere non può che accecarsi. La pena per l'infrazione peccaminosa, ristabilendo l'ordine naturale – in realtà quello supremamente culturale – paga il prezzo della sopravvivenza e ha per premio la conquista della santità. Seguendo Nietzsche – anticipatore del problema di Edipo – potremmo dire che «il solutore dell'enigma della Sfinge Bifronte» si trova dentro la «rigida legge dell'individuazione» (1920:95) e stabilisce una regola precisa: il dominio del soggetto sulla natura si fonda su un'enormità contronatura. Questo mito ricorda che il sapere e la razionalità – su cui si fonda l'individuo moderno – si sono sviluppati cercando di epurare lo spirito dionisiaco. Socrate e Cristo contro Dioniso. «La punta della scienza si rivolta contro il sapiente: la sapienza è un delitto contro natura» (ib.).

Dietro la maschera di Edipo – squarciato il velo di Maia – si cela la faccia ridente e terribile di Dioniso, l'eroe originario, i cui "dolori" erano l'oggetto esclusivo della tragedia. Per questo l'Edipo di Pasolini, investito da un'aura sacrale, può tornare a viaggiare nei secoli col suo flauto panico, fino all'Italia consumista degli anni del boom: a Bologna, rossa e opulenta quanto priva di conflitti. Qui egli attraversa il centro urbano "ricco" di bar pieni di gente; poi una periferia omologata alla cultura dominante, con operai che non sono più classe – antagonista e irriducibile – ma ceto da tempo conquistato; infine arriva a un bosco, lo stesso dove Edipo bambino aveva sperimentato il senso di onnipotenza originaria. La fusione io-mondo, avvertita come gioia dell'indistinto, si rovescia in un ritorno oscuro, in morte. Dice Edipo-Pasolini: «sono giunto. La vita finisce dove comincia».

Finalmente la *hybris* può estinguersi. Nell'ultima frase, il ciclo vince sulla storia. *Il prologo è l'epilogo.*

L'INCROCIO

A ~ *Pater versus Spiritus*. Anche in questo caso, la morfologia del film si adatta bene alla griglia semiotica (*fake*, cioè dicotomica; cfr. schema). Vediamo: il principio di autocrazia paterna, rappresentato dal doppio padre – quello reale e quello mitico – fa scattare il meccanismo persecutorio. Viceversa il principio materno presenta anche qui un duplice afflato di appagamento da ogni bisogno: quello orale della prima infanzia, che stabilisce l'identità io-mondo; quello genitale dell'età adulta, che infrange ogni regola natural-culturale. L'opposizione *pater-spiritus* rispetto al figlio è decisiva per la costituzione della sua personalità e per il conflitto tra storia e mito, tra ragione e istinto.

B ~ *Filius versus Diabolus*. Queste opposizioni si incrociano con le altre due che, questa volta, sono entrambe all'interno del medesimo soggetto, a conferma dell'ipotesi di Nietzsche secondo cui le infrazioni edipiche ruotano intorno alla "rigida legge dell'individuazione". Da un lato, l'Edipo come *ego corinzio*, come *filius* che ha il suo storicamente determinato modello di soggettività, di coscienza e di sapere, che non si arresta di fronte a nulla se non di fronte a se stesso, contro quella parte del sé che era sconosciuta anche a sé medesimo. È un eroe che non è capace di fermarsi dinanzi ad alcun ostacolo, che deve superare ogni prova, che deve vincere anche contro se stesso. Il suo duplice scopo è affermarsi come successore, per vendicarsi del padre, il rappresentante della storia e del potere che ha infranto il suo assoluto piacere originario, e riconquistare la madre e, con essa, il regno. Il *filius* deve cercare di realizzare come può l'infelice compito di subentrare al *pater* nel corso del suo "viaggio". Ma l'opposizione del rappresentante del super-io è tanto più subdola perché quello è di gran lunga più forte da morto che da vivo. In questo senso, il dialogo tra Edipo e la Sfinge ci introduce nella dimensione nascosta dell'ego, nell'inconscio, e dentro l'antagonismo che sta al suo interno. Ecco perché, dall'altro lato, vi è sempre lo stesso Edipo come *es tebano*, come *diabolus* che si allea con i desideri più segreti di tipo materno, pulsioni di natura in conflitto decisivo con quelle leggi di cultura pubblicamente sancite dal principio paterno. Questo Edipo tebano si fa portavoce e rappresentante di ogni tentazione che si origina in *diabolus*, da dove esplode la carica pulsionale, "cieca" ed estrema. Non casualmente la madre-moglie raggiunge l'orgasmo solo quando è invasa da questa carica libidica irresistibile e non nel primo socialmente legittimo amplesso maritale. Il vero piacere sta nella rottura di ogni limite, di ogni legame che impedisce la restaurazione di quell'identità totale e originaria che fuse l'io nascente, l'ego aurorale col tutto materno.

•• IL TEMA RICORRENTE

Anche in questo film il tema ricorrente – quasi un'ossessione o una regola precisa – sembra concentrarsi sul doppio: tutto è replicato due volte. I personaggi del triangolo familiare si replicano – come già detto – in tempi diversi, in cui mito e storia si rincorrono reciprocamente.

A ~ *Laio*. La figura paterna storica è una replica di quella mitica o, meglio, è inserita nel solco del mito. Laio rivive in ogni padre: nei tempi storici come persecutore cosciente nei confronti del figlio, che gli sottrae amore e vita e lo ricaccia nel nulla; nei tempi mitici come figura autocratica emonumentale, destinata fatalmente a scontrarsi col figlio. È forse bene ricordare che Laio, ritenuto dai greci il fondatore dell'omosessualità (Kerényi, 1951), mette in moto la *hybris*, da un lato, violando Crisippo – giovane figlio di Pelope – e ricevendone la maledizione paterna; dall'altro, congiungendosi con Giocasta in stato di ebbrezza, nonostante l'esplicito divieto dell'oracolo che aveva previsto sciagure da un eventuale erede.

B ~ *Giocasta*. Giocasta "raddoppia", da un lato, come immagine di amore donato, pura oblazione sensuale verso il figlio che, per converso, sottrae attenzione e passione al legittimo sposo; dall'altro, come disponibilità maliziosa a sollecitare fantasie erotiche "naturali" al legittimo figlio. Le due ombre che attraversano il suo volto sono entrambe causate dall'irruzione del tempo lineare, che scinde e spiana il tempo ciclico: la prima quando, allattando il figlio, si anticipa la scissione; la seconda quando, ascoltando il racconto del messaggero, si annuncia l'agnizione. Anche le due volte in cui fa l'amore – prima distratta col marito, poi eccitata col figlio – visualizzano senza dubbi che, per Pasolini, l'eros è infrazione delle leggi storico-sociali e restaurazione di un modello di fusione originaria che coincide col principio di identità. L'ontologia "segreta" dell'omosessualità è quella che sceglie e presceglie l'identico, il medesimo, mentre aborre e respinge l'altro, il diverso (Krahl, 1971:131-4). Questo è il nucleo rovente dell'omosessualità che Pasolini sembra voler collocare nel fusionale ruolo materno, che riconduce all'"uno" ciò che deve essere fatto in "due".

C ~ *Edipo.* Edipo, a differenza degli altri due lati del triangolo, si triplica: egli viaggia prima nella Storia dell'Italia fascista, dove subisce la persecuzione paterna, poi sprofonda nel mito, dove può vendicarsi dell'affronto e sposare la madre, infine balza nel presente e ritrovare la pace – solo e cieco – nelle origini materne. Questo Edipo mitico sfonda l'irreversibile linearità del tempo e restaura – come un *trickster* – la potenza del ciclo, ritornando nel medesimo luogo ove si originò il tempo biografico, ricomponendo quella frattura (*chorismos*) che si produsse con la separazione dal seno materno. E proprio in ciò il film è filologicamente ortodosso nonostante le molte innovazioni: l'Edipo di Pasolini rivive il dramma di perseguire razionalmente ciò che non può che condurre verso l'abisso e di godere passionalmente ciò che innalza verso l'unità originaria.

Anche in questo caso, come in *Medea*, il tempo raddoppiato scandisce la successione delle tre fasi del film, in cui storia e mito, biografia e tragedia, ragione e passione si inseguono e si rovesciano le une negli altri.

Edipo: Morfologia antropologica "ipostrutturale"

Tre "doppi":

* Laio: *pater* mitico e storico

* Giocasta: *mater* mitica e storica

* Edipo: *filius* mitico e storico

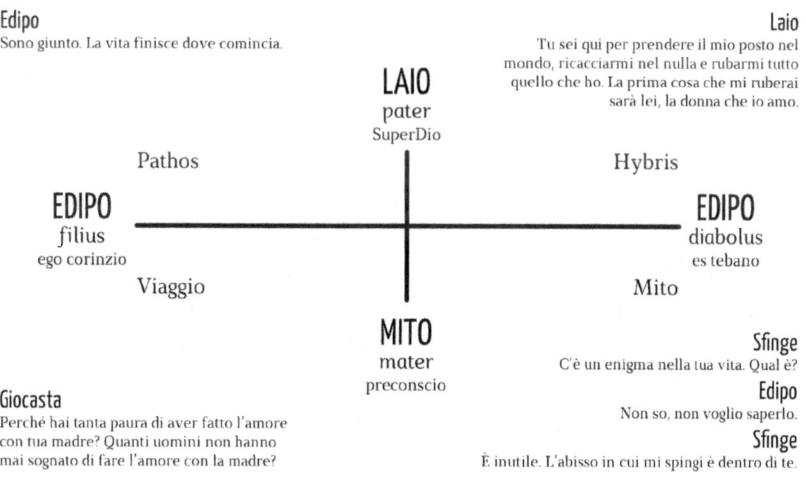

6.3 — Comparazione

Il momento finale proposto dalla nostra metodologia applicata ai due film consiste nel rielaborare il punto di vista visuale di Pier Paolo Pasolini con un classico metodo dell'antropologia: la comparazione. Nel concetto di *fake* includo sia la visione poetica oltre la dicotomia falso-vero, così come Orson Welles la presentò nel suo *F for Fake*, sia l'impostazione mitica di Pasolini che sta dentro quella stessa dicotomia. In questa prospettiva, ora vorrei collocare su un medesimo piano Edipo e Medea, unificando sia i segni emersi come significanti in modo rigorosamente qualitativo, sia lemmi scelti come significativi, per far emergere un unico modello sincronico (cfr. schema). Nel produrre questa fusione, si deve partire dai modelli parziali, risultanti dall'analisi dei singoli film e che si basano sulle quattro opposizioni incrociate. In questa opera di sovrapposizione si delineano due zone piene di senso: la prima – di tipo "rovente" interna all'incrocio – è collocabile nel punto centrale del quadro, sul quale convergono tutte e quattro le forze anzidette; la seconda – di tipo "congelante" ed esterna – fissa, blocca le divergenze in concetti conclusivi che attraversano l'intero rapporto autore-opere-vita.

Le convergenze producono lo sdoppiamento dell'autore in un duplice senso:

• dal lato orizzontale, i due personaggi tra loro antagonisti (*filius* e *diabolus*) emergono come un suo doppio, che cerca di conciliare in modo sincretico il maschile e il femminile;

• dal lato verticale, i due personaggi di *pater* e *mater* configurano un'alterità visionaria tra cultura e natura su cui egli, che sarebbe obbligato a scegliere nei processi di identificazione, viceversa è destinato a rompersi – a fratturarsi – in modo chiaramente discriminativo.

La passione dell'autore è il risultato della pressione esercitata da tutti e quattro i personaggi. In particolare, i due personaggi "orizzontali" risultano conciliabili e cumulativi. Edipo come *filius* riassume in sé anche le valenze di Giasone: egli si rivela un involontario attore contronatura per eccesso di razionalità; mentre Medea come *diabolus* assorbe in sé la scissione edipica, il suo es desiderante e incontrollato, privo di codici normativi dominanti: ella si rivela una "connaturata" attrice *controcultura* per eccesso di istintività appassionata.

In questo incrocio segnato da Edipo-Medea (nuovo ibrido filmico, ereditato e rivendicato direttamente dal mito) converge l'identità di Pasolini, contribuendo in ciò a chiarire la sua predisposizione verso ogni scandalo estremo, verso ogni violazione esagerata. Tutti i codici familistici più sacri sono infranti: parricidio, incesto, fratricidio, infanticidio: com'è facile notare, solo la relazione materna non è contrassegnata dal matricidio, ma dal suo contrario, il rapporto amoroso.

Seguendo l'altro verso, i due personaggi "verticali" risultano antagonisti e discriminativi, ed entrambi convergono dall'alto e dal basso verso l'autore. Dall'alto, il principio di autorità informa di antagonismo la storia del mondo paterno. È la sfera della cultura come civilizzazione, come potere tecnico-scientifico – come logos – cui si deve (o dovrebbe) uniformare l'eroe-*filius*, cioè ogni ego nascente. Quel mondo greco, che ha realizzato questo modello di razionalità, è stato ereditato e sviluppato dalla moderna cultura occidentale (Pisa e il rinascimento, Bologna e il boom).

Dal basso si innalza impetuoso il principio del piacere, che diffonde la prima indimenticabile esperienza legata al senso oceanico, all'erotismo appassionato, polimorfo e funebre. In esso si alimentano sia le infrazioni di Giocasta, sia la ninna nanna che Medea in quanto *mater* rivolge ai figli prima di addormentarli per sempre. È la terra sconfinata del mito, dell'irragionevolezza come territorio specifico di una natura che non tollera controlli, mappe, confini. Quel mondo tellurico, dionisiaco, che risorge a ogni generazione con il ciclo come suo segno, ha una matrice barbara che sopravvive in alcune zone contemporanee (l'interno della Turchia e del Marocco).

Nella sfera esterna, al di là delle divergenze, si realizza un compattamento oggettivo che è caratteristico della forma-famiglia in quanto tale e che è, in ultima analisi, il risultato sinergico delle sue varie quanto indivisibili componenti. L'insieme di queste dinamiche sviluppa un *accerchiamento paterno* che ha per fondazione la cultura e un *addormentamento materno* che ha per fondamento la natura. Queste pressioni, rivolte verso il soggetto-autore, producono una duplice distruttività convergente e una perversa alleanza basata su una distruttività necrofila per troppo odio paterno e una distruttività biofila per troppo amore materno. Entrambe queste pressioni parentali sono caratterizzate dall'eccesso, dal trasbordare oltre i limiti "civili" della normalità; e proprio per questo esprimono una verità profonda e inconfessabile.

Secondo la stessa metodologia esplicitata da Pasolini, «gli archetipi linguistici degli im-segni sono le immagini della memoria e del sogno, ossia immagini di comunicazione con se stessi» (1972:177). Ma proprio in questo modo la sua «tendenza espressivamente soggettivo-lirica» si rovescia in una sintesi razionale. La sua «soggettiva libera indiretta» svincola le possibilità espressive e scientifiche del mezzo, «in una specie di ritorno alle origini: fino a ritrovare nei mezzi tecnici del cinema l'originaria qualità onirica, barbarica, irregolare, aggressiva, visionaria» (p. 183). E proprio in questo il suo cinema coincide con il metodo antropologico. Il cinema è finzione, fiction: ma, ricorda Geertz, ciò caratterizza anche gli scritti antropologici, che sono quindi finzioni, finzioni nel senso che sono «qualcosa di fabbricato», e di costruito – il significato originario di fiction – non che sono false, irreali o semplicemente ipotesi pensate «come se» (1973:53).

È in tale processo che la fiction di Pasolini si fa *cinema sincretico*, si sincretizza con l'antropologia culturale. In conclusione, da tale passione e pressione quaternaria, è possibile delineare il senso dell'opera di Pasolini, della sua razionalità e della sua poesia, della sua filologia e della sua fantasia, che lo stesso ha definito un «alibi narrativo». I miti di Edipo e Medea, così come sono stati rappresentati, rientrano nella configurazione antropologica del doppio. Da un lato i movimenti materni dal basso (tellurici) configurano la perfezione originaria del *senso oceanico*: tutto il mondo è *per me*, a mia disposizione, e la Madre è la grande mediatrice naturale che impedisce la frattura tra l'io e il mondo,

Schema: Morfologia antropologica

tra soggetto e oggetto. Mentre i movimenti paterni dall'alto (uranici) configurano l'angoscia storica dell'*era delle grandi frustrazioni*: il mondo è *altro da me*, diverso e ostile, e il padre favorisce la scissione con un accerchiamento dinamico del soggetto nascente attraverso la cultura.

E così Pier Paolo Pasolini patisce con questi due film tre tormenti:

• una *distruttività parentale*, per troppo amore e per troppo odio, per eccesso di *pater* e per eccesso di *mater*;

• una *fusionalità genitale*, unificando in sé la figura maschile di Edipo con quella femminile di Medea;

• una *conciliazione etica*, sincretizzando *filius* con *diabolus*, il bene e il male, all'interno della propria unica, irripetibile identità.

James Woods (Max Renn) e Deborah Harry (Nicki Brand) in *Videodrome*,
di David Cronemberg, 1983

7

L'ibrido incorporato in Cronemberg

Max: Non succede mai qualcosa di porno?
Masha: È tutto porno.
(Cronenberg, *Videodrome*, 1984)

LA SEQUENZA

Uno studio televisivo normale, in attesa di iniziare un dibattito sulla pornografia, la violenza e le responsabilità del mezzo televisivo. Max, direttore di Canale 83 che manda in onda video violenti e porno, sta seduto su una poltrona, accavalla le gambe e si accende una sigaretta, dicendo qualcosa di circostanza sull'emozione che lo prende sempre nei dibattiti. Poi si volta per offrire una sigaretta alla sua interlocutrice. Sempre in piano sequenza, la macchina da presa si sposta alla ricerca della persona fino a inquadrare la televisione di scena dove una bella donna vestita di rosso si volta verso di lui e dice: «no, grazie». Un successivo stacco di montaggio mostrerà il set dove la donna vestita di rosso – Nicky – sta a fianco di Max e della conduttrice.

La sequenza dura poco più di quindici secondi, ma nella sua sintassi e nella sua, per così dire, antropologia visuale marca una pietra miliare. Segna un passaggio da un tipo di sentire il cinema ad altre forme della comunicazione visuale. Il mezzo è ancora lo stesso – il cinema, appunto – ma esso spinge verso qualcosa di totalmente altro. La donna in rosso rinchiusa nello schermo televisivo si "fa vedere" secondo un nuovo canone percettivo che sottintende o sollecita una diversa capacità di decodifica. La sequenza segnala che la sua è una presenza essenzialmente visuale prima che reale. Il reale, se sopravvive, arriva dopo. Il film è stato girato nel 1983 da un regista canadese, David Cronenberg[1]. Si chiama emblematicamente, quanto sibillinamente, *Videodrome*.

Dalla scena iniziale appena descritta si avverte che il regista sta esplorando un modulo narrativo del tutto nuovo. Una semiotica filmica in cui i limiti (o i fili) tra i codici realisti e i codici visuali tendono a confondersi e, di conseguenza, a dislocare le abitudini percettive dello spettatore. Ed è il primo a farlo, con un forte anticipo su un processo che si diffonderà con forza solo negli anni Novanta: quel gioco di interfacce fluide tra realtà e finzione che si chiama realtà virtuale.

Tutto il film è un vero e proprio saggio sui mutamenti antropologici determinati dalla pervasività dei media, in particolare nello spazio visuale del desiderio: quell'intreccio irrefrenabile tra TV e porno come fonte di modifiche profonde – in gran parte ancora inesplorate – nelle coscienze e nei comportamenti.

Il suo tema generale, che continuerà anche nei film successivi, riguarda gli stati alterati di coscienza e come essi vengono incorporati, diffondendo il tema del doppio. In un certo senso, proprio attraverso l'ambiguità del doppio, si può accostare Cronenberg a un regista così diverso come Pasolini poiché, da un punto di vista del suo linguaggio, il canadese si trova a miglia di distanza dall'italiano. Eppure, nonostante le differenze, il tema del doppio li unisce, oltre a una certa fascinazione per l'irregolare, per lo scandaloso e persino per l'omosessuale[2]. Questi stati alterati si riferiscono alla coscienza solo perché ci concentrano sul corpo. È dal corpo che parte l'alterazione sulla base di tecniche ritualmente collaudate. Fino al "videodrome".

Ma sta nel linguaggio visuale espresso da Cronenberg il vero senso dell'innovazione. Nella sua antropologia della comunicazione, a partire da questo breve piano sequenza – segno di una nuova cultura visuale che il regista riesce non solo a cogliere in anticipo, ma anche, almeno in parte, a costruire – il rapporto tra arredo urbano, dialogo tra persone, sistema percettivo, immagini-TV si mescola. Ciascuno di essi si innesta in tutti gli altri. È la persona-TV che diventa soggetto. Un farsi vedere presente tanto quanto una persona-corpo. In essa si anticipa tutto quanto sta per accadere a Max, il disincantato eroe di un network senza scrupoli.

Questo film anticipa una tendenza nella comunicazione visuale i cui risultati finali sono del tutto aperti: e sui quali si deciderà gran parte del senso da dare al nostro essere al mondo.

Per questo, *Videodrome* è un vero e proprio testo antropologico e come tale verrà trattato. Come cioè una fiction che plasma e modella con un decennio di anticipo i nostri modi di pensare e sentire. Una finzione che fa cultura. Con questo film la comunicazione visuale, nel suo significato più pervasivo e complesso, penetra letteralmente dentro i nostri corpi. *Videodrome* è un prodotto visuale ibrido, come quegli incroci tra esseri-umani ed esseri-video che mette in scena. *Videodrome* è un saggio sugli stati alterati del corpo e sulla mobilità fascinosa del piacere. *Videodrome* è *un videoscape*.

Il film è scomponibile in quattro piani – tra loro incrociati come nella griglia applicata a Pasolini – tanti quanti i personaggi principali:

- Max, l'eroe-direttore di Canale 83; come *Filius*;
- Nicky, l'"amica migliore" di Radio 101: come *Mater*;
- O'Blivion, l'apostolo della Cathod Ray Mission: come *Spiritus*;
- Barry Convex, padrone della Spectacular Optical: come *Diabolus*;

Com'è evidente, tutti i personaggi ruotano intorno ai media: sono come rappresentanti tipologici dei vari media. Non si esiste se non si esercita un medium. Se non si "è" un medium. Tutto si muove, confligge, si attrae tra un canale-TV, una radio, una chiesa catodica e un'ottica spettacolare.

NICKY: RADIO 101

Dopo l'offerta della sigaretta nella memorabile sequenza appena descritta, Nicky – diva della radio che rappresenta il "partito moralista" – confessa di «essere costretta a vivere in uno stato di eccitazione anormale», ed è subito invitata a cena in diretta da Max. Qualche giorno dopo i due sono a casa di Max e lei chiede di vedere qualcosa di porno. Lui risponde di avere solo qualcosa su torture, omicidi, roba che «non c'entra col sesso». Ma Nicky risponde: «Lo dici tu...»[3].

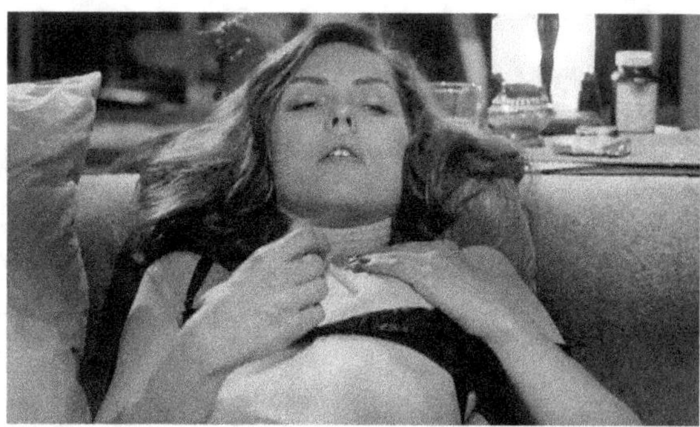

Deborah Harry in *Videodrome*

Nicky comincia a intrigare il proprietario di Canale 83 in una relazione sadomasochista sempre più dura. Prima si fa infilare spilli nelle orecchie. Poi, guardandolo fisso, si accende una sigaretta e se la colloca nel seno, bruciandolo. Infine allunga la sigaretta fumante a Max che, inorridito e sedotto a un tempo, tenta di rifiutarla. Ma cede e quando il naso incrocia il fumo della sigaretta vi sente l'odore della carne di lei: bruciata. Forse dopo la fumerà.

Dopo aver visto le scene-pirata di tortura, lei vuole sapere da dove vengono: è lì che vuole andare. Ciò induce a modificare lo stato di coscienza di lui. In una di queste crisi, seduto a casa sua, Max vede una donna incappucciata in TV: è Nicky che dice, suadente come in una chat line, dopo essere stata frustata: «vogliamo te, Max. Vieni, vieni da Nicky, non mi far aspettare, ti prego». Il corpo di Nicky si è trasformato in un *visus*: tutto il suo viso coincide con la visuale dello schermo. Ma non solo: comincia come a fuoriuscire, a dilatarsi, a espandersi. Lo stesso mobile TV si muove, sospira, mostra vene gonfie di desiderio al tocco della mano di Max. Ora sono inquadrate solo le labbra di Nicky che lo invitano a entrare da lei. Dentro di lei. E Max si piega, mette il viso di fronte allo schermo TV e a poco a poco entra con la testa dentro quelle labbra aperte.

Nicky prosegue il suo viaggio verso la morte. Che sarà filmata e mostrata in video a Max. Ma Nicky continua a vivere nelle videoregistrazioni e/o nelle videoallucinazioni crescenti di Max. Nella scena finale, che interpreteremo dopo, è il viso di Nicky che ricompare per sollecitarlo verso la resurrezione della videocarne.

Nicky lavora come voce amica a una radio; la scena dell'incontro con Max presenta tutto il lavoro in studio come basato su una totale ipocrisia verso gli ascoltatori. Una donna piange per telefono e Nicky le risponde affabile e indifferente, ammiccando a Max. Tutto è falso e vero nei media.

Nicky non è vittima né carnefice. È un lento fluire verso la morte-TV. È adesione visiva alla vita come tortura e alla morte come liberazione dalla vita. Non è né Justine né Juliette. Bene e male non hanno più senso, se non per casuali opportunità lavorative. Sade è morto. Ciò che gli succede è uno stato di freddezza che si scalda solo se si incorpora nel circuito neuronale e animato dei media. Nicky impalpabile e inafferrabile: è l'*odore visuale* della sua carne bruciata. Carne sublimata in fumo che si innalza verso la disgregazione. «Eccoci arrivati dove dovevamo arrivare», dirà alla fine a Max.

È una Medea-senza-terra, deterritorializzata e infine scorporata, trasformata in *videoscape*, panorama erotico-elettronico. Senza origine, senza centro, né ascendenze magiche o figli tragici. Nicky è natura snaturata. È videonatura come unica condizione di un esistere che può godere solo dentro la sua fine. E una video-*mater*, una visus-*mater*. Lei compare per la prima volta in video (senza ancora il corpo), per rifiutare la sigaretta – e per l'ultima (senza più corpo) per spingere Max a rifiutare la vita. Dall'inizio alla fine è desiderio e annullamento del desiderio. Una bocca catodica.

O'BLIVION: CATHODIC RAY MISSION

Sempre nel citato primo dibattito sull'uso della violenza era presente anche un terzo invitato: O'Blivion, annunciato come l'apostolo dei media. Solo che O'Blivion – alias "oblìo" – è presente unicamente in modo virtuale, cioè in video: tutto il suo intervento è stato registrato prima, ma è come se fosse in diretta. Il suo è un intervento tra il sociologo delle comunicazioni e il predicatore: «lo schermo televisivo – dice – è l'unico vero occhio della mente umana. O'Blivion non è il mio vero nome, ma un nome-TV. Nient'altro. Presto tutti avranno nomi-TV speciali, nomi studiati con cura».

All'ingresso della sua chiesa dal nome insolito – la Cathodic Ray Mission – ci sono in fila solo barboni, tanti *homeless*. All'interno del vasto salone, Max scopre tanti separé in cui questi relitti della metropoli stanno seduti a vedere la TV. Forse programmi loschi. La chiesa catodica li sta curando, dice la figlia di O'Blivion, «da una malattia per insufficiente uso della televisione. Guardare la TV aiuta a sentirsi parte della Grande Tavolozza del mondo». Max entra nello studio di O'Blivion. È una raccolta quasi barocca di oggetti d'arte e di divinità provenienti da tutte le parti del mondo. Nessun angolo della sala è vuoto. Tutto è ridondante. Tutto è un'inflazione di simboli morti. Di fronte alla scrivania c'è una telecamera sul treppiede. «Mio padre rifiuta di conversare con chiunque da almeno vent'anni. Solo il monologo è il discorso che sa fare».

A un certo punto, O'Blivion scoprì di essere malato, di avere un tumore che gli dava allucinazioni. Poi scoprì che era vero il contrario. Non era il tumore a creare le visioni. Erano «le visioni che diventavano carne, tanta carne che continuava a crescere. E quando mi rimossero il tumore, lo chiamarono… VIDEODROME. Io sono stato il primo caso di *videodrome*, la prima vittima».

Quando la figlia decide di presentarlo a Max, lo fa entrare in una stanza piena di scaffali pieni di cassette VCR: «Questo è lui... mio padre».

La sensazione è di entrare in quelle chiese shintoiste dove le ceneri degli antenati sono conservate nelle urne. Le urne attuali – o del futuro – sono le videocassette. In esse possiamo contenere, anziché le nostre ceneri, i nostri discorsi – i nostri monologhi – da consegnare a memoria futura. E i nostri eredi potranno catalogare queste nostre presenze "immortali" e mandarle in onda, selezionando il discorso più adatto per l'occasione *come se fosse in diretta*. Tutto è morto e vivo nello stesso tempo.

Le chiese catodiche sono una realtà molto più presente di quanto si possa ritenere. La grande offensiva delle chiese protestanti, specie evangeliche, nel Brasile o negli USA, deriva dall'uso massiccio e sapiente delle TV e delle prediche-TV. Le loro strategie retoriche sembrano ricalcare quelle di "padre" O'Blivion: la consapevolezza statistica che qualsiasi predica-TV conquisterà una parte dell'audience. Con certezza. Si tratta solo di percentuali. Se si aumentano le frequenze aumentano i fedeli-TV[4].

Anche O'Blivion, come Nicky, è strangolato in diretta da "qualcuno". Da *Videodrome*.

O'Blivion è un puro visus-TV. La sua immortalità deriva dal suo essersi preregistrato in una quantità inesauribile di cassette. O'Blivion, che oscilla tra Mc Luhan e padre Jones, sfugge all'oblio con le sue cassette viventi. La sua è una presenza del tutto spirituale. È *Spiritus*. Il cui logos è immortale come le sue videoregistrazioni. In lui l'autorità spirituale convive con i simboli morti di tutte le religioni dell'umanità: proprio perché la Cathodic Mission le riassume tutte. O'Blivion è la sintesi visuale di ogni autorità-TV. Un vero eccesso di bene.

Barry Convex: Spectacular Optical

Queste videoalterazioni sono volute. Non casuali. E Max risale all'origine di tali visioni, attraverso il suo interesse per le scene di tortura emesse da quello che sembra un network pirata e che poi si scopre essere proprio il cuore di *videodrome*. Un cuore *visuale* di tenebra. Nel corso di questa sua ricerca, Max ha incontrato Masha, una donna anziana e libertina che lo avverte: «Videodrome ha qualcosa di così perverso che tu non hai. Ha una sua filosofia...».

Videodrome è come l'AIDS: una sindrome di immunodeficienza. Solo l'origine è diversa: non sessuale, bensì visuale. E i sintomi sono più simili di quanto si possa immaginare: producono allucinazioni. Qui si dispiega tutta la visione antropologica del regista, per mezzo dell'idea di una mutazione che incorpora letteralmente il video. Abbiamo già visto che Max entra nella bocca-TV di Nicky. Il passaggio successivo sarà l'opposto: farsi video e incorporare le cassette, incorporare i messaggi, "in-vedere" le videoregistrazioni. In una scena memorabile, lo stomaco di Max si apre in verticale, come una grande vagina, ed è penetrato da una cassetta che gli viene spinta dentro da Convex. «Cos'è del resto la nostra realtà – dice quest'ultimo – se non la percezione della realtà?"» E questa percezione deve essere cambiata incorporando le cassette, facendo delle cassette *carne*.

Convex, che ha una copertura dentro un singolare negozio di oculistica, *Spectacular Optical*, cita Lorenzo il Magnifico per dire che l'occhio è la vera mente dell'uomo. La sua associazione segreta – che diffonde la "sindrome da video" – si basa sull'assunto di un'America che starebbe per diventare troppo debole, per cui «dobbiamo prepararci a essere forti per sopravvivere». E Max è stato scelto per questo qualcosa di nuovo: «noi vogliamo che lei si apra, si apra davanti a me. C'è una cassetta che voglio farle vedere», dice allusivo Convex[5].

Il suo scopo è di impossessarsi del network di Max, di Canale 83. A tal fine, l'ordine di questo vero e proprio agente del male – di questa variante di *Diabolus* – è di uccidere: e Max obbedisce. Va nel suo ufficio e spara a tre membri del consiglio di amministrazione con la sua pistola-protesi.

Questa Spectacular Optical si presenta come una vera e propria organizzazione terroristica clandestina che usa i livelli estremi della videotortura per infettare i cervelli e produrre videotumori cerebrali.

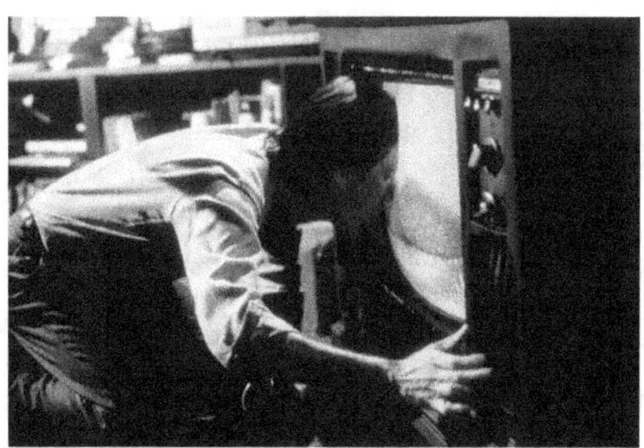

Videodrome, 1983

Perché «segnali massicci di *videodrome* contribuiscono alla crescita del cervello», dice Convex.

Nel suo negozio compare una scritta dal contenuto sinistro: «keeping an eye on the world». Il mondo controllato da un unico occhio, quello di *videodrome*. La sua società già produce occhiali deformanti per il terzo mondo e sistemi guida per missili NATO. Con *videodrome* si passa a sistemi di allucinazione programmata.

In Convex – e nelle sue spettacolarizzazioni ottiche – si concentra l'essenza del male, l'escrescenza del male che, con le sue mutazioni interconnesse alle sue visioni, potrà produrre stati alterati del corpo, alterazioni cerebrali atte a restaurare la purezza nazionale degli USA. Ma Convex non è la TV in quanto tale, sembra dirci Cronenberg. È uno dei racconti possibili della TV-di-carne. Convex è l'anti-Cartesio: la *res cogitans*, la capacità della ragione, incorporata nelle mutazioni indotte dentro la *res extensa*, dentro una natura totalmente visuale. Un megavideoscape.

Ma anche quello che sembra il "corpo" di Convex morirà, per gli spari di Max, in un'infinità di parti scheggiate, come avesse un mostro interno, un essere non del tutto vivo o mai del tutto nato. Un corpo catodico. La sua è l'eterna fine del male, esorcizzata infinite volte dal cinema: solo che il suo antagonista non è più il bene. È solo Max.

• • Max: Canale 83

Eccolo, dunque, l'eroe del *videodrome*, che corre come su una biga impazzita lungo le autostrade visuali eccitate da messaggi sempre più duri. La sua sveglia programmata da una segreteria che si inserisce direttamente nella TV: la Civic-TV: «il canale che vi porta a letto». Il suo programma di lavoro è ordinato e nevrotico come la pelle del suo attore – James Wood – che si muove in modo impercettibile quanto catastrofico per il suo possessore. Una pelle televisiva. Max al lavoro contratta l'acquisto di un porno giapponese, di cui si colgono alcuni spezzoni molto (troppo) raffinati. Poi si insinua nella trappola del *videodrome*, dove persone normali – forse consenzienti o che «se la godono» – sono torturate. Cominciano le sue videoallucinazioni, accompagnate da penetrazioni inizialmente solo mentali di cassette viventi.

In realtà, lo stato alterato della coscienza è in primo luogo un'alterazione del corpo che "patisce" una sorta di mutazione percettiva e sensoriale.

I sensi si fanno gradualmente sensori. L'alterazione è un'allucinazione
e ogni allucinazione è un programma inserito. «We're in record», dice
ambiguamente Laurie Anderson nel suo straordinario album *Bright
Red*. Ciò va inteso non nel senso che "stiamo registrando", bensì che
stiamo dentro la registrazione. Stiamo nella memoria della telecamera
o del videoregistratore. Noi siamo la memoria del videoregistratore: il
videoregistratore è la nostra memoria.

L'alterazione è data da una trama-che-connette lo schermo televisivo,
la cassetta e la carne dello spettatore. La possessione si trasforma in
videopossessione. La coscienza viene trascinata dall'alterazione che il
corpo – come vista, come mente, come stomaco – subisce. Il termine più
corretto dovrebbe essere "patisce", nel senso che il *patire* del soggetto
sotto videodrome è nello stesso tempo un desiderare e un soffrire. Max è
un eroe: è l'eroe; ripercorriamo il viaggio del suo corpo. Perché Max "è" il
suo corpo. E nel suo corpo prolifera il VCR.

All'inizio Max si presenta come un cinico affarista televisivo che,
svegliato dalla Civic-TV, inzuppa i resti di una pizza serale nel caffè
mattutino sbirciando foto hard. Pur essendo alla ricerca per motivi
professionali di nuovi generi porno («quello che a noi manca è qualcosa
di forte: che spacchi» dice dopo aver bocciato un film giapponese
troppo raffinato), viene via via risucchiato dal gioco intrigante e oscuro
delle perversioni sadomaso, di cui si fa cultrice l'insospettabile Nicky.
È lei che lo spinge oltre i limiti: prima presentandosi con l'abito rosso
nella discussione televisiva, poi chiedendo qualcosa di forte a casa sua,
infine sollecitando pratiche sadiche da parte di Max sopra il suo corpo.
Da quel momento – in un paradossale gioco di rovescio – è il corpo di
Nicky che diviene incontrollabile da parte di Max: un corpo-TV, dalle
grandi labbra coincidenti con lo schermo, che si aprono, iniziano come
a fuoriuscire e a richiederlo "dentro". La testa-fallo di Max è inghiottita
da queste grandi labbra di Nicky.

Ogni ulteriore tappa del viaggio di Max è accompagnata da uno
sprofondare lungo i canali perversi della videocomunicazione. Una volta
alterato lo stato del suo corpo e allucinate le sue percezioni, Max non ha
più freni. Il suo corpo si apre: al centro dello stomaco appare una sorta
di cicatrice che si apre come una grande vagina. La cassetta lo penetra
e si perde tra le viscere. Max è come posseduto. Il suo corpo diventa un
videoregistratore. È un VCR. Le immagini non sono più solamente viste,

quanto "sentite": incorporate. Le immagini del videodrome scorrono dentro il suo corpo. «We are in record». Come una droga. Max può vivere il film che gli è stato somministrato. Lui "è" il film registrato. La cassetta si muove, sospira, diventa pezzi di carne. La cassetta è sessuata. La cassetta è fallica e desidera il centro del corpo di Max, dove si apre quella cicatrice-vagina che inghiotte tutto. È questa alterazione del corpo che sconvolge Max e lo spinge a cercare la verità: così scopre il reliquiario di O'Blivion, conservato dalla figlia nella sua missione "Cathod Ray", un reliquiario di cassette preregistrate e pronte ad andare in onda per l'eternità. Il missionario – "apostolo dei media" – credeva infatti che le nuove tecnologie «avrebbero portato l'umanità a vivere meglio».

Ma il vero nemico di Max sembra essere un altro: l'inventore di *videodrome*. È un certo Barry Convex che usa il suo negozio di occhiali come copertura per un movimento politico-TV che vuole ristabilire l'ordine nella nazione. Il negozio di ottica diventa così una grande metafora della supremazia dello sguardo: chi controlla lo sguardo – gli occhi, gli occhiali, l'ottica – controlla tutto. La campagna pubblicitaria di Convex trasforma in slogan una frase attribuita a Lorenzo de' Medici: «l'amore ci entra dagli occhi». Solo che ora lo scopo della Spectacular Optical non è quello di far entrare l'amore: ma il *videodrome*. E il *videodrome* «ha qualcosa di così perverso – dice Masha a Max – che tu non hai. Ha una sua filosofia». Questa filosofia politico-comunicativa tende ad alterare la carne in cui cadono le visioni, a farla crescere fino a farla diventare un tumore. «E quando rimossero il tumore lo chiamarono *videodrome*». *Videodrome* morde. *Videodrome* significa torture, omicidi, mutilazioni. *Videodrome* è come un circo o un'arena: il luogo spettacolare in cui si svolge il massacro. Dove gli attori sono anche le vittime. E nessuno è più spettatore. *Videodrome* è la morte in diretta. È la morte resa video e fatta incorporare dal soggetto. E così questo soggetto si trasforma da vittima in carnefice di se stesso.

Max sperimenta con anticipo la realtà virtuale. Cronenberg gli fa indossare un casco luminoso, che acquisisce le venature del cervello. Esso registra le sue perversioni. O forse vi immette le perversioni di *videodrome*. Ormai siamo a un gioco di specchi infiniti, in cui ogni lato è un'interfaccia dell'altro e non ha più senso domandarsi dove si origina la nuova sindrome visuale. Infatti Max appare come uno che sta frustando un apparecchio video. Dentro il quale è rinchiusa l'immagine di Nicky.

Prima debolmente e titubante, poi sempre più convinto e violento, Max inizia a frustare la TV-Nicky.

Max è ormai in potere di Convex: penetrandolo con le cassette, questi gli fa uccidere i suoi soci di Canale 83. Il suo corpo muta nuovamente: la pistola, che prima aveva creduto di smarrire dentro il suo stomaco, ora riemerge attaccata alla sua mano. È un grumo di materia organica dalle cui estremità si allungano come uncini di ferro che gli entrano fin dentro il braccio. Max ora "è" la pistola. Il suo corpo è una protesi di un'arma videodiretta che uccide. Ma quando cerca di uccidere anche la figlia di O'Blivion, questa lo ferma con altre immagini-TV di Nicky: strangolata da quelli di *videodrome*. Da questo momento, Max sembra ribellarsi a *videodrome* in quanto seguace dell'"apostolo dei media"[6]. Al grido di «morte a *videodrome*. Viva la nuova carne», uccide Convex e si reca in un posto abbandonato sul molo di Toronto (la città del regista). Qui ricompare l'immagine di Nicky in TV. Il suo è un discorso finale: «la morte non è la fine di tutto», dice. La sua presenza-TV attesta il suo essere divino e immortale: è lì che Max la deve raggiungere compiendo l'ultima azione.

La scena finale è emblematica per quello che sarà il destino di Max (e forse non solo di lui): dallo stesso schermo dove aveva parlato Nicky, Max osserva se stesso preregistrato (un Max-VCR) che si spara. Lo schermo esplode facendo volare pezzi sanguinolenti di carne umana (o videocarne). Dopo aver visto la scena, Max replica esattamente lo stesso gesto. E nello stesso istante in cui preme il grilletto, lo schermo del cinema (o della cassetta VCR o di Max) si spegne. Alla morte corrisponde la fine del programma TV. O del film. Dopo la cessazione della vita subentra uno stato identico a quello di un canale morto.

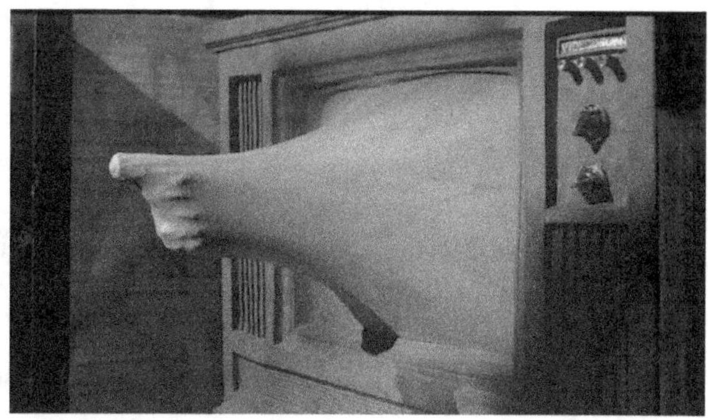

Videodrome, 1983

La grande metafora finale, quindi, sarà esattamente quella da cui partirà il più grande romanzo del genere cyberpunk (*Neuromancer* dell'altro canadese William Gibson) un paio di anni dopo: «il cielo sopra il porto aveva il colore della televisione sintonizzata su un canale morto» (1986: 3)[7]. Ora Max è un canale morto. Ne ha il colore. E anche la biografia.

VIDEODROME: MORFOLOGIA ANTROPOLOGICA

> E quando rimossero il tumore lo chiamarono Videodrome.

> Lorenzo il Magnifico: l'amore ci entra dagli occhi.

Il video-doppio

Vi è un'altra scena esemplare che riassume tutto il senso del film: Max ha da poco ucciso i suoi colleghi. È ricercato. Cammina lungo una strada e si ferma fuori del negozio Spectacular Optical. Attende qualcuno che ben presto riconosce nel suo ex-aiutante, in realtà una spia al servizio di *videodrome*. Al suo fianco un singolare videomendicante: ovvero un homeless che si è collocato la TV su un piccolo piedistallo, al suo fianco. Mentre sta in piedi a chiedere l'elemosina, guarda la TV e in quel momento c'è il telegiornale che sta mandando in onda proprio la faccia di Max, a lui vicino. Tutto il panorama urbano (il *visualscape*) è inscrivibile nel circuito dei media. Anche il sottoproletario più misero è un videodipendente.

Tutto ha un suo doppio nel film. O meglio: ogni personaggio ha le sue repliche. Nicky è perbenista e masochista, un'amante appassionata e un'adepta di videodrome, è fatta di carne e di TV, il suo viso coincide con lo schermo: è realmente un enorme *visus*. L'altro visus – quello di O'Blivion – è una copia seriale e infinita di se stesso[8]. Convex è uomo e catodo, uomo e cyborg, umano e alieno. Max possiede ed è posseduto, uomo e donna, è *observer* (impresario) e *viewier* (utente), vittima e carnefice, nel suo visus permangono tutti gli impercettibili tremori di chi sta viaggiando nei territori sconosciuti della nuova sindrome visuale.

Scott Lash afferma che "Cronenberg ha compreso i suoi film, *Scanners, La mosca, Videodrome* prendendo il punto di vista dei virus" e paragona (giustamente) questa metodologia a quella attuata da uno dei maggiori sociologi contemporanei: "in questo senso molto importante, ciò che Bauman ha consacrato è una sorta di sociologia del virus" (1993:15). La sua analisi dello straniero (colui che sperimenta la colpa senza il crimine) è più affine al cinema virale di Cronenberg che alla filosofia perbenista di

Habermas. Questo è un bel salto di paradigma da condividere. Proprio l'aver assunto l'anti-ecologia della mente come luogo empirico della ricerca (un'ecologia pervertita, serializzata, feticizzata), anche il senso di questo libro si configura come una *antropologia del virus*. Un'antropologia virale che, solo nel *calarsi* nel morbo o nell'acido della comunicazione, nel suo ambiguo "farsi", auspica di spezzare il suo doppio vincolo. Un'antropologia virale nelle vene dell'antropologia visuale.

Il tema dell'alterazione dei corpi e delle coscienze sarà costante nei successivi film di Cronenberg. Ma qui si assiste a qualcosa di non superato. La potenza delle sue immagini, le innovazioni della sua sintassi, la riflessione sulle nostre condizioni contemporanee (come il porno che dissolve le identità sociologicamente definite e si evolve in politica) fanno di *Videodrome* un film che anticipa e obbliga a riflettere sulla pervasività semiotica e politica delle nuove tecnologie in un modo simile solo ad altri due film: *Quarto Potere* di O. Welles (*Citizen Kane*, 1941) per la carta stampata e *Un volto nella folla* di E. Kazan (*A face in the crowd*, 1957) come transizione dalla radio alla televisione. Con *Videodrome* (1984), Cronenberg indaga il nesso sensi-sensori tra videoregistratore e la nascente realtà virtuale. In questo senso il suo vero erede è il film super-splatter *L'uomo di acciaio* (*Tetsuo*, 1989) di Shinya Tsukamoto[9]. Questi quattro film costituiscono la tetralogia sulla comunicazione e le dissolvenze antropologiche. Il cittadino Kane, il vagabondo Lonesome Rhodes, Max con la sua videocarne, il metallico Tetsuo sono tutti e quattro destinati alla stessa fine. Una dissoluzione: i media uccidono se stessi e i propri campioni. Questo è il loro sex appeal inorganico. Il loro irresistibile feticismo visuale.

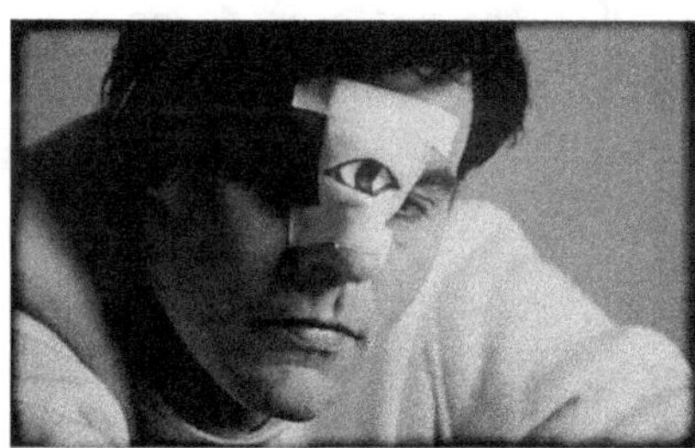
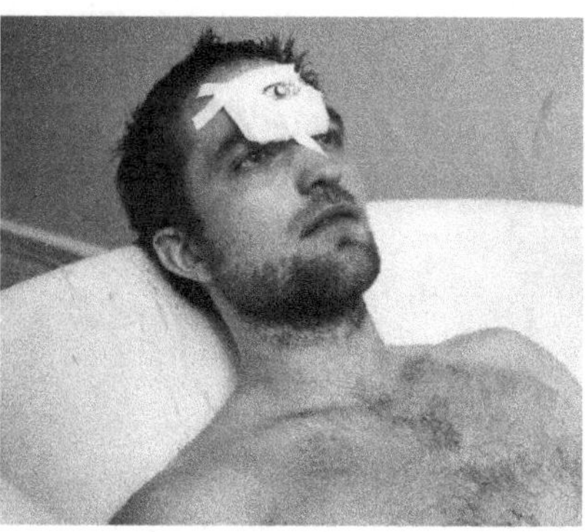

Darryl Revok in *Scanners*, 1981 e Robert Pattinson (sx) nel re-enactment fotografico a cura della rivista Premiere in occasione del lancio di *Cosmopolis* (Cronemberg, 2012)

·· Same Time Tomorrow

Come commento finale, ora vorrei riportare interamente la poesia-canzone di Laurie Anderson prima citata. In essa sono rinchiuse le sottili sensazioni di chi, attraverso la poesia e la musica, sta girando intorno al nostro problema dell'incorporamento mediatico e sta evocando – più che affermando o criticando – la verità. La verità, infatti, non è dimostrabile empiricamente: è solo evocabile poeticamente. A ciascuno – ascoltatore o lettore, antropologo o musicista – la sua scelta finale. *Same Time Tomorrow* (1995) è il titolo della poesia-musica, il cui testo sviluppa una rara capacità di inserire, nella trama stessa della sua narrazione, l'evocazione di un'incerta verità. Testo molteplice e polifonico. Saggio antropologico, analisi mediatica, esplorazione poetica, tensione musicale, esposizione biografica.

> Sai quel piccolo orologio, quello sul tuo videoregistratore, quello che lampeggia sempre le dodici, mezzogiorno, perché non sei mai riuscito a immaginare come cambiarlo? Così sempre lo stesso tempo, proprio nel modo in cui è uscito dalla fabbrica. Buongiorno. Buonanotte. Lo stesso tempo domani. Stiamo registrando [ma anche stiamo dentro la registrazione N.d.A.]. Questi sono allora i problemi: il tempo è lungo o largo? E le risposte? A volte le risposte arrivano per posta. E un giorno ti arriverà quella lettera che stavi aspettando da sempre. E tutto quello che dice è vero. E allora nell'ultima riga dice: bruciala. Stiamo registrando. E ciò che voglio sapere veramente è: le cose stanno migliorando o peggiorando? Possiamo ricominciare [start: nel senso anche di registrare, N.d.A.] da capo? Stop. Pause. Stiamo registrando. Buongiorno. Buonanotte. Ora io (sono) in te senza un movimento del corpo. E voliamo nei nostri cuori. Standby. Buongiorno. Buonanotte[10].

Come per Max, l'orologio non è più ormai qualcosa di autonomo, ma di inseribile nel videoregistratore. Il tempo che esso segna è un diverso tipo di tempo. Puntiforme. Immobile. Immodificabile. Al tempo non appartiene più la lunghezza, ma la spazialità: il nuovo tempo-VCR è spazio interno. Noi stiamo registrando e nello stesso tempo siamo registrati. Un tempo largo...

Il vero che la lettera tanto attesa dice è che la verità va bruciata... E così il cerchio, anziché chiudersi pacificato, continua ad aprirsi.

In questo strano mondo, dove è difficile dire se le cose vadano meglio o peggio, forse è sufficiente premere "pause" per ricominciare. Tanto il buongiorno può essere anche una buonanotte. Il tempo sarà sempre uguale domani. Ma ora? Ora io posso essere in te senza un movimento del corpo. O rimanere per sempre "stand-by".

We are in record, direbbe Max.

Max...

1. Quasi contemporaneamente, un altro scrittore canadese, William Gibson, scrive *Neuromance* (1984) che segnerà la nascita del movimento cyberpunk.

2. A tale riguardo è possibile sostenere che William Burroughs – lo scrittore irregolare de *Il pasto nudo* – sta a Cronenberg come Sade con le sue *120 giornate* sta a Pasolini.

3. Si pensi alle affinità con la risposta di Bella di Giorno: «che ne sai tu».

4. Non stupisce che la chiesa cattolica del Brasile, di fronte agli "arrestabili" successi degli evangelici, abbia deciso di affittare una fascia oraria in cui iniziare a trasmettere le sue prediche-TV. La teologia della liberazione è stata uccisa. A essa si è sostituita la teologia della frequenza.

5. Questo uso di "vedere" sembra una verifica empirica del concetto così come è stato proposto all'inizio del volume.

6. «Lei è la video-parola che si è fatta carne».

7. Per un'analisi dettagliata di questa frase, rinvio al mio *SincretiKa* (2015).

8. Si può interpretare anche il primo piano sempre "decollato" di O'Blivion (il suo visus) come una sua replica – una videoreplica – di Giovanni Battista. È lui, infatti, l'apostolo che anticipa la venuta dell'eroe, di Cristo, di Max... che si immola per la rinascita della videocarne. Ma è anche l'amnesia che si ricorda. Amnesia registrata, come l'oblio...

9. Anche questo film geniale meriterebbe un'approfondita analisi. Vorrei solo ricordare che anche qui la fine del grande incubo fatto d'innesti di corpi, metalli e circuiti video si chiude con la scritta "game over".

10. "You know that little clock, the one in your VCR / the one that's always blinking twelve noon / because you never figured out / how to get in there and change it? / So it's always the same time / just the way it came from the factory. / Good morning. Good night. / Same time tomorrow. We're in record. / So here are the questions: is time long or is it wide? / And the answers? Sometimes the answers / just come in the mail. And one day you get that letter / you've been waiting for forever. And everything it says / is true. And then in the last line it says: / Burn this. We're in record. / And what I really want to know is: Are things getting better / or are they getting worse? Can we start all over again? / Stop. Pause. We're in record. Good morning. Good night. / Now I in you without a body move. / And in our hearts we fly. Standby. / Good morning. Good night".

Laura Harring in *Mulholland Drive*, 2001

8

Il feticismo registrato in David Lynch

● ● KRACAUER E LYNCH

Sigfrid Kracauer fu amico intimo di Theodor Adorno. Architetto di formazione, si spinse verso ricerche all'epoca assolutamente anticipatrici, connesse a quello straordinario laboratorio che fu l'Istituto di Ricerche Sociali di Frankfurt diretto da Max Horkheimer, che ben presto ebbe proprio Adorno come co-direttore. La prima ricerca sociologica sugli impiegati, infatti, nasce da questo contesto, col fine esplicito di individuare già dalla fine degli anni Venti (il saggio fu pubblicato nel 1930) la "dolorosa normalità" delle nuove classi medie: i "delusi" - né dirigenti né operai tanto meno professionisti – il cui destino politico si solidificherà nei pochi terribili anni successivi. Kracauer fu anche critico di film e si deve a lui un altro studio precursore sulle relazioni tra psicologia e sociologia per individuare tendenze politico-caratteriali sotterranee nel cinema tedesco a partire da quel capolavoro che fu *Caligari* (*From Caligari to Hitler* è del 1946, contemporaneo al celebre saggio sull'industria culturale). Da ricordare, infine, che prima ancora aveva svolto un altro saggio trans-disciplinare ovvero un "trattato filosofico" su *Il romanzo poliziesco* (1922).

Forse un filo collega queste svolte repentine e tutte anticipatrici su temi così diversi eppure a ben vedere che già all'epoca era impossibile non collegare: la crisi delle classi medie impiegatizie, il cinema che dà corpo visuale a tendenze autoritarie, il legame tra investigatore e criminali negli spazi della metropoli. Il romanzo poliziesco è concepibile – sia nella scrittura che nella lettura – solo all'interno di una esperienza metropolitana che determina un sentire almeno in parte condiviso. Come il cinema, massimo risultato espressivo della Parigi del XIX secolo. E come le classi sociali le cui dinamiche, mutazioni e conflitti si manifestano negli scenari urbani.

Questi riferimenti costituiscono la traccia iniziale per entrare dentro un variegato genere cinematografico che appartiene alla storia tra le più importanti del cinema che è per l'appunto il cinema espressionista, chiaramente legato al più vasto processo artistico e politico dell'epoca (*Expressionismus*). L'ipotesi che muove questo saggio è di focalizzare l'espressionismo in un senso più vasto che nel suo specifico contesto storico: è come se la penetrazione nelle dissonanze espressive contenga un sentire non restringibile alle sue matrici storiche fisse.

L'espressionismo oltre dell'espressionismo.

In questa prospettiva, Siegfred Kracauer si connette a David Lynch: individuare e dipanare i fili che legano i saggi dell'uno ai film dell'altro. L'*espressionismo espanso* è una delle possibili chiavi di penetrazione e concatenazione per entrambi. Un dialogo possibile tra Lynch e Kracauer - un dialogo saggistico e visuale - attraversa le cornici (*frame*) imposte dall'industria culturale di Hollywood e dell'UFA. Il riferimento a tale concetto di importanza epocale, *industria culturale*, così torna in scena per ricollegarsi a Kracauer e al suo amico Adorno che, insieme a Horkheimer, elaborò per primo questa svolta decisiva verso una epistemologia critica. Il dialogo con l'opera di Lynch si muove (snodata e innovata) tra questi fili, rinnova la critica all'industria culturale utilizzando i mezzi stessi di tale sistema culturalmente produttivo: e nello stesso tempo riannodando, smontando, esasperando e deformando al massimo possibile i livelli di espressività che tale mezzo permette.

Per questo il cinema di Lynch manifesta un espressionismo espanso e si incontra con i Caligari di Sigfrid Kracauer.

"Ha l'odore del cibo andato a male. Lascia in bocca un sapore di cenere".

Questa la definizione di un critico cinematografico all'uscita del film *Caligari* diretto da Robert Wiene (1920) è citata da Kracauer. Definizione evocativa di espressività perturbative. E in effetti questa opera guasta i sapori normali del mangiare; anziché sollecitare istanze appetitose di un cibo visuale inedito, essa sembra emanare all'opposto quel senso di putrefazione che il cibo corrotto sollecita. Un disgusto visuale. Quel *sapore di cenere* che rimane in bocca all'uscita dal cinema sembra anticipare una stagione di incendi e di roghi che attraverseranno il futuro della Germania dal decennio successivo, la cui cenere estrema uscirà dai camini.

Alcuni rari film realizzati da registi che sentono il pulsare perverso della metropoli come architettura comunicazionale hanno la capacità di dare visione a un nuovo intreccio di un'estetica etnografica. Un'etnografia visuale che oscilla tra gli *esterni* di una metropoli tutta comunicazionale e gli *interni* allucinati di tappezzerie e arredamenti. David Lynch è uno di questi anticipatori e in *Mulholland Drive* (2001) riesce a presentare una composizione per suoni e immagini di questo pulsare creativo neo-espressionista. Il tema dell'identità, della finzione, della registrazione, del potere sono mostrati in tutte le loro sfaccettate complessità come porte che si aprono improvvise per richiudersi subito dietro gli occhi di chi è entrato.

La mia ipotesi è che David Lynch sia il continuatore di quella visione deformata e deformante iniziata da Hans Bellmer e da lui stesso teorizzata come inconscio fisico che ora viene presentata come inconscio visuale e sonico. Presento dalla mia angolazione alcune sequenze che riescono a far esplodere visualmente il tradizionale sistema narrativo con un inizio, uno svolgimento e una conclusione finale, per esplorare nuovi moduli multi-sequenziali in cui nulla è fissabile secondo un ordine evolutivo. Da queste premesse nasce questo mio ulteriore cut-up.

Naomi Watts in *Mulholland Drive,* 2001

◦ ◦ STRADE UBIQUE

Una delle sequenze più perturbative nel cinema di Lynch si manifesta in *Strade Perdute*. L'intero film si basa su un radicale spaesamento sensoriale e anche incertezza identitaria del protagonista. Un tipo di sensazioni alquanto diffuse nei contesti attuali pervasi dalla tecnologia digitale che dilata l'inconscio. Il film è del 1996 quando la nuova telefonia si andava affermando. Il film non è tecnologicamente fondato. Anzi. Lo stile si basa sulla perdita dei propri itinerari psichici. In questo stile narrativo, è ancora più interessante la sequenza basata sull'ubiquità di un personaggio inquietante. La sequenza è anticipatrice della comunicazione contemporanea e in particolare sull'ubiquità del soggetto. Chiunque può stare contemporanemante in spazi diversi. Durante un party, con musiche banali e coppie danzanti, un personaggio dal bianco viso-maschera, si avvicina a Fred e gli dice: "ci siamo già incontrati, mi pare". Di fronte alla sua insistenza e alla distratta negazione di Fred, *Visus* sostiene che si sono incontrati a casa sua. "Quando?" – "Per essere precisi, sono lì in questo istante", è la risposta. E apre un cellulare che ora sembra archeologico, lo offre a Fred e di dice di fare il suo numero di telefono e... gli risponde proprio la maschera bianca. La macchina da presa dialoga con campo e controcampo, seziona visi parziali, snoda una conversazione che fa perdere strade materiali e spazi psichici a Fred.

Il codice visuale e simbolico per eccellenza si basa sull'occhio e lo sguardo: l'Uomo Misterioso *non batte mai il ciglio*, a differenza di Fred le cui palpebre si chiudono e aprono costantemente per essere certo che quello che sta accadendo non sia un sogno. Lo sguardo fisso di Visus è l'orrore e il controllo. In effetti l'Uomo Misterioso è tale in quanto

Robert Blake interpreta Mistery Man

ubiquo, un essere ubiquo e l'ubiquità appartiene solo al divino innalzato o all'angelo decaduto. E il dio - o il suo opposto - non chiude mai gli occhi per osservarti sempre. Questo incubo basato sulla presenza-assenza ubiqua è uno degli orrori che appartiene all'esperienza del sognare. Le dimensioni classiche di spazio-tempo saltano, si mescolano e si disordinano come quando si perde la propria strada o la propria coscienza. E l'inconscio è senza spazio-tempo, per questo si allea con l'ubiquità. Così l'ubiquità dell'inconscio si sposa, per così dire con il dio o col mistero del sacro che il super-io reclama nel sogno. Dio ti vede ovunque tu sia. È impossibile nascondersi di fronte all'occhio divino perché *Egli* ruota pupille infinite attraverso l'ubiquità ottica. L'occhio ubiquo è l'inconscio – *inconscio ubiquo* - che si determina nell'espansione della psiche dentro-fuori il *corpo dello schermo*. Perdersi nelle strade psichiche significa incamminarsi verso le prospettive incarnate da videodrome. Entrambi i film penetrano l'inconscio solo in quanto l'es osserva la sua dilatazione incorporata nel video o nelle strade. L'inconscio non è più solo rinchiudibie o delimitabile nello spazio mental-corporeo del soggetto, bensì viaggia nei canali di cellulari, corridoi o highways. Il rappresentante dell'es, uomo misterioso, si allea con l'ubiquità del super-io per intaccare la compattezza dell'ego e disperderla nelle strade polverose della memoria...

Sixteen Reasons

In un set cinematografico di Hollywood, la cinepresa inquadra una cantante stile anni Sessanta che intona un classico dell'epoca: *Sixteen reasons*. L'evocazione mimetica è perfetta, il contesto è pop come merita; il piacere della citazione assicurato dalla maestria sonica; vestiti, acconciature, gesti sono altrettante rievocazioni d'epoca. Un modernariato live che rivive. Ed ecco che lentamente il carrello si sposta all'indietro. Dalla cornice del set emerge dentro un altro *frame*: è l'infinito spazio-panorama di Los Angeles ad essere inquadrato e a fare da contesto dei contesti. Ma il carrello è inarrestabile e, allargando ancora la visione della scena, anche questa seconda cornice (il meta-contesto) risulta "falsa", costruita a sua volta dentro un'ulteriore cornice: una *location* fotografica. In questo senso, più che falsa, è *falsavera*. Ovvero è inutile utilizzare il vecchio apparato della logica che distingue dualisticamente il vero dal falso, l'autentico dal costruito, la finzione dalla realtà.

Proprio perché girato a LA, la scenografia della metropoli estesa deve essere – insieme – del tutto vera e del tutto falsa. *Fictional* nel senso che è tutta costruita dal potere espansivo delle immagini e di chi le controlla. Le incornicia. E in questo modo le offre all'occhio di uno spettatore forse distratto e comunque addestrato a essere complice di ogni genere di esposizione. Cercare di distinguere l'autentico dal falso è un nonsenso in quanto il potere semiotico della visione (filmica o televisiva o da tempo si è addestrata ed ha la capacità di rappresentare il tutto in un groviglio narrativo.

Distinguere un set cinematografico da un museo etnografico, da un parco tematico o da un panorama metropolitano è – più che difficile - inutile. In ogni location ciò che si mette in scena è anche il conflitto aggrovigliato tra questi differenti set, che non sono uguali ma in costante mutazione, citazione e competizione tra loro. Questa è la metropoli contemporanea - o anche questo e a volte principalmente questo. Le dimensioni semiotiche, visuali, simboliche, segniche sono *concretamente inconcrete*.

ₒₒ L.A.: MARMELLATA PER FALENE

Nella sequenza iniziale, la bella bruna (forse Cecilia, ma le identità qui sono fluidissime), in macchina di lusso, non capisce perché l'autista ferma al buio in quella strada fosca: Mulholland drive. In montaggio alternato si vede una sequenza di due macchine strapiene di giovani che si sfidano andando contromano. Proprio giovani da sabato sera, che fanno impazzire i genitori per bene. Così una delle auto vocianti si schianta contro la limousine, uccidendo tutti. Tranne lei... "Cecilia" che scende senza memoria verso le luci. Verso Los Angeles che si distende in basso come una marmellata per falene.

Naomi Watts e Laura Harring in *Mulholland Drive*

I due scenari panoramatici possono essere visti come assolutamente identici o diversi, finti o realistici, set, set-di-set o citazioni di set. L'amnesia accompagna ogni discesa verso la metropoli: amnesia come desiderio di liberazione dalla pesantezza della memoria, ossessione monumentale della contemporaneità.

FICTION È *FAKE*

Un grappolo di sequenze ingarbugliato: una giovane bionda, che viene dalla provincia, va in casa della zia che lavora nel cinema. Questa zia ha trovato un contatto per un provino a Hollywood per la nipote ingenua. E l'intera macchina-cinema è presentata in modo impietoso. Mafiosi viale-del-tramonto che sputano il caffè sul tovagliolo e che controllano la produzione. Regista trendy, un wendersiano meno-che-zero, tradito dalla moglie, concupito dalla segretaria, perseguitato dall'"agenzia" (guidata dallo stesso "mostro" di altri film di Lynch) perché fa finta di non accettare le regole del gioco, che invece conosce benissimo dall'inizio alla fine.

Un altro grappolo vede l'intreccio sempre più intrigante della biondina provinciale con la mora strepitosa, che finisce nella casa della zia, dove viene trovata e accudita. Ha perso la memoria, proprio come nei film dopoguerra o nello stile Bollywood. Nel tentativo di aiutare l'amnesica a riprendere il proprio sé, la provinciale si rivela tutt'altro che tale. Due scene memorabili sul senso del cinema, due lezioni di cinema del cinema, pura meta-comunicazione per immagini. Nella prima, la biondina ripassa il provino con la mora che le fa da allenatrice. É brava, ma sta dentro il genere recitazione tipo *Actors Studio*, immedesimazione nel personaggio, concentrazione, bella dizione, effetti puliti, limpidi nel loro intrigo, morale chiara e progressiva. Nella seconda - il provino "vero" e per questo ancora più "finto" (*fiction*) - lei comincia a recitare in ben altro modo di fronte al guitto seduttore amico di famiglia: si fa gatta che seduce quello che deve incolpare, gli allontana la mano per farsela premere sul sedere, lo sbaciucchia insinuante dicendogli che lo sta per denunciare. Il guitto (e tutti noi) è irretito e cade nel gioco. Tutti cadiamo nel gioco di *questa* recitazione. E cadiamo nel cinema. *Questo* stile di recitazione è diverso dall'altro, in quanto ogni morale sfuma nell'immorale, ogni parte del corpo nega quello che afferma, la trama discorsiva è senza alcuna linearità. Tutto è ambiguo e plurimo a partire dal ciak, che qui è dato dal più sciatto regista che sia mai stato rappresentato da un altro regista.

Non è chiaro (e anche indifferente) se David Lynch ce l'abbia con Hollywood o con qualcuno in particolare. Alla fine, le due recitazioni sono così diverse che le stesse storie appaiono diverse. Quanti film si possono fare con lo stesso *script*? E noi spettatori continuiamo ancor più a disorientarci. Tutte quegli intrecci che abbiamo seguito fino a lì diventano pretesti. Sempre e solo finzioni. Ad un certo punto la biondina incontra gli occhi dell'altro regista, quello wendersiano ex-perseguitato. Sembra l'incontro fatato "a prima vista". Poi lei scappa, perché la mora la sta aspettando: inevitabile è la seduzione tra le due donne. Alla reciproca domanda se è la prima volta, una dice che non lo ricorda (amnesia), l'altra che sicuramente lo è con lei... Altro che provinciale. La bionda è una scheggia attirata dai memorabili seni di Cecilia.

•• LA SCATOLA BLU

Ora compare la chiave blu, come i capelli della maitresse del finale. Chiave enigmatica, che "apre" verso la frattura del film, dalla cui crepa emerge il film-nel- film, quello racchiuso in una scatola blu dentro la quale la MdP zooma per penetrare visivamente nel nulla. La scatola è vuota, come una maschera, come la valigia luminescente di *Pulp Fiction* o la scatola nera di *Bella di Giorno*. Lynch ora può apparire vicinissimo a Tarantino solo perché quest'ultimo deve tutto a *Blue Velvet*. La meta-narrazione esplode come un caleidoscopio, i cui specchietti sono tante sottotrame - fatte di personaggi o situazioni - che possono andare da ogni parte all'infinito, ma che pur attirano l'occhio dello spettatore proprio per questa ambigua trama multi-prospettica. É la costituzione di un nuovo occhio che seduce Lynch, non lo sguardo "normale", schiacciato al primo livello di ogni immagine o sequenza, bensì uno sguardo *corrotto* dalla moltipliplicà. La chiave blu e la scatola vuota portano lì: al grande spettacolo, alla metafora del cinema-nel-cinema. Tutto vacilla: la narrazione lineare, la singolarità dei personaggi, la successione delle sequenze, il realismo dei "fatti". Altro che iper-realismo. Qui il regista etnografo del visuale getta la c.d "realtà" dove merita: nel rigurgito disgustoso del caffè sul tovagliolo. Multi-sequenziale, multi-sfaccettato, multi-decentrato: questo è il cinema che fa saltare ogni ontologia realista.

Il film si potrebbe leggere al rovescio. L'ultima immagine è la prima: il film comincia dove finisce, in un teatro finto-velluto rosso. Nella sala vuota, seduta in platea c'è solo una donna forse hispanica: ha i capelli blu, il trucco forte. Dice: "Silenzio!"... e arrivano i titoli di coda... Oppure sono quelli di testa con cui inizia il film-del-film: infatti, lo spettatore non sta guardando il film di Lynch, sta guardando il film che Lynch ha girato come se fosse un film di "genere", un thriller. Eppure, dopo qualche inquadratura, lo spettatore attento avverte di non assistere ad un "vero" thriller, ma qualcosa di altro che si scoprirà solo alla fine. In un certo senso, è proprio il cinema in quanto tale che si costituisce come genere poliziesco. Solo che, per David Lynch, l'assassino è il cinema: e pure l'assassinato. É la forma-cinema ad essere thriller, che tenta di sopravvivere facendo finta ("fiction") che sia ancora possibile girare un film-di-genere come quello poliziesco.

Nel teatro semi-deserto, compare il grande intrattenitore: *tutto è registrato*, annuncia. Una cosa che ogni spettatore sa benissimo, ma che non è sufficiente a slacciare i fili che lo aggrovigliano in una serie di vincoli visuali troppo potenti. Così quando arriva la cantante *chicana* che canta una appassionata canzone in spagnolo (cioé fa finta di cantare, perché la voce è già registrata), si squarcia la prima trama narrativa e si precipita nella storia parallela. La bionda è presa da scosse di tremito, paura, alterazione, tossica, trance o chi sa? Le sequenze s'intrecciano e citano tutte le precedenti scene, mostrando come la bionda forse è il cadavere che proprio lei aveva scoperto in putrefazione; come sia sempre stata l'amante della mora che invece la tradisce con il regista wendersiano e con ogni altra pupa che le si avvicini, e via all'infinito.

Silenzio: è tutto registrato. Dal cinema, naturalmente...

Mulholland Drive è *Sunset Boulevard* stile anni 2000, Entrambe le strade sono estensioni urbane di una psiche tortuosa e doppia, una psiche morta-viva come in Rita/Camilla, Betty/Diane e soprattutto in Norma Desmond. Cioè Hollywood... Così David Lynch ripercorre le tortuosità espressioniste di Billy Wilder e le rende specchi frantumati all'infinito, come nel finale de *La signora di Shangai* di Orson Welles. Trittico californiano...

Cori Glazer in *Mulholland Drive*

• • INCONSCIO IMMOBILIARE

Nei tredici nuovi episodi di *Twin Peaks. The Return*, il piano narrativo si sposta ancora più radicalmente dalla sequenza - i cui significati sono comprensibili nel montaggio - all'autonoma successione delle immagini. Il montaggio è inconseguente e il fermo-immagine è la giusta posizione per *sentire* l'ultimo Lynch. Nel fermare molte di queste immagini, si potrebbero avere opere d'arte visuale che sfidano i generi come i *selfie* di Cindy Sherman. Bisognerebbe fissare ogni singola inquadratura e far scivolare su di essa le inquietudini che ossessionano lo sguardo. Lo *stile ultimo* nel movimento di Lynch è esausto. Per questo lui stesso recita la parte di Gordon il sordo: non è l'acustica delle parole che determina il senso, ma il mutismo scelto per l'agente Cooper trasfigurato in Dougie. Il suo doppio è un'eco catatonico che ripete solo ultima parola appena udita. Anzi, Dougie è molti doppi: evoca il principe Myškin dell'*Idiota* di Dostoewskij: le sue infantili ingenuità, lo portano a salvare il mondo dai corrotti; Dougie è Ulrich, un uomo senza qualità alla Musil, nel senso che le qualità dominanti sono da lui rifiutate come decomposte. Dougie è un Freud trascendentale che soffre i continui disagi della civiltà; un Socrate silenzioso che non vuol convincere nessuno con la dialettica e che vorrebbe pacificare oggetti e persone. È stato sottolineato che – oltre alla bravura di Kyle MacLachlan - Lynch e Frost abbiano voluto creare un doppio dell'agente Cooper non tanto per riattualizzare un loro script precedente, quanto per allontanare l'audience dalla potente dinamicità identificativa con l'"eroe", che in parte sopravvive nell'altro doppio malvagio dagli occhi scuri e le forze imbattibili.

> Con *The Return*, Lynch cerca di destabilizzare le sicurezze dell'audience, così ha senso il fatto che lui vorrebbe anche tentare di spezzare la relazione tradizionale tra simbolo ed esplicito significato. (Vikram Murthi, in *Vulture* 2017).

Interpreto il significato spezzato dai simboli nel senso che i frammenti dei simboli giacciono morti nell'arredamento, tra stanze, mobili, oggetti. E che la trasfigurazione di simboli in segni si incorpora nella fisiognomica di ogni personaggio, una vera galleria di "mostri" che rivitalizza l'arte di Francis Bacon. Finalmente, *sound-design* e *inconscio immobiliare* coincidono. Cose e persone si unificano attraverso la lentezza perturbante dei movimenti di camera. Ogni volta che la macchina-da-presa si muove causa angoscia. Angoscia visuale.

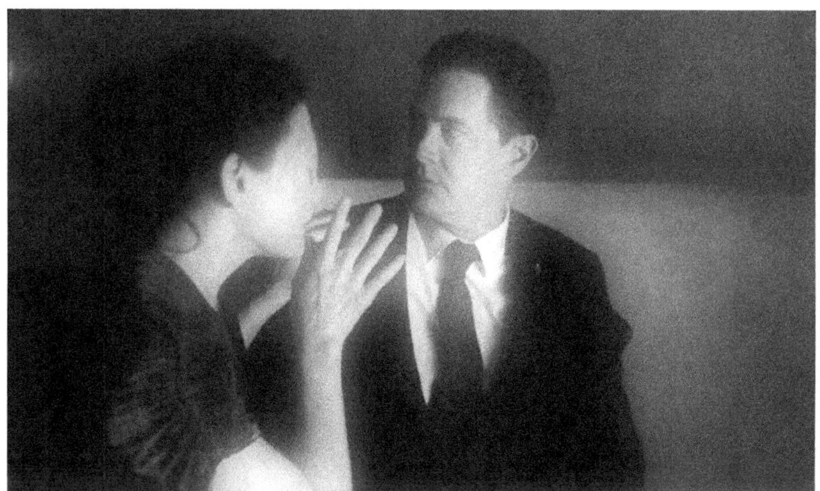

Nae Yuuki (Naido) e Kyle MacLachlan (Dale Cooper) in *Twin Peaks,* 2017

La cosa che impressiona di più nel vedere la galleria inesauribile di personaggi è la fisiognomica di corpi-visus sempre diversa e sempre mostruosa. *The Return* è una galleria straordinaria di *freaks*. *Twin Freaks*. La pittura visuale di Lynch insegue Lombroso e lo purifica attraverso l'amato Francis Bacon. Il regista plasma ogni visus come Bad Cooper la faccia del carrozziere prima di stritolarla. Il visus è la location trascendentale di David Lynch, un appartamento cosmico aperto al disordine di stanze senza fine. Ogni sequenza è una galleria di fisiognomiche eccessive, irregolari, espressioniste, piene di parole mute. La psicologia di ogni personaggio è *solo* fisiognomica. Ogni faccia *suona* una deformata dissonanza coagulata nelle fratture del viso. Un viso rinchiuso in stanze facciali. Un viso corridoio, decimato, espulso, un viso che somatizza ogni tratto in una desolazione assoluta. Viso straniero a se stesso. La sequenza fisiognomica manifesta un viso oscuro, un viso disossato, visus trasformato in faccia, una faccia oscurata che scivola desolata in lineamenti stranieri a se stessi. L'agente Cooper si trasforma nell'impiegato Dougie, estraniato a se stesso e parallelo al mondo, bambino appena nato che apprende solo qualche parola finale.

Un visus fisiognomico è affine alle stanze di hotel o di case affacciate su giardini imprigionati. Un visus tappezzeria. Questo estraniamento

Twin Peaks, 2017

del viso – del visuale – è la cifra che si manifesta in particolare nelle scene di interni. Spazio domestico straniero a se stesso. L'angoscia del design di interni si assimila a *Rancho Rosa* - questo sì potente simbolo - un'allucinata location in esterni che ha lo stesso titolo della casa di produzione. Una location dove si sopravvive decimati oltre le facciate. Lynch usa la chiave *315* per farci accapponare la pelle mostrando quello che c'è dentro la facciata. Interni di hotel affini ai commissariati, dove ogni cosa è congelata, in una posizione semiotica immobile, raggelata, implacabile. Nessuno può smuovere o semplicemente riformare quel design di interni che fonda un precipitare dentro incubi incontrollabili. Stanze-lobby-uffici-giacche configurano un *inconscio immobiliare* realizzato da un design allucinato, design ultra-realista ingollato per soggiorni implacabili, tra oggetti segnati da un destino senza inizio né fine. Quelle poltrone, quella tappezzeria, quella moquette sono somatizzazioni di un'ansia connaturata alla quotidianeità dell'orrore. Design dell'assuefazione alla morte violenta.

Il nesso fisiognomico oscilla tra *viso-location* e *arredo-cadaverico*, imprime una tensione di angustia nel sentirsi schiacciati in una consuetudine ordinata e fissata come inamovibile.

Twin Peaks, 2017

Tale inconscio immobiliare manifesta un processo implosivo, contrario a quello prefigurato da Gregory Bateson e da Mark Weiser, secondo cui l'inconscio si estenderebbe nei canali della comunicazione. In Lynch, si avverte una sorta di inconscio retroflesso, asettico, disegnato. Le pulsioni tappezzate creano fantasmi "atomici" che stritolano crani mentre i Platters cantano *Twilight Time*. La meditazione trascendentale genera mostri per abituare il soggetto a coabitarvi.

Gli interni degli hotel, così come delle stanze casalinghe ad essi imparentate, sono il precipitato psichico di un fatto inevitabile: ormai non possiamo che assuefarci all'orrore tutto familiare, costrittivamente familiare, alla fissità delle cose ormai bloccate, uccise - impagliate - e inserite nel nostro inconscio per ammonirci che nulla potrà essere cambiato o trasformato, né semplicemente *spostato*. Le cose sono oggetti impagliati come quei corpi assassinati. Le stanze di David Lynch sono il precipitato di un inconscio incurvato di un arredo con cui non resta che arrendersi. Chi abitasse in queste stanze da hotel, dovrebbe spegnere la luce e fissare il buio. Il buio insonne di fronte a ciò che non è più familiare e non sarà mai straniero. Allora apparirà la testa mozza di donna su un corpo decapitato di uomo.

Annie Sprinkle, *Anatomy of a Pin-Up*, 1984

9

Io-porno

La mutazione della pornografia nell'era della comunicazione digitale è l'evidente perdita del suffisso *grafia* e l'oscillazione senza soste del prefisso *porno*, ridotto a corpo tronco come la parola. Il *porno-senza-scrittura* è il tratto caratteristico dell'espansione digitale nella cultura in senso antropologico, attraverso l'orizzontalità dei social network e l'affermazione decentrata dell'auto-rappresentazione dalla politica all'arte, dalle teologie al corpo. Le crescenti difficoltà a distinguere le differenze attrattive tra sesso, eros e porno *fissano* nella pupilla il centro della visione etnografica.

Il porno digitale sviluppa nuovi panorami basati su una opaca mutazione di quello che era *incosciente ottico*. L'ambigua miscela di ottica ed erotica – *eroptica* - incolla lo schermo digitale al corpo tronco del soggetto. E tale corpo tronco del porno si presenta ora come una spianata in cui si definisce l'alleanza *autoritariamente disinibita* tra quello che era un super-io e i resti dell'es. La disinibizione dell'io privata dei classici tabu psico-culturali, anziché pervadere i sentieri di potenziali liberazioni individuali, sembra introiettare e incorporare istanze autoritarie. L'oscillazione tendenzialmente unificata e compatta dell'autorità disinibita perde l'aspetto libertario dell'ossimoro e si dirige verso il rafforzamento senza concetto di pulsioni più *distratte che distorte* (prive di rimozione, sublimazione o complessi di colpa) alleate con *autoritarismi introiettati*.

L'*es* che emerge diventa contiguo al *super-io* e, insieme, allagano l'*io* con pulsioni annacquate e autorità accettate. L'*es* perde la sua funzione irregolare e diventa una sorta di *ex-es*. Un *es* non più antagonista, bensì alleato al *super-io*. In questa terra di nessuno, abita l'oscillante *ioporno:* uno strano essere mutante di cui si sa poco, pochissimo, e che andrebbe "ricercato" con minuziose etnografie semi-partecipate. Scopo di tale saggio è tentare di illuminare tale *io* incollato al porno e spianato dall'alleanza incongrua tra *es* e *super-io*. Molta politica contemporanea (compresi i porno studies) flette e riflette tale *ioporno*, lo legittima e lo performa con indifferente supposizione.

È chiaro, almeno per me, l'impossibilità di definire *cosa* è porno oggi. Voglio sottolineare che il *cosa* si riferisce istantaneamente all'oggetto e al soggetto, assorbiti entrambi dai feticismi visuali. Una volta che il suffisso "grafia" è caduto, non è più la scrittura di romanzi semi-clandestini che caratterizza l'infrazione morale o religiosa, rompendo il lecito sessuale in una determinata epoca. La conseguenza più evidente di ioporno è la caduta "libera" del classico concetto di perversione. Da qui l'impotenza della censura tradizionale di fronte all'espansione senza limiti del porno digitale. Quella che era perversione socialmente riprovevole è diventata un'icona temporanea su cui cliccare; così i comportamenti perversi a cavallo tra i secoli XIX e XX attualmente sono classificati come *item* transitivi - una sosta temporanea senza divieti - che ogni persona "normale" visita per soddisfare pulsioni distratte che sedimentano il nulla compulsivo nei propri territori psichici.

Tali pulsioni distratte galleggiano tra queste marmellate di es e super-io, stratificano un ioporno dolciastro e leggero, compongono sottili veli che si aprono come sipari *on demand* su scenari solo alcuni anni fa impensabili e invisibili. E ora tanto chiari quanto indefinibili. Chiaroscuri...

Il tentativo del seguente saggio si affanna su un percorso logico sensoriale articolato su una prima parte empirica, che tocca tre fasi dalla pornografia al porno (la scrittura di Pierre Louÿs, le immagini analogiche di Annie Sprinkle, l'espansione disinibita del *Fake-Agent* digitale), una parte più teorica che focalizza le mutazione autoritarie basate su mimesi e auto-rappresentazione, per chiudere sui nessi di pelle e di pixel tra Almodovar e Stoya.

La mia ipotesi iniziale è che vi sia una discontinua contiguità nelle varie forme iniziatiche ai segreti del sesso-eros-porno. All'inizio, un maestro aristocratico e ora un anonimo capo ufficio selezionano una giovane come discepola entusiasta al libertinaggio o come ingenua ragazza in cerca di impiego. La pietra miliare naturalmente è la *filosofia del boudoir* che però meriterebbe una analisi dettagliata che qui non è il caso di svolgere; per cui rimane velato quel boudoir e ancor di più quella filosofia per future composizioni. Ben presto tale filosofia sadiana dall'etica rivoluzionaria diventò un'etichetta per le buone maniere con il sesso: una porno-etichetta che è qui presentata e analizzata attraverso diversi autori e differenti mezzi narrativi. Il primo - *Pierre Louÿs* - svolge le sue *pedagogie morali* attraverso una scrittura ironica, distaccata e semi-aristocratica per libri clandestini; la seconda - *Annie Sprinkle* – afferma la sua volontà iniziatica verso il porno (che lei chiama *post-porn*) attraverso i mass media analogici, una sorta di *missione educativa* verso le repressioni altrui, grazie al suo dichiararsi puttana conclamata della liberazione femminista; il terzo - *Fake-Agent* – rivela un *provino iniziatico,* in questo campione selezionato del porno digitale, un set falso-vero presenta l'iniziazione al porno-provino di "timide" stagiste sopra i 18.

Il porno, così, è analizzato quando ha ancora la grafia come appendice che introduce il galateo normativo in un libro; quando si espande nei mix media del proselitismo hippie-femminista; e infine quando diventa – da iniziazione – provino *fake* per un successo futuro. Scrittura, mass media, Web diventano così tre fasi che trasformano la relazione fondativa basata sull'iniziazione tra un mondo porno e la giovane ingenua che, ovviamente, si rivela ben presto molto più esperta della tredicenne Eugenie.

E allora *galatei morali, missioni educative, provini iniziatici* rappresentano un viaggio ottico attraverso cui si trasformano le relazioni tra medium e stile narratici, così come tra soggetti e oggetti.

A ~ *Pierre Louÿs.* Verso la fine '800, la scrittura del porno, la sua grafia, poteva ancora esprimere scellerate invasioni nel campo della letteratura, non solo per realizzare il desiderio implicito di ogni tabù – e cioè la sua infrazione – quanto per legittimare le proprie fantasie irregolari. Così, lo scrittore era costretto a una sorta di razionalizzazione nell'elaborare strategie narrative caratterizzate da una certa eleganza letteraria, incursioni filosofiche, accenni morali. Per esempio, Pierre Louÿs – nel comporre il suo galateo per "piccole scene amorose" – andava alla ricerca di soluzioni graziose oscillanti tra etichette erotiche e scenette sessuali in forma di parole disegnate che, all'epoca, non potevano che essere definite pornografiche. Nel breve incontro galante "carnet di ballo", così scrive:

> Mademoiselle, sarebbe così cortese da concedermi il suo prossimo giro di culo? – Anche subito, se vuole, monsieur, non ho nessuno in lista – Le piace l'inculata, mademoiselle? - Molto, monsieur. É la danza più gradevole, non è d'accordo? – Lo sono, quando si possono inculare chiappe come le sue – Le trova graziose? E il buco del mio culo? Non ci metto ombretto, lo sappia, è il suo colore naturale (1998:92).

E via di seguito. Quello che vorrei sottolineare è il gioco ironico con cui l'approccio amoroso si collega alle buone maniere, il carnet per "danzare" al basso corporeo, il maquillage assente alla bellezza autentica. Lo scritto presenta un galateo per incontri sociali e seduzioni private attraverso uno scivolo linguistico che il lettore deve (doveva?) trovare delizioso: qui non c'è solo il piacere di leggere la vita quotidiana nella sua inversione pornografica che, con giochi di parole decontestualizzate, eccita la fantasia dell'epoca in quanto la inserisce dentro le buone maniere. Una pornografia educata. In tal modo, la scrittura redime per così dire il porno attraverso l'ironia sottile. Eppure è vera pornografia, chiaramente maschile, ma forse di una visione maschile che potrebbe diffondersi nella donna proprio per questa caratteristica ironica, direi galante del sesso, compartecipata e dialogica, non violenta né discriminatoria bensì paritaria. È fondamentale la brevità della scenetta come retorica quasi assoluta del genere: tale mezzo lascivo della narrazione pornografica favorisce l'iterazione compulsiva, la brevità è scelta euristica che

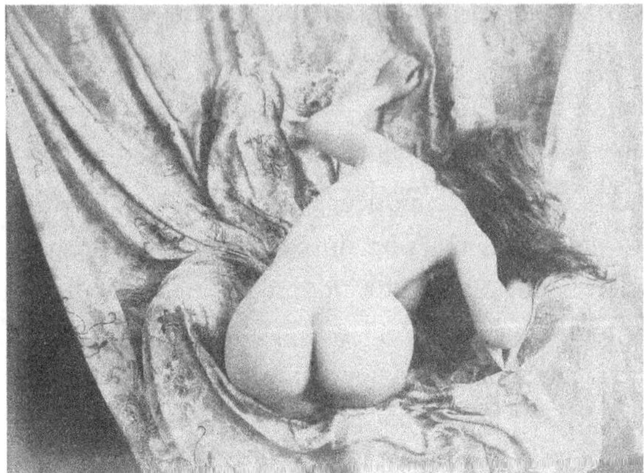

Collezione Pierre Louÿs

aumenta l'eccitazione lasciandola sempre in sospeso, andando in continuo alla pagina seguente che s'immagina ancora più eccitante di quella appena scorsa. È possibile sostenere che la brevità è parte costitutiva del porno sia con sia senza grafia. È la compulsione verso un appagamento che non si realizza mai del tutto in quanto si sposta sempre nella successione infinita, che il digitale realizza in pieno, a differenza della limitatezza obbligata della scrittura.

Il suo galateo fu famoso e non è casuale che ha in appendice una serie di foto, all'epoca già alquanto diffuse specie come disvelamento erotico, di giovinette molto adolescenti che mostrano le loro grazie. Nel raccomandarsi quello che deve o non deve fare una fanciulla perbene in relazione agli incontri sessuali, l'autore esprime una carica erotica e spiritosa nello stesso tempo, per cui la scrittura ha un senso determinante questo scivolamento tra l'accensione pornografica e l'invenzione narrativa. Insomma, l'iniziazione al piacere è determinato da un *galateo*.

B ~ *Annie Sprinkle*. Saltiamo di un secolo: nel 1980 Annie Sprinkle scrive il suo manifesto *Post-Porn Modernist – 25 anni di puttana multimediale*, in cui ha l'astuzia di collocare il porno dentro la mutazione paradigmatica dell'epoca (tra il post-modern nascente e la multi-medialità già affermata). Lei narra la sua biografia "normale", oscillante tra una non meglio precisata "vocazione", che ha avuto la sua iniziazione assistendo a *Gola Profonda*, partecipando alla cultura hippie, ma ancor più alla nascente esplosione del feticismo di massa che stava utilizzando su scala industriale le innovative bizzarrie tecnologiche per porno-performance: "Quando iniziai a muovere i primi passi nel porno, l'industria si muoveva a livello underground. I locali dove giravamo erano coperti del massimo segreto, dato che rischiavamo l'arresto e la galera". È esplicita la sua coscienza ingenua di stare dentro l'industria culturale nel suo processo nascente, a differenza del galateo di Louys che era ancora nell'élite-semiclandestina, mescolando diversi generi. Sottolineo la differenza non solo linguistica tra clandestinità della pornografia e underground del porno.

Seleziono solo alcune immagini attraverso cui lei si definisce:

• *perfomer*: con la *Pubblica Esposizione della Cervice*, Annie sciocca il mondo dell'arte facendosi osservare quello che lo spettatore non aveva mai osato chiedere;

• *sex-guru*: Annie si presenta come sciamana del porno che, con le sue lezioni spirituali, indaga tutte le dimensioni dello stato orgasmico oltre la repressione;

• *regina-del-piacere*: Annie racconta la sua coraggiosa esplorazione della sottocultura fetish di fine secolo;

• *porno star*: infine, con oltre duecento film in attivo, Annie mostra dentro e fuori, è il caso di dirlo, l'incredibile mondo del "sesso bizzarro".

Leggendo solo queste quattro tipologie con cui lei si auto-presenta, diventa chiaro come il suo "femminismo porno-positivo" gioca con una serissima quanto astuta posizione intorno allo "spirito dell'epoca", cioè mescola frammenti di tratti normalmente separati e li riassume in una scaletta porno, un porno già senza grafia ma ancora analogico e che già annuncia la fase successiva digitalmente estesa extra-misura.

C ~ *Fake-Agent*. Il terzo caso è un falso studio TV, arredato in modo squallido, all'interno del quale un signore poco visibile seleziona potenziali porno star. Ha il viso sempre oscurato in modo tale che - non avendo una individualità fisiognomica riconoscibile - può suggerire parziali identificazioni per ogni temporaneo spettatore. Le ragazze - giovani e timide, sui 19-20 anni, vestite come qualunque ragazza-mondo - si presentano per un "provino"; intervistate dall'uomo-ombra, rispondono alquanto cinicamente che stanno lì un po' per i soldi e un po' per cercare la fama breve, quella appunto del porno – ma sotto sotto esce fuori, immagino per la delizia cinica e compiacente dello spettatore ("lo sapevo"!), che a loro il sesso piace. Il set è sempre ironico, un gioco dialogico di reciproche affabulazioni, del genere "tanto lo so come va a finire", che però deve essere fondamentale in quanto dura circa la metà dell'intero "tube". Come anticipato, le ragazze devono essere timide all'inizio, si devono spogliare in modi maldestri, poi farsi toccare le tette dall'invisibile per verificare se sono vere, inginocchiarsi sul divano e aprire il sesso davanti e di dietro per mostrare i vari orifizi (ormai tutti depilati per non ostruire gli sguardi). Il tizio, che sembra un membro dell'associazione *Porno Anonimi*, è vestito in modi dozzinali, spesso identici, ha una camera in mano con cui guida i comportamenti di lei ("look at me") e dopo la offre come un regalo per riprendersi mentre penetrata; ma c'è un trucco fin troppo ingenuo: i due non sono soli! Infatti, c'è un'altra camera fissa dietro la quale agisce un terzo soggetto ancora più invisibile che inquadra in campo lungo i due, mentre la prima, quella "in campo", dettaglia i primissimi piani erogeni. Il tono è sempre l'iniziazione della giovane inesperta all'ars amandi, insomma la filosofia del boudoir diventa un fast filosofia o un set filosofico, dove in pochi minuti - tra gli otto e i dieci - "lei" si rivela esperta nelle tecniche varie ripetute serialmente: dalla contrattazione all'esposizione, quindi in successione *blow job*, penetrazione frontale, laterale, posteriore fino alla verifica finale frontale che il seme è fuoriuscito nel viso o nella bocca affinché lo spettatore sia soddisfatto.

Questa la loro auto-presentazione:

Backroom Casting Couch is a website about the real life interactions that occur during adult modeling interviews. We film girls sucking, fucking, swallowing and taking it in the ass just to land a job. I would hire them all, however I'm not a talent agent... and there is no modeling job.

Il gioco è scoperto fin dall'inizio, eppure la trama narrativa, la *fiction* diciamo così (ma sarebbe più appropriata la parola chiave *fake*, in quanto è messinscena falsovera) proprio in questa ambiguità palese trova l'accesso alla fantasia "libera". Iniziare una giovane adolescente al sesso è una fantasia adulta maschile che non è presente nel *Decamerone* di Boccaccio e neanche nel Rinascimento, bensì – e non casualmente - si manifesta a partire dall'Illuminismo, con de Sade, che appunto incarna un movimento filosofico che vuole illuminare le coscienze (e i corpi) attraverso la ragione. Eugénie, così, diventa il prototipo di questo genere: solo che in Sade è assente l'ironia, il tono è galante e crudele, osserva i lati oscuri di un desiderio "moderno", razionale, matematico e geometrico come le orge: e poi lei ha tredici anni, cioè è appena signorina. Qui, invece, si attirano le fantasie di un lavoratore medio, un *white collar* che sa bene come va la vita, che vive e lavora con un arredamento banale come i suoi abiti, che usa la camera come fosse il prolungamento dell'occhio dello spettatore, un occhio elastico che non ha limiti e può arrivare dappertutto. Il salto dal modello precedente sta ovviamente nel digitale, nel Web-porno, in cui le parole in genere sono assenti, mentre il set che ho scelto ha un parlato-sceneggiato, in quanto volevo mostrare una sopravvissuta continuità con

La piel que habito, 2011

gli altri due esempi. Qui l'ideale dell'io non è più lo scrittore aristocratico o la donna sciamanica, bensì un capoufficio addetto alla selezione del personale e questo personale è il corpo di un'aspirante attricetta che sceglie la via veloce del porno per avere visibilità, guadagnare denaro e fare finta di essersela goduta. *Fake*-orgasmo.

Il porno digitale è oltre i mass media, è un porno senza *mass*, sollecita le autoproduzioni, anch'esse *fake* (falsovere), è un genere che non ha inizio né fine come il cinema del futuro, che usa i generi – cioè quelle che una volta erano le perversioni – come una tappa temporanea che attrae potenzialmente chiunque. Ma solo per un po'. Il digitale non ha bisogno del set "vero", come ancora paventava Annie: ogni squallido motel o appartamento affittato può essere adatto; non ha bisogno di professionisti in quanto le abilità sono determinate da un mix di bellezza comune, performance quotidiana arcinote, attrici non più tipo "la ragazza della porta accanto", ma proprio psico-corpi che vivono dentro la propria casa (la moglie "old", la figlia "teen", l'emigrata "ebony", il padre "trans" e via di seguito per più di cinquanta pietanze che il menu offre).

Il film di Almodovar, *La piel que habito*, è un ulteriore ambiguo svolgimento di tale mimesi-accessoriata: il giovane presunto stupratore della figlia del chirurgo transgenico - invece che punito secondo la regola del taglione – viene usato come materiale di carne per appiccicarci i lineamenti di pelle della moglie morta. L'eroe lo metamorfizza in quello stesso *arredamento corporeo* della moglie morta bruciata: in tal modo lui immagina di poter continuare a innamorare quel corpo troppo amato (di lei o lui?) chiedendo-gli proprio l'orifizio "dietro". Una pena diversa da quella prevista al cinema per questo tipo di delitti: in genere lo stupratore deve subire la legge non scritta quanto consolidata nella vendetta (come nel *Cane di Paglia* di Sam Peckinpah, 1971, e nel più serio *La fontana della Vergine* di Ingmar Bergman, 1960). Il padre o il marito vendicativo sentono dalla loro parte – se non la legge – l'acquolina in bocca dello spettatore che desidera vendicarsi anche se non ha subito torti. Nel film il vedovo-chirurgo ha una immaginazione erotica ben diversa dal padre o marito vendicatore: lui tratta quel materiale umano come una bambola, lo plasma con le dita usando stoffe come fossero strati di pelle, un pigmalione non più scultore bensì transgenico. Questo "eroe", per così dire, usa il corpo prigioniero del quasi-stupratore come una stanza da arredare, nella quale si possono mutare – *a piacere* - le disposizioni di mobili, tappeti, accessori. Seni, natiche, labbra...

Pedro Almodóvar con Elena Anaya sul set di *La piel que habito,* 2011

Il *corpo-di-pelle* dell'attrice Elena Anaya appare troppo simile al *corpo-di-pixel* di Stoya. Entrambi sono troppo chiari, senza rughe o difetti: l'una prigioniera perturbata della sua seconda pelle; l'altra orgogliosa esibizionista dei suoi accessori che la arredano nella vagina portatile. Stoya è una delle tante ragazze risultato delle diverse miscele migranti che generano una pelle rinnovata allo sguardo assuefatto al porno. Una pelle bianchissima quasi fosse un tessuto indossato di seta o di luce. Nelle foto, entrambe le donne offrono i loro accessori artificiali. Stoya accenna un sorriso nello svelare la *pubblicità* alla sua vagina riproducibile, una vagina che incorpora l'aura dell'originale e la riproducibilità della fantasmagoria pixellata. Entrambe le vagine, l'auratica e la riproducibile, imprigioneranno l'incauto acquirente.

> Stoya ammette di aver scoperto la pornografia grazie al suo interesse per il BDSM e attraverso alcuni fetish newsgroups su Internet. Ha dichiarato che sono pochi i film per adulti interessanti mentre preferisce quelli con temi artistici o feticisti. Nel corso di un intervista all'Huffington Post, Stoya ha rivelato che i suoi genitori hanno accettato le sue scelte, l'unico problema è che essendo diventata una pornstar popolare il padre ora ha difficoltà a godersi la pornografia (Wikipedia).

Vera o falsa la dichiarazione paterna, poco importa: quello che attesta è di nuovo la caduta abissale e indifferente di sensi di colpa o morale sessuale. Deve essere veramente triste immaginare il padre che non potrà consumare più porno, non potendo controllare l'ultimo tabu rimasto: quello dell'incesto. Comunque, l'importanza è che la famiglia sia unita e partecipe della carriera della giovane.

Nel comparare le foto delle due donne, l'una guarda di lato con angoscia verso l'ignoto che arriverà per modificarla o violentarla, seduta in classica posizione yoga che occlude con il calcagno la zona dove dovrebbe stare il sesso, pene o vagina non è chiaro, in una stanza tappezzata come il suo corpo patchwork; l'altra fissa sfacciata in camera, le gambe spalancate dirette verso la vittima fuori campo che non potrà resisterle, distesa su uno spazio vuoto come il nulla che sorregge con una mano. L'una giace su uno spazio materialmente costruito, quasi imbambolato, con palloni-pilati intessuti come il suo corpo; l'altra galleggia su uno spazio neutro, tanto immateriale che il suo corpo evanescente quasi svanisce.

L'operazione di Anaya non sembra molto diversa da quella di Stoya. Entrambe sono un calco. Stoya (Jessica Stoyadinovich) rivende il *calco* della sua vagina esposta con disinvoltura, mentre Anaya è in attesa di diventare *calco* della moglie defunta, per cui ha la vagina (o il pene) invisibile perché "indossa" ancora il corpo da arredare del giovane maschio. Entrambe le immagini manifestano la metafisica del porno in *calco* – uno visibile e duplicato, l'altro nascosto e rinserrato - trasfigurazioni di un porno privo di grafia e pieno di un feticismo esteso. Tale mix di *body-corpse* (di *body* come corpo vivo e *corpse* come corpo morto) è impresso in entrambe le immagini. Le due donne esprimono l'incorporamento sterminato – che non ha termine - di un fetish digitale diverso dal feticismo classico, come il porno lo è dalla pornografia. Tutto è replicabile auraticamente: la riproducibilità auratica è visibile nella vagina tenuta per mano come un giocattolo e nella stoffa di pelle che racchiude un sesso transgenico. Pigmalione è ormai senza mito nella pelle-metaforica di Anaya e nella vagina-metonimica di Stoya. Almodovar è Almostoya...

Infine, qual è il plurale di porno? La mia risposta è semplice: il plurale di porno non è scrivibile perché gli manca la grafia, è solo visibile come moltitudine ioporno.

•• MIMETICA

Pierre Louÿs, Annie Sprinkle e Fake-Agent esprimono le modifiche espresse tra il porno che aveva ancora la grafia, il post-porno massmediale e il Web-porno. Questo processo afferma moduli narrativi ormai diffusi secondo verifiche che andrebbero maggiormente disvelate, anche se non credo che si scopra qualcosa di molto nuovo, neanche un supposto tardo-narcisismo delle giovani. Il porno ha perso gli aspetti popolari,

La pelle doppia di Elena Anay e la vagina doppia di Stoya

graffiati nelle pareti, o quelli aristocratici – forse il momento più alto della pornografia da de Sade a Bataille – che esprimevano raffinatezze crudeli illuministe-surrealiste che mescolavano i livelli sessuali, erotici, pornografici con quelli filosofici, sacrali e sacrificali. Ha acquistato, d'altra parte, l'auto-rappresentazione come leit motiv della comunicazione tendenzialmente orizzontale che i social network offrono. E che, anche in questo caso, sono ambiguamente verticalizzati...

L'ipotesi teorica successiva è astratta ed è basata sul concetto di mimesi applicato al porno e, direi, alla comunicazione in generale. Dopo questo excursus empirico, sviluppo un risultato di riflessioni teoriche solo in parte determinate dalle visioni empiriche qui espresse, sono osservazioni per necessità "purificate" dalla materialità corporea.

Qui l'es diventa estraneo a se stesso. Un ex-es. L'es non ha più caratteristiche arcaiche fatte di pulsioni incontrollate quasi astoriche. L'es si è arreso alla storia attuale, si è alleato al super-io, si è svuotato di ogni irriducibile antagonismo all'io, risulta indifferente verso ogni possibile sublimazione. La classica metapsicologia di Freud (dove è l'es sarà l'io) affermava una continuità illuminista con una ragione che avrebbe saputo gestire l'es per indirizzarlo verso una sublimazione culturale in cui eros e cultura si potessero finalmente pacificare (come avvertì e sviluppò Marcuse contro ogni facile rivoluzione sessuale). La topografia futura del soggetto dovrebbe affermare un io che ha imparato a governare l'es; nella sua visione, l'io razionale riesce a illuminare le oscurità dell'es, a domarlo negli aspetti perversi e a indirizzarlo verso una pacificata coabitazione con l'io. Tale io condurrà per mano l'es verso una gestione libera dell'eros. Al contrario secondo l'interpretazione inversa di Lacan, l'io sarà immerso nel desiderio, è l'io che deve essere bagnato, sessuato, pulsionato dall'es. Per lui, dove si sarebbe dovuto affermare l'io freudiano ci sarà un es pulsionale che potrà sessualizzare l'intero soggetto. Tale es realizzerà l'erotizzazione estesa e quotidiana dell'io.

La mia ipotesi è diversa: forse stiamo assistendo a un transito verso un tendenza inedita: dove era l'es, sarà io-porno. Ovvero quello che era es, ora è governato e alleato al suo ex nemico: il super-io senza ideali. E il veicolo attraverso cui l'es è spianato dal super-io è l'espansione irresistibile dell'io-porno.

Tale ipotesi diversa è basata sull'osservazione di come il digitale stia mutando queste topologie psichiche. E allora sembra più probabile assistere a un super-io che invade l'es e lo costringa a una strana alleanza al fine di conquistare le aree estese dell'io. Forse non tutto l'io, ma "tanto-io". Il risultato è un soggetto spianato che coabita con un io impreciso, fiacco, invaso da eccessi porno senza controllo né tabu, con una chiesa cattolica compiacente (almeno fino a poco fa) nelle sue manifestazioni di autorità, senza quelle autocensure o complessi di colpa del passato che facevano emergere la necessità di assumere responsabilità. Immagino un giovanissimo che – non resistendo a tali influenze – con tutta probabilità pensa al padre e persino alla madre che non lo potranno rimproverare in quanto ("si sa") anche loro faranno lo stesso. Il limite generazionale che era costitutivo dell'esperienza sia sessuale che erotica e infine pornografica (la lettura di de Sade o Bataille non attira certo un/a *teen*), così come l'era borghese lo aveva plasmato e differenziato dagli stili sessuo-culturali aristocratici o popolari-contadini per indirizzandolo verso il matrimonio monogamico fisso. Tutto questo è saltato insieme alla famiglia classica e all'affermazione che il genere è culturale e non biologico, per cui uomini, donne o gay ci si diventa e non si nasce. Tale esplosione accompagna altre frontiere che si sono aperte, quali le differenze di classe, sesso, territorio, etnicità e, in parte, religione, favorendo l'espansione del porno digitale. Un io-porno senza controllo dall'alto né auto-controllo dal basso. Questo scenario avrà una crescente influenza su quella che ancora chiamiamo politica, sempre meno determinata dalla *polis*, cioè dalla sfera pubblica urbana di carattere sociale, e sempre più dalla comunicazione digitale che afferma la fine dei tabu e dei rituali. È probabile che il revival delle religioni monoteiste e la crescita del cosiddetto femminicidio possa essere un risultato più diretto di quanto si possa immaginare di una resistenza morale o una resa criminale a un porno incontrollabile.

Dove è l'es, sarà io-porno: un io incollato al porno. Quella che era la zona oscura dell'es, è governata dal suo ex nemico ora alleato: il super-io. L'es diventa "qualcosa" che si sta staccando dal soggetto: un pulsare del feticismo digitale che unifica il qualcosa e il qualcuno, difficile da definire persino nei contorni. Nel porno, ogni "io" è diventato un generico "cosa-uno". Quelle che erano perversioni e che causavano il turbamento di un soggetto in maturazione, ora sono tassonomie brevi, classificazioni secche, caselle opzionali, su cui cliccare, sostare alcuni minuti, passare alle successive offerte senza drammi, angosce o sensi di colpa. Tantomeno mimesi. Il soggetto io-porno sguscia tra rituali di iniziazione o di perversione e si incolla nella putrefazione carnale illuminata dei pixel.

In particolare, è entrata in crisi la relazione immaginaria verso un semi-ideale dell'io che l'attore raffigurava e verso il quale ogni spettatore cercava di tendere. Da qui quel senso di ambigua felicità che il pubblico assumeva in questo processo mimetico d'identificazione, che perdurava al di là dello stretto spazio-tempo della fruizione spettacolare: dopo il cinema o anche dopo le prime trasmissioni televisive, l'influenza di questa sorta di fantasmatico ideale dell'io permaneva negli atteggiamenti, nei comportamenti e nelle immaginazioni dello spettatore. Tutto questo sta cambiando in modo così profondo sotto i nostri occhi che, a mio avviso, non è più possibile utilizzare il concetto di *immaginario collettivo* (rispetto al cinema e in particolare al porno), concetto che era già problematico all'epoca, ma che certamente qui e ora non è più una categoria utilizzabile per capire il tipo di rapporto tra audience e attore. Se non c'è l'immaginario collettivo è perché questa funzione di un ideale dell'io – che lo spettatore, in quanto pubblico unificato (dai "mass" media), tentava di trasferire nel grande attore – è crollata. Si è dissolta la massa nei media e nelle piazze, si è frantumato il pubblico e l'immaginario, si è individualizzato il target e il consumer. Il crollo di questo processo d'identificazione immaginaria ha significato, in prima istanza, la fine della star, cioè del grande attore o della grande attrice intoccabile, inavvicinabile, sovrumana. Divina. E, di conseguenza, le affermazioni temporanee delle molto più terrene *celebrities*, tra le quali è stata selezionata Stoya...

10

Ego-ubiquo

> *Personalizzazione della serie.* Questo tema è in egual misura un
> soggetto politico, tocca il contenuto delle libertà, il diritto alla differenza.
> In generale, come gli individui sono liberi di accettare la loro diversità,
> anche gli oggetti possono farlo. É per questo che gli oggetti diverranno
> un giorno liberi di assumere la loro forma, il loro colore, la loro
> espressione o il loro messaggio, in altre parole la loro diversità
> *Gaetano Pesce*

Questo capitolo sottolinea la pervasività dell'ubiquo nella comunicazione digitale e, esplorando le affinità divergenti tra utopia e ubiquità, seleziona alcuni concetti e autori che delineano nuove prospettive utopiche in quanto ubique. Se il primo concetto inventa un luogo inesistente e ideale, il secondo espande in ogni luogo la presenza di un ente in genere divino e controllante. Tra l'essere in nessun luogo e in tutti i luoghi si muove l'innesto attuale di potenziali *utopie ubique* grazie alla diffusione della comunicazione digitale e dell'individualità movimentata.

Il concetto di utopia oscilla nel tempo occidentale e cambia di significato nei diversi contesti storici, per cui tentare di fermare il suo significato possibile è alquanto arduo. Il metodo che vorrei perseguire è quello di elaborare una costellazione temporanea, costituita da concetti in movimento che possano dare il senso dell'utopia ubiqua: impuro, indisciplinato, feticista, diasporico. Prima di elaborare questa costellazione, vorrei ricordare che utopia nasce per negare ("ou") i luoghi storicamente conosciuti quando vari navigatori iniziavano a disorientare lo spazio e a incontrare culture radicalmente diverse. Per questo sottolineare la data di pubblicazione del libro di Tommaso Moro significa focalizzare il contesto storico-culturale della nascente modernità: 1492-1516, cioè solo un ventennio dopo il cosiddetto *descubrimento* delle Americhe. Il viaggio avventuroso e la scoperta dell'ignoto sono costitutivi di tale fase. Ma non solo. Inizia già da allora il conflitto tra il viaggiatore nell'esperienza e il sedentario nella scrittura. Moro da fermo inventa il nome Utopia; Vespucci navigando dà il nome America.

Il vagare senza una meta precisa fu già premessa del romanzo moderno. Nel *Decamerone*, infatti, Boccaccio designa i suoi eroi come vaganti: "assai vagati siamo", in cui il toscano usa la forma passiva del vagare, poi (purtroppo) caduta in disuso nell'italiano. L'abbandonarsi all'esperienza del vagare si differenzia dal viaggiare, che in genere ha una meta, mentre il vagare é senza uno scopo preciso: lo scopo sta nel perdersi, nell'abbandonarsi al piacere di *essere vagati*. Il contesto materiale del viaggio in quanto vagare definisce l'emergere del concetto dell'utopia. Solo attraverso la scoperta dell'altro non tanto straniero quanto radicalmente estraneo agli stili di vita conosciuti si puó inventare un modello familiare potenzialmente altro.

Per Moro l'altro non é un selvaggio da civilizzare, convertire o sterminare, bensí una premessa per decifrare le potenzialitá felici (eutopia) interne alla cultura dello scrittore e dei suoi innumerevoli lettori. Così il sedentario inventa un luogo irreale che, proprio per la sua irrealtà, viene percepito come lo spazio più concreto che si possa immaginare. Per lui, la centralitá utopica dell'agricoltura deriva appunto dalle notizie ancora fantasiose sulle condizioni delle popolazioni "native" che vivevano "secondo natura". Ed è noto che furono i gesuiti a rimanere non solo affascinati quanto a organizzare concretamente la loro utopia in quella vasta area nell'odierno Paraguay che ancora oggi si chiama *missiones*. E le missioni furono appunto utopie concrete almeno fino alla loro cacciata.

La premessa finisce qui: il viaggio concreto definisce l'utopia immaginaria. Solo viaggiando negli spazi sconosciuti si puó trovare l'ignoto in quanto fascinoso e perturbante: il viaggiare e il viaggiarsi sono costitutivi di quella che diverrá utopia. Eppure è la scrittura sedentaria che ne elabora la visione. E la fissa... Per me, le utopie ubique si muovono nelle relazioni indisciplinate tra il meta-feticismo, che va oltre il suo significato storico segnato dal colonialismo (*fetiço* è termine portoghese che nasce dalla conquista coloniale), da Marx, Freud e dal senso comune vigente; e la meta-morfosi che tradizionalmente manifesta il desiderio del mutamento identitario e formale.

Il concetto di ubiquità ha una storia precedente e forse più complessa di utopia e, per la loro *affinità divergente,* ho pensato di connettere i due termini. All'ubiquità che scorre in ogni luogo si aggiunge l'utopia che, invece, giace in nessun luogo. Nello scarto transitivo tra queste due proposizioni apparentemente aporetiche, si muove *l'utopia ubiqua* contemporanea. L'accezione attuale del concetto di ubiquo è immersa nei flussi della cultura digitale, così - se si digita *ubiquity* - esce una fantasmagoria infinita di siti. Il motivo è semplice: tale termine identifica il modus operandi nella Web-cultura. Un'affermazione condivisa è che il Web é ubiquo e che il soggetto che lo usa assorbe l'ubiquitá comunicazionale delle pratiche spazio-temporali di Internet.

Nell'accezione teologica medioevale, il concetto di ubiquo è metafisico ed esprime una opposizione radicale al dualismo e, per così dire, persino al due. Ubiquo incarna la radicalità onnipresente dell'Uno. Tale autonomia spaziale deriva dall´essere - l´*ubiquitá* - una condizione astratta legata misticamente a un essere divino. L'ubiquo non è un risultato dell´esperienza empirica nella vita quotidiana come il simultaneo; al contrario, esso appartiene alla percezione visionaria dell'invisibile in cui la condizione umana è costantemente osservata dallo sguardo divino. Da tale occhio ubiquo non si sfugge, neanche nascondendosi in un posto segreto, in quanto "l'essere" ubiquo ti raggiunge sempre e ovunque, ti osserva e giudica in quanto ti trascende.

Nella contemporaneità, l'ubiquo muta di senso. Esso si svolge nell'*immanenza logico-sensoriale a carattere material/immateriale*; eppure l'immanenza ubiqua continua ad esprimere tensioni oltre il dualismo, cioè quel sentire semplificato della condizione umana in cui le opposizioni binarie sono funzionali a ricondurre la complessità quotidiana dentro il dominio dicotomico della *ratio.*

Le coordinate spazio-temporali diventano tendenzialmente superflue e si espande un tipo di esperienza soggettiva ubiqua. Il *me* ricercatore si colloca in tale situazione di ubiquità immerso nella propria esperienza personale e nella relazione istantanea con l´altro; e questo altro è altrettanto ubiquo, nel senso che vive laddove sta in quel momento attivo il suo sistema comunicazionale digitalizzato. Tale esperienza non significa smaterializzazione dei rapporti interpersonali; attesta una complessa rete psico-corporea, connessioni ottiche e manuali, sicuramente cerebrali e immaginarie che spostano l´esperienza del soggetto anche nell´apparente immobilitá. Gli evidenti risvolti psicologici necessiterebbero una ricerca specifica, insieme a un'auto-ricerca da parte del soggetto-etnografo che sperimenta su se stesso queste accelerate mutazioni. Il concetto di *multividuo* si manifesta appieno in tali connessioni ubique. L´etnografia ubiqua espande multividualità connettive. Sono trame che connettono frammenti di spazi/tempi privi di quella identificazione determinata "normale" e che moltiplicano identità/identificazioni temporanee. *Il soggetto dell´esperienza etnografica ubiqua è multividuale.*

L'utopia ubiqua è fuori del controllo politico verticale, della razionalità mono-logica, della linearità spazio-temporale. In questa prospettiva, è possibile strappare la matrice (indebita) di quello che è definito dio e di conseguenza l'elaborazione di visioni ubique pratica quelle invenzioni umaniste che si muovono oltre la fissità identitaria delle cose e dell´umano che, per tale qualità oltrepassante, offre visioni poetiche-politiche illimitate.

Accanto alla genealogia dell'utopia si muove l'ubiquità etnografica che richiede di essere precisata. La mia identità quotidiana (non solo in quanto di ricercatore) non rimane identica a se stessa, in quanto svolge contemporaneamente relazioni diagonali che usano differenziate espressioni metodologiche in diverse zone, sempre meno caratterizzate geograficamente e sempre più soggettivamente. Tale identità è più flessibile rispetto al passato industrialista, è un'identità in parte mutante adagiata su una zattera instabile, che oscilla tra soggetti/contesti diversi nello stesso *frame*.

SINTOMI

Il soggetto dell'ubiquità utopica non sta nella bibliografia degli *ideologues*, bensì tra i soggetti attivi della creatività: in primo luogo tra alcuni architetti che sentono il pulsare del mutamento e lo indirizzano verso composizioni inedite. Zaha Hadid è una di queste fonti pulsanti. Lei è una filosofa espansa che inventa scenari presenti/futuri. E necessario saper interrogare le sue opere, osservarle e parteciparle, dialogare con ogni dettaglio espresso dalle sue forme dispari, leggere le sue interviste o dichiarazioni di stile, indirizzare sensibilità ottiche verso le sue opere che spezzano l´ordine delle frasi geografiche euclidee.

Le arti e le scienze umane pretendono opere performative. Un'etnografia performatica dirige un'attenzione ubiqua per questa antropologa dell'architettura che anticipa e plasma nuove sensorialitá trans-urbane. É lei la filosofa del contemporaneo che dispiega il presente-futuro, prima e meglio dei classici autori citati per ogni evenienza. L'architetta anglo-irachena Zaha Hadid sostiene in una intervista che la composizione diagonale ha costituito l'inizio del suo design: "La diagonale crea l'idea di una riforma esplosiva dello spazio. Quella è stata una scoperta importante" (in Jodidio, 2012:20).

Secondo Nicolai Ouroussoff, l'ispirazione e le pratiche vengono individuate nelle prime esperienze creative:

> I primi lavori grafici di Zaha Hadid possono ben aver anticipato la rivoluzione del computer, che ora permette al suo studio di disegnare strutture molto complesse. 'Credo che il metodo del design può essere considerato il precursore del computing', afferma Hadid (...). Così attraverso la sua composizione di mondi digitali, vediamo la proliferazione di morfologie ed entità naturali che possono essere immaginate come creature viventi (pp. 14-18).

Se una architetta riesce a produrre la morfogenesi di creature viventi nelle sue opera significa che una delle manifestazioni più radicali dell'utopia – mescolare le relazioni tra organico e inorganico, tra natura e cultura, praticando la morte per consunzione della dialettica otto-novecentesca e della sintesi – si dispiega nell'ubiquità. Le sue opere, infatti, sono contestuali in parte, ma nelle tensioni più significative possono svilupparsi in gran parte dei territori, cui è strappata la condanna all'identità immobilizzante di molte regole urbanistiche egemoniche ancora in alcune città europee, in particolare italiane. Per questo i lavori di Zaha Hadid illustrano l'emergere di una cultura post-euclidea. Le fantasie esatte da lei elaborate attraverso il digitale non appartengono alle quotidiane esperienze geometriche non solo dell'Occidente. Lei applica "a hybrid self-generative multi-dimension in architectural diagonal forms that have never existed before and that are not based on classical Euclidean geometry, composed of square, circle, etc." (ibidem). L'esperienza visuale e estetica – direi politica in un senso ampio – delle forme generative post-euclidee non coinvolgono solo geometrie, ma, appunto, la logica. Una logica sensibile espansa. Così, Zaha crea esperienze metropolitane innovative, sfida il nostro sguardo abituato a vedere come familiari e quindi normali solo edifici rettangolari, rotondi o piramidali attraverso il modernismo.

Per me Zaha Hadid non è solo architetta: è anche antropologa e filosofa attraverso moduli che lei definisce *generative ones*. Ovvero che genera "unprecedented forms". Le sue entità sono immaginate "as a living creature", attraverso il metodo dell'immaginazione esatta. In tal modo entriamo dentro prospettive molto più ampie al di là della sola architettura: se le sue opere sono generative e *auto-morphic*, significa per estensione che ogni immagine nella cultura digitale può essere auto-generativa. Vorrei citare la sua costellazione concettuale determinante la prospettiva ubiqua: "Ibridizzare, morphing, de-territorializzare, deformare, iterare, nurbs (Non Uniform Rational Basis-Splines), componenti generative, copioni piuttosto che modelli" (Schumacher, 2008 - in Jodidio, 2012:8).

Ora aggiungo il concetto di *'symptoms of a repressed impurity'* che va nella direzione di una "eruptive, chthonic architecture" ovvero di una utopia ubiqua che si innesta nel prospettivismo sincretico. I sintomi impure sono un concetto-paradigma che penetra la storia sotterranea dell'Occidente, in quella cultura che ha eliminato o soppresso tutto ciò che è impuro, in quanto il processo di civilizzazione si è basato sui concetti di purezza, autenticità, origine. Allora il sintomo è l'eruzione imprevedibile di tale impura repressione: un sintomo che assume le forme più insospettate, strane, perturbanti e persino misteriche. L'eruzione di un sintomo può avere tali aspetti bizzarri – e quindi mai e poi mai un aspetto regolare che riproduce un modello architettonico euclideo. Per questo, lei è una "architetta generativa post-Euclide. Hadid ha spezzato non solo l'estetica post-Bauhaus, ma ancor più significativamente la griglia e le solidità euclidee" (p.25).

Se è necessario interpretare sintomi, allora è fondamentale affrontare diverse discipline o forse praticare l'indisciplina e in ogni caso non è possibile ignorare la psicoanalisi. È noto che tanti artisti (non solo surrealisti) hanno trasformato i loro propri sintomi in fisionomie metamorfiche con un alto livello di feticismo estetico. Zaha Hadid ha la capacità di osservare quello che ancora non esiste, ma che purtuttavia sta sempre più diventando presente in una utopia-ubiqua cosmopolitana: lei riesce a trasfigurare tali incerti sintomi in architetture diagonali extra-normative. I sintomi sono eruzioni corporali (o psicologiche) devianti, risultato infiammato di problemi che una persona o una cultura non vuole osservare. Spesso sono eruzioni cutanee o ossessioni comportamentali. Quasi come una terapia psico-architettonica, lei mette in discussione un problema fondamentale per ogni utopia ubiqua: liberare la repressione dell'impuro, su cui stigma secolari si sono sedimentati e così trasfigurare le eruzioni cutanee in una disturbante eruzione ctonica.

Difetti

Ora vorrei parlare di Gaetano Pesce, un designer che attesta la transizione radicale dall'industrial design, dove l'oggetto era industrialmente replicabile all'infinito - al design personalizzato. Secondo la sua visione, per ciascuna persona è previsto un oggetto singolo, che a sua volta è individualizzato e se-movente: così esso (o meglio *lui/lei*) diventa più-che-oggetto, l'oltre-oggetto: un pezzo unico e, in quanto unico, incorpora la biografia del soggetto, di un io espanso.

Il suo concetto metodologico produttivo è il *difetto*. Nell'uso mutevole delle resine per elaborare il suo materiale e formare *cose-ego* si incontra "il fascino irresistibile dell'inatteso" (Dardi, 2014:16). Può sembrare paradossale, ma in tale filosofia l'unico risultato che ci si possa attendere è proprio quello del difetto. "Se la serie è omologazione e ripetizione livellante, allora il difetto diviene unicità nella diversità: umanità (...). Il difetto è l'irripetibile che ci rende diversi da tutti. Il difetto è lo strumento per abbattere la purezza del tratto somatico o della pelle; e persino abbatte il diktat della filosofia dee bello artistico (e morale) che troppo spesso ha limitato l'espressione" (17). Il difetto è irripetibile e indisciplinato, nel senso che non rimane rinchiuso nel cerchio magico di una disciplina per diventare *incomprensibile* – ovvero sfida la logica della "comprensione" basata sull'identità.

Si veda *Pratt Chair* o *I Feltri*, sedie del 1984 che collassano nel suo essere privo di struttura, corpo senza scheletro, dove la funzione pratica o dell'utile viene meno o la poltrona *Up* che concretizza polisemie inaspettate. Da qui il suo progetto *Non Standard* che importa il virus della differenziazione dentro le tipologie che nel design industriale sembravano inamovibili. Altro esempio noto sono le calzature *Melissa*, dove la scarpa vive l'imprevedibilità basata sulla libera interpretazione e mutazione dell'utente, che può togliere o inserire diverse piccole *bolle* secondo il proprio estro: per cui la tipologia finale della scarpa è sfidata in quanto è tutta da inventare. L'antropomorfismo è un altro stile determinante: armadi, lampade, tappeti, sedie prendono forme umane, quasi fosse ogni oggetto il ritratto di una persona o viceversa. La relazione con la metamorfosi e il meta-feticismo pare chiarissima in tali esempi, dove tutto transita tra esseri diversi. L'ideologia comunitaria è messa in discussione come politica e come estetica.

Dice Gaetano Pesce:

Non è più il tempo della coerenza, si deve seguire la realtà. Che non è coerente per niente" . E ancora: "La specializzazione ci porta alla solitudine. Mentre la conoscenza orizzontale ci dà la possibilità di essere in contatto con molti campi della conoscenza[27].

La produzione diversificata all'interno del processo industriale deve fondarsi sulla peculiarità dell'esperienza soggettiva e sul pluralismo della società contemporanea. In conclusione Gaetano Pesce ha anticipato già negli anni vivi della Pop art il principio della personalizzazione del prodotto artistico. In questo senso, pur lavorando nella stessa fase storica di Warhol, il designer sta fuori non solo dal paradigma seriale della Pop art ma anche della riproducibilità benjaminiana. Una costellazione composta da variabili aperte, autoproduzione degli oggetti, la distinzione del difetto, l'incidente espressivo, l'eccezione, lo scarto. Il tempo delle copie è tramontato. Il design non produce più copie, bensì originali. Identità plurali. Auratiche.

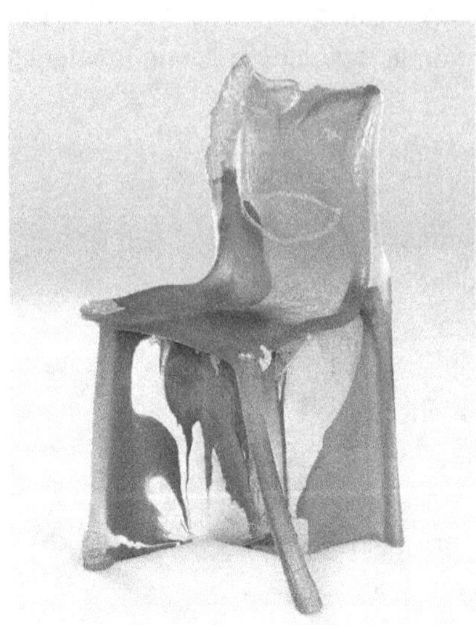

Mentre Warhol concepisce le sue opere come lo specchio di una società che vede nella produzione seriale omologata il principale motore di ricchezza, di conseguenza trasferisce l'oggetto d'arte nel processo seriale, Pesce estrapola l'oggetto d'uso dalla produzione in serie omologata per dargli il carattere di unicità (Mercurio, 2014:34)

La citazione messa all'inizio del capitolo esprime la visione di un'antropologia-non-antropocentrica, dove gli oggetti - resi schiavi come tanti esseri umani - diventano liberi di assumere la propria forma. Così la personalizzazione della serie esce dalla serie e si dirige verso l'auto-costruzione multiduale. Gaetano Pesce usa nuove tecnologie per il suo design indisciplinato e individualizzato. La cultura digitale e la centralità dell'auto-rappresentazione si estende dagli umani agli oggetti, entrambi costitutivi in quanto *esseri* che hanno il diritto alla bellezza e alla loro singolarità soggettiva. L'innovazione è per lui determinata da linguaggio, tecnologia e materiali. Il risultato è una espansione del sincretismo *difettoso* grazie alla sua interconnessione con un meta-feticismo magnifico, molto più chiaro di tanta filosofia o antropologia, attraverso cui vivifica le cose e le rende partecipe del processo di trasformazione meta-morfico. Percepire le connessioni tra i *sintomi impuri* di Zaha Hadid e il *difetto auto-costruttivo* di Gaetano Pesce significa inoltrarsi negli spazi dell'utopia ubiqua.

AUTO-RAPPRESENTAZIONI

Fin dal 1930, Sigfrid Kracauer ha focalizzato tale questione: "l'auto-rappresentazione delle masse soggette al processo of meccanizzazione, ovvero (sono) le condizioni possibili per una cultura democratica" (Kracauer, 1995: 75-86; vedi anche Bratu Hansen, 2012:40). La seconda rivoluzione industriale impressa da fordismo e taylorismo favorirono comportamenti nella vita di tutti I giorni e ancor più nel nascente "entertainment", dove le persone - in particolare quelle abitanti nelle città – furono spinte a manifestare per la prima volta la possibilità di rappresentare se stessi usando (o essendo usati da) i nascenti mass media. Kracauer analizza il caso delle *Thriller Girls* come una danza emergente basata sul sistema di produzione capitalistico applicato al pubblico occidentale, dove lo stile della linea di montaggio è incorporato dalle ballerine. Secondo lui, già allora si manifestò una contraddizione dialettica tra il desiderio di "self-representation" dei media nascenti e il processo meccanico basato sulla "de-individualization".

Allo stesso tempo, "la nozione di Adorno sulla fisiognomica della radio sottolinea che l'*ubiquità è specifica del medium e distingue la radio dalle altre forme di comunicazione*" (Jenneman, 2007:413). Tornando a Zaha Adid e Gaetano Pesce, è possible applicare i concetti di auto-rappresentazione digitale e fisiognomica ubiqua nella creatività del non-essere-ancora. A mio vedere, ovviamente i social network hanno un differente tipo di fisiognomica rispetto alla radio: una fisiognomica digitale e fluida simultaneamente diffusa negli schermi di lap top, cell phone, tablet ecc. Tale ambivalente caratteristica può essere interpretata e forse trasformata attraverso lo stupore metodologico applicato al meta-feticismo e all'auto-rappresentazione ubiqua.

La rivoluzione digitale, la crisi dei mass media, l'emergere di una nuova individualità (*multividuo*) può offrire una radicale e differente sfida in una prospettiva politica che penetra le connessioni tra auto-rappresentazione e tecnologie. "La questione di 'chi rappresenta chi?' riprende la critica di Marx sulla divisione del lavoro. L'attuale accelerato contesto digital-industriale produce un diverso tipo di 'divisione': una divisione tra quelli che comunicano e quelli che sono comunicati; tra quelli che hanno storicamente il potere di narrare e quelli che hanno l'unica possibilità di essere narrati" (Canevacci, 2013:32).

A partire dagli anni Novanta, le mie ricerche hanno avuto come posizionamento tentare di affermare la sfida dell'antropologia contemporanea attraverso la tensione polifonica, la dialogica sincretica e il conflitto comunicazionale tra *etero* e *auto*-rappresentazione. Ricerche, posizionamenti e sfide verranno affrontati e risolti di volta in volta secondo procedure non più unificate bensì decentrate, multiple, alterate. Le procedure metodologiche secondo cui tradizionalmente l'antropologo/a rappresentava l'altro con le sue logiche esterne, con scritture o fotografie aliene, con le sue autorità discutibili si sono – se non esaurite – almeno attenuate. Questo transito sta avvenendo sia sotto le spinte post-coloniali, che hanno denunciato un persistente contesto politico-culturale mondiale che impediva la realizzazione sociale di questo "dopo" che sembrava non arrivare mai; e sia grazie all'affermarsi, anche se minoritaria, di una nuova antropologia critica oltre il monologismo imperante. In conseguenza di ciò, appare evidente che il "chi ha il potere di rappresentare chi" sta diventando un nodo centrale che si aggroviglia sul dominio "scientifico" che una parte maggioritaria dell'Occidente continua ad esercitare verso e contro l'altro.

Il citato problema su "chi-rappresenta-chi" in tutti i risvolti di potere riprende e amplia la critica sulla divisione del lavoro così come Marx l'aveva presentata, rendendo insufficienti le letture otto-novecentesche basate sulla centralità strutturale di stratificazione sociale e processi produttivi. L'attuale fase post-industriale e l'accelerazione delle culture digitali, infatti, includono ulteriori "divisioni" tra soggetti appartenenti a culture ed esperienze diverse, per es. la divisione tra chi comunica e chi è "comunicato", tra chi ha storicamente il potere di narrare e chi sta nella sola condizione di essere un oggetto narrato. È diventata insufficiente persino la classica vocazione dell'antropologia a "cogliere il punto di vista nativo", che può mantenere una parziale legittimità solo in quanto questo stesso nativo – individualizzato e differenziato – comunica il proprio punto di vista.

Per cui tra "chi-rappresenta" e "chi-è-rappresentato" vi è un nodo linguistico specifico, relativo a quella che chiamo *divisione comunicazionale del lavoro*, che va affrontata nei metodi e nelle pragmatiche. Tra chi ha il potere di inquadrare l'altro e chi dovrebbe continuare ad essere *inquadrato* - per essere un eterno panorama umano – si è ossificata una *gerarchia della visione* che è parte di una logica dominante da mettere in crisi nella sua presunta oggettività. La divisione di. È insopportabile – politicamente ed etnograficamente - che nella comunicazione digitale si riproponga un *neo-colonialismo mediale* con una divisione gerarchica tra chi rappresenta e chi è rappresentato, tra chi filma e chi è filmato, chi narra e chi è narrato, chi inquadra e chi è inquadrato.

Le nuove soggettività che stanno affermandosi come "altre"- hanno il vantaggio di poter usare le tecnologie digitali che favoriscono questo decentramento con un effetto dirompente non paragonabile con quello analogico. Facilità di uso, abbassamento dei prezzi, accelerazione dei linguaggi, decentramento di ideazione, editing, consumo. La divisione comunicazionale del lavoro tra *chi narra* e *chi è narrato* – tra *auto* ed *etero*-rappresentazione - penetra dentro la contraddizione emergente tra produzione delle tecnologie digitali (legate ai centri del potere occidentale) e uso di queste stesse tecnologie da parte di soggetti con un'autonoma visione del mondo. Tale divisione e tale contraddizione ridefiniscono lo scenario di potere dentro il quale l'antropologia della comunicazione digitale si dispone per confliggere contro e oltre ogni persistente tentativo di appiattire e folklorizzare l'altro.

Nella antropologia e nell'architettura, nella comunicazione digitale e nella politica comunicazionale, il ricercatore è legittimato a interpretare l'altro solo in quanto è disponibile a farsi interpretare *dall'altro*. Questa è la dialogica utopica e la sfida ubiqua verso una *transitiva* epistemologia della rappresentazione.

⚬⚬ DIASPORICI

Il termine diaspora è abbinato alle disseminazioni di vari popoli nel mondo. La storia del popolo ebraico è legata a tale concetto, per cui a lungo i due termini sono stati associati quasi genealogicamente. Un'altra diaspora è segnata dall'imposizione della schiavitù, che le popolazioni africane hanno subito disperdendosi nelle grandi piantagioni delle Americhe, fino ad arrivare nelle periferie urbane (*quilombos*). Le diaspore palestinesi, curde, maghrebine, asiatiche hanno coinvolto gruppi di persone appartenenti a differenti scenari politico-culturali che si spostano ovunque si prospettino possibilità di vita diverse. Nei tempi recenti, tale termine indica le migrazioni dei *latinos* verso gli Stati Uniti che diventano diaspore quando il loro numero diventa significativo. Infine, la diaspora si avvicina all'esilio: della prima si mette in risalto la dimensione collettiva dello sradicamento territoriale, del secondo il carattere individuale legato a motivi tra i più diversi. Diaspora, migrazione, esilio sono processi storico-culturali affini e diversi, che coabitano e trasferiscono l'una nell'altro.

La diaspora classica è caratterizzata da alcune prospettive: esperienze di comunità di minoranze espatriate - distaccate da un centro originario - con una memoria della terra d'origine - senza sentirsi mai pienamente accettate nel paese ospitante - con il progetto di un ritorno alla terra degli antenati - con una solidarietà di gruppo che produce una forte identità collettiva. Accanto e oltre tale modello si è messo in moto un processo di mobilità transnazionale dalla composizione molteplice (espatriati per piacere, insoddisfatti nazionali, lavoratori flessibili, esiliati senza politica, artisti emergenti, inventori digitali, artisti vagabondi, cercatori di esperienze, di successi, di storie ecc.), attraverso cui si vanno affacciando ben diversi soggetti diasporici fuori da ogni tipologia, non più segnati dallo sradicamento violento e neanche dall'alienazione collettiva dalla propria patria. L'insieme di tali attraversamenti diasporici (quelli di minoranze fuggitive e di individui erranti) sovverte le regole giuridiche e politiche su cui si sono basati gli stati nazionali. Il concetto di cittadinanza è sfidato da questi soggetti diasporici, per cui gli stati e i comuni hanno difficoltà a dare soluzione politica a questi flussi.

Le *identità-diasporiche* esprimono sfide e irregolarità rispetto sia all'ordine amministrativo statuale ospite. Spesso le forme linguistiche o artistiche di queste sfide esprimo miscele sincretiche e, ovviamente, ubique. Allontanarsi dalle proprie origini, da una iniziale identità e da una cultura essa legata; avventure nello sconosciuto e nel rischio di modificare la propria sensibilità; avere identità diverse, sovrapporre la vecchia alle nuove, sentire l'espansione del proprio sé. La vaga consapevolezza che la perdita può essere generatrice di speranza. Che attraversare contesti stranieri non favorisce solo la nostalgia arcaica, nè l'immobilità familistica e neanche la banale assimilazione al nuovo.

Tali diaspore irregolari rompono la stringente alleanza che l'Occidente ha saputo produrre tra umanesimo universalista e nazionalismo statale: tra l'Illuminismo che proclama l'uguaglianza degli esseri umani e gli illuministi che perseguitano questi stessi esseri umani nelle loro colonie. La soggettività diasporica si inserisce negli interstizi di questa morsa per sgusciare e liberare modalità autoaffermative che intaccano il potere immobilista del localismo e quello omologante del globalismo.

Per questo è importante cogliere queste diaspore soggettive, diverse dallo sradicamento violento dal territorio proprio della diaspora collettiva. Favorire una cesura dalla diaspora tradizionale e liberarla dal peso doloroso dell'origine per sprigionare il senso disseminato delle molteplicità. Transitare dalla diaspora connessa alle sofferenze etno-storiche alle diaspore produttrici di esperienze soggettive. La prospettiva dei nuovi sincretismi si basa su quest'ultima concezione delle diaspore, quelle individuali non legate alle forzose migrazioni, alla deterritorializzazione come sottrazione, bensì a una soggettività *eteronoma* che sperimenta lo scorrere potenziale delle proprie pluralità.

Soggettività e identità diasporiche sono esperienze concrete e fluide a disposizione di ciascun multividuo contemporaneo. Ciò che confligge contro dualismo e universalismo è la molteplicità identitaria del soggetto che decide di sperimentarsi diasporicamente. Un transito pluricentrico dalla diaspora coatta-collettiva alle vaganti diaspore soggettive. Le diaspore non sono né una prospettiva normativa che vincola, impone o perfino suggerisce, né un'allegoria che evoca sentieri ibridi. Su tale punto è importante la ricerca condotta da Paul Gilroy sulla diaspora africana vista non più - come normalmente si continua a presentare - come un residuo medioevale. Secondo lui, il viaggio delle navi negriere contiene - all'interno delle sue stive cariche di persone in condizione di schiavitù - "un sistema vivo micropolitico e microculturale in movimento" (Gilroy, 2003:51), che costituisce una delle più straordinarie anticipazioni della modernità:

> Possiamo vedere l'Atlantico Nero dipanarsi in teorie della cultura della diaspora e della memoria della dispersione, dell'identità e della differenza (...). La contaminazione liquida del mare comportava sia la mescolanza che il movimento (19-33).

L'esperienza del transito, delle mescolanze impure, dei sincretismi religiosi, spaziali e culturali, delle ricombinazioni sorprendenti, di stili, codici, modelli insubordinati, si compie grazie alle diaspore africane che attraccano nelle sponde dell'Atlantico e le trasformeranno - più che in nero - in una molteplicità di sfumature cromatiche e identitarie, culturali e comunicazionali, erotiche e filosofiche che anticiperanno la contemporaneità.

Il soggetto diasporico non è più il migrante caratterizzato dalla penuria, dalla ricerca di un lavoro qualsiasi, nè dal violento sradicamento collettivo; non reinventa nostalgicamente una cultura locale che non esisteva nella sua vita d'origine e che non lo realizzava. Non folklorizza se stesso. Il soggetto diasporico esprime una tendenza di una *minoranza non minoritaria* che fuoriesce dal suo mondo locale, che vuole conoscere e attraversare culture diverse e, insieme, se stesso. Il soggetto diasporico manifesta l'insorgenza di una cittadinanza transitiva, non legata a uno Stato-nazione o a un passaporto, bensì immanente al suo essere umano. Umanità che muove. Cittadinanza transitiva e umanista che sfida il diritto globale; il cittadino soggetto di diritti è diasporico e, in questo senso, transurbano: è un cittadino che crea trans-urbanesimo.

La cittadinanza diasporica si può connettere all'arte in senso esteso: molte invenzioni appassionanti esteticamente - che si affermano nell'ambito delle musiche, le mode, i design, i web, gli stili e via così - sono diasporiche. Sicuramente ubique. Forse anche utopiche

META-FETICISMI

Ora confesso la *mia* utopia ubíqua. La mia ipotesi immagina una genealogia antropologica del feticismo tentando di verificare se è possibile affermare e praticare un meta-feticismo oltre il dominio politico o le deviazioni stigmatizzanti incorporadte nel corso delle varie stratificazioni storiche. In questo senso, la prospettiva del meta-feticismo può favorire un *re-enacting* desiderante e mutante com il suo doppio: la meta-morfosi.

Il problema del feticismo è crescente, in particolare per la sua interconnessione con la cultura digitale che sta causando una proliferazione di feticci visuali più differenziati. Tutto ciò significa che un nuovo e preoccupante paradigma coinvolge e trasforma questo concetto. La mia riflessione affronta la tradizione coloniale in cui è nato il concetto, lo sviluppo di Marx per quanto riguarda le merci e l'applicazione di Freud alle perversioni sessuali. Tutto questo sembra radicalmente inadeguato. Ulteriormente il senso "comune", riproduce le spiegazioni nei vocabolari, in cui il feticismo è ancora percepito e definito come qualcosa di magico, irrazionale, primitivo. I feticismi visuali - material/immateriali - sviluppano un approccio pragmatico al di là del dualismo classico e della stessa dialettica; "Lui" (il feticismo) può liberare le incrostazioni collegate a reificazione, alienazione, perversione, senso comune. "Lui" incorpora tendenzialmente - anche se mescolato col dominio - un desiderio disturbato e parzialmente deviato quanto diffuso nelle diverse culture e in diversi modi: affrontare le relazioni organico/inorganico, corpo/merce, occhi/schermo, carne/ tecnologia - forse anche vita/morte – nelle manifestazioni mitiche, sacre o artistiche che animano quello che sembra cosa morta.

Il feticismo collega, incrocia e mescola reificazioni e pietrificazioni, storie e miti, tempo e spazi. Sta all'interno del corpo del capitalismo e nei corpi trans-culturali mitologici che vivono nella vita quotidiana contemporanea. Feticismo anima non solo merci e reifica contestualmente lavoratori: "lui" vivifica quello che è fisso, un oggetto, una cosa o una immagine. Pertanto, i feticismi visuali sono determinati dal concetto di *fatticità*, un concetto sensoriale in cui viaggiano – con tensioni ibride - cose, oggetti, merci, pixel.

Nella mia prospettiva, il feticismo in generale – e in particolare le nuove forme di feticismi digitali - esprime una tendenza oltre il paradigma dualistico. Di conseguenza, incorpora un *oltre*, cioè il *meta*-feticismo che a sua volta è collegato con altro concetto complesso praticato in modi diversi in molte culture: la *meta*-morfosi.

La mia ipotesi è chiara: la crescente incrocio tra meta-feticismo e meta-morfosi è desiderato e praticato attraverso l'espansione dei sincretismi culturali. Questo mix compulsivo di codici, stili, comportamenti, arti, moda disegna scenari che stanno diventando fondamentali nelle culture e nelle politiche contemporanee. A volte, i frammenti di liberazione sono percepiti con indifferenza passiva o regressioni violente; quello che è chiaro osservando i siti fondamentalisti (nella religione, politica o nello sport). Qui vorrei sostenere il potenziale utopico *oltre* incorporato nelle reificazioni contemporanee, ben diverse da quelle industrialiste. E la direzione è un sincretico aurorale meta-feticismo.

Il feticcio è un concetto di matrice coloniale che nasconde un desiderio oscuro/luminoso che i portoghesi hanno cercato di rinchiudere in una regressione primitivista e animista, senza storia e senza teologia. Animismo come anima secondaria e inferiore. Anima degenerata o meno sviluppata. Il potenziale insito nel feticismo aspira al desiderio di relazionarsi e cercare di risolvere le differenze tra ciò che è morto e ciò che è vivo (*body-corpse*), tra sacro e quotidiano, sesso e erotica, lavoro e arte. In conclusione, il feticismo incorpora il desiderio di capire e di vivificare frammenti di culture al di là del dualismo concettuale, di paradigmi dicotomici o della dialettica sintetica: "Lui" è filosofia pragmatica e perturbativa che capisce il rapporto tra reificazione e pietrificazione, tra mito e ragione. E la risolve o la dissolve.

Chiamo *meta-feticismo* questa costellazione vagante sincretica. In esso, sopravvivono desideri interculturali, speranze politiche, performance marginali, deviazioni sotterranei che fluttuano, si differenziano e mescolano culture diverse. L'immaginazione esatta del meta-feticismo esplora un'antropologia non antropocentrica. Dove cose, merci, oggetti (le fatticità) sono liberati dalla sentenza di essere utili o morti. I meta-feticismi si intersecano con le meta-morfosi e - così sincretizzati - affermano il potenziale utopico e ubiquo di sovvertire lo "stato delle cose": perché le cose sono material/ immateriali e non hanno stato, ma movimento. Le cose sono esseri transitivi.

Il feticcio è un oggetto oltre se stesso: un soggetto che anima l'inanimato. E che apreverso storie utopiche attraversando o *stupore ubiquo della fatticità*... Il feticismo attende la sua liberazione: questa la mia utopia ubiqua.

Qui vorrei accennare alle complessità delle relazioni tra ubiquità stazionaria, pixel e fatticità che non solo i social network mettono in moto, ma anche (a volte direi soprattutto) i commenti dei lettori nelle versioni online dei quotidiani. In un saggio inedito sulla personalità digital autoritaria (Canevacci, 2017) ho svolto una ricerca etnografica sui valori psico-digitali diffusi su Facebook e quattro quotidiani (La Repubblica, A Folha de Sao Paulo, The Guardian, Il Corriere della Sera), raccogliendo i commenti su nove tipologie valoriali. Emerge una chiara connessione tra anonimato e pulsioni "liberate" senza censure. Il farsi-vedere si fa ambiguo e affine a quanto emerso nell'io-porno precedente. Si potrebbe dire un io-ubiquo stazionario. Si favorisce un'ancor più solida alleanza tra es e super-io attraverso il digitale, dove l'io si traveste da violento accusatore senza remore o tabù. Alcuni esempi:

Su Trump e Hollywood:

"E vorrei ben vedere!? Ma chi sono 'sti attorucoli persona di celluloide che pensano di dire solo grandi verità? Queste c'hanno la pancia piena e ci vengono a fare la morale" – "Trump mi è sempre più simpatico !! Il fatto che questi stronzetti drogati di divi di Holliwood, che guadagnano milioni di euro e poi si divertono a fare i comunisti, sono contro di lui dimostra che fa bene a fare quello sta facendo" - "Eh, ma il trump le statuette a quei vip... gliele ficca nel sedere, finchè c'è lui, quei quattro vip piddini... non lavoreranno più in USA!"

Sull'immigrazione:

"Vergognoso!!! Cacciamoli via tutti e mandiamoli a zappare" - "Ma quale populismo! È il popolo che ne ha le tasche piene della sinistra e dell'invasione afroislamica" - "Vai a raccontare alla ragazzina stuprata nel treno la storiella del popolo che fugge dalla propria casa" - "Bisogna fare come in Corea del Nord, Zimbabwe e Venezuela" - "Prendiamoli tutti dal vaticano al colle tutta una banda di ladri... mettiamoli nelle mani del popolo. Non bisogna torcergli nemmeno un capello... riprendere loro tutto quello che hanno derubato al popolo... una pensione da 490,00 euro al mese... e vederli, tutti, in fila alla mensa della caritas".

Sull'eutanasia:

"Provo disgusto. Non tanto per la scelta di un grave malato, bensì per la spettacolarizzazione e la vergognosa grancassa mediatica" - "Concordo con lei, quello che è vergognoso in questa vicenda è proprio la speculazione politica e la spettacolarizzazione della morte, una cosa indegna" - "Trovo squallido il clamore mediatico e politico su queste vicende...perfino gli animali quando sentono arrivare la fine si nascondono in un posto tranquillo, solitario e buio dove stare tranquilli con la loro coscienza ad attendere il ritorno nell'infinita danza probabilistica della materia".

Sull'ex Presidente del Brasile Luis Ignacio da Silva (detto Lula, soprannome che vuol dire calamaro e qui chiamato mollusco):

Quem afirma que o Molusco não sabia de nada é ingênuo ou mau caráter - LULA na cadeai Já. Chaves, morreu, Fidel, morreu... Molusco tua vez tá chegando!!! (chi afferma che il Mollusco non sapeva nulla è ingenuo o pessimo carattere – Lula in prigione subito! Chavez è morto, Fidel è morto, Mollusco la tua ora sta arrivando).

Sui nickname come risate impietrite:

Spiritospirito, folgoratus, nicbari, cucciolo50, 1xor1, specialone06, yoyoyoyo, demos5601, diamociunamossa, joyful, sikomoro, adii, zeta1, adaadao01, cicciusimula, jos611, batatrump, kiccobach, AhBrightWings, AbFalsoQuodLibet, dongerdo, Socraticus, Truthfulchat, stupormundi, FeralMeryl, RainyDayCarts, Alamo TX.

Alcuni di questi nickname sono famosi e ritornano quasi quotidianamente nel praticare la loro contro-informazione, un misto ormai noto di risentimento, odio, vergogna, moralismo, massmediologia, sociologismi, complottismi, geopolitica e - su tutti - razzismo, omofobia, sessuofobia. Rielaborando la famosa Scala F di Adorno (F = Faschismus), disegno una Scala FB, che non casualmente allude a Facebook. I risultati sono deprimenti: quelle aspettative della rivoluzione digitale, decentrata e priva di controlli, si sta manifestando come una personalità autoritaria digitale. Le conseguenze di tale retrocesso si potranno accompagnare solo sviluppando la ricerca e tentando di contrastare tale catastrofe.

FINALE CLASSICO-UBIQUO

Per concludere con una metodologia utopica, vorrei focalizzare Kairos, dio greco del "momento passaggero", che coglie un'opportunità favorevole che oppone il fato all'umano. Tale momento deve essere afferrato nel ciuffo di capelli sulla fronte della figura fuggente, altrimenti il momento va via e non può essere ripreso: per questo, la parte posteriore della sua testa è calva. L'immagine dei capelli sulla fronte e della nuca calva era associata dai romani alla dea Fortuna. Sulla statua di Kairos fatta da Lisippo era scolpito il seguente epigramma di Posidippo:

"E chi sei tu? - *Il Tempo che controlla tutte le cose.*

Perché ti mantieni sulla punta dei piedi? - *Io non corro mai.*

E perché hai un paio di ali sui tuoi piedi? - *Io volo con il vento.*

E perché hai dei capelli davanti al viso? - *Per colui che mi incontra per prendermi per il ciuffo.*

E perché, in nome del cielo, hai la parte posteriore della testa calva? *Perché nessuno mi afferra da dietro*".

La proposta verso un'etnografia indisciplinata, impura e diasporica si muove verso un'utopia ubiqua che va in questa direzione diagonale: afferrare il ciuffo frontale di Kairos, senza aspettare rinchiusi nell'immobilità realista.

Visioni meta-feticiste

Gli uomini sono comunicazione
Il video è comunicazione
Gli uomini sono video[1]

Nel corso del processo di movimentare Gregory Bateson, il concetto di ecologia è stato svincolato dal suo coincidere con un ambiente "naturalistico", per essere esteso alle influenze crescenti del panorama per eccellenza della nostra cultura: le costellazioni visuali. In tale mutante ecologia visuale, è stato necessario perseguire, comprendere e, se possibile, trasformare l'espansione crescente della comunicazione digitale e del relativo inquinamento simbolico. Per questo, nell'attraversare le costellazioni visuali in mutazione si è applicato il metodo feticista del *farsi-vedere*, per sperimentare un meta-feticismo che assume la prospettiva di una *antropologia-non-antropocentrica*. Animismo, totemismo, feticismo, sincretismo sono concetti ripresi da una tradizione etnografica bloccata, decontestualizzati, ridefiniti e applicati nei contesti comunicazionali attuali. Essi emanano *filamenti visuali* dai crescenti *videodrome*, percorrono l'oscura *Mulholland Drive*, incrociano storia e mito, osservano reificazioni e pietrificazioni, incontrano l'arcaico presente, sfidano il porno-senza-scrittura, annusano profumi, forano occhi e mozzano teste.

Alla fine, per cercare di *comunicare sulla comunicazione*, si deve riprendere a distanza il disegno, l'orlo, la trama che connette "sorgenti" così diverse tra loro. Panorami urbani e facciali, etnici e digitali, materiali e immateriali sono stati trasportati nella *costellazione visuale* per frammenti qualitativi in movimento, che è possibile ricomporre solo in un senso temporaneo. L'ordine logico della comunicazione contemporanea non è dato *a priori*, né fisso: la nebulosità di un oggetto che si manifesta sempre più come soggetto *transita* nelle dissolvenze, rivendica scelte metodologiche tendenti ad adeguarsi in modo non predeterminato alle fluttuazioni della cosa-essere. Per questo è stata rifiutata la priorità del metodo, entro cui incanalare l'oggetto della ricerca, dove l'elaborazione di un'ipotesi di lavoro contiene già la verifica che dovrebbe essere sfidata prima di legittimarsi. Allora si è ricercato un modo *decentrato* e *individualizzato*, sensibile alla variabilità estrema delle molte e variegate trame della comunicazione. Da qui il rifiuto di un approccio sintetico, spesso predeterminato, e la ricerca di un'antropologia dialogica, polifonica e sincretica. *Un'antropologia meta-feticista.* Attraverso una prospettiva che non ha un finale – come tessere di un mosaico instabile – si tenta di allargare la percezione, attraversare trasversalmente vari generi, disegnare una mappa della cultura visuale que - più che definire – disorienta l'osservazione e sfida gli sguardi.

Per questo l'interpretazione di ogni sezione ha cercato di sviluppare un mix dialogico con i vari frammenti della comunicazione, come se fossero soggetti interrogati e interagenti – ognuno con la sua propria sensibilità e la propria biografia – e non semplici oggetti da vedere e classificare.

La costellazione della comunicazione visuale è il risultato di una selezione essenzialmente qualitativa, che cerca di disorientare *e* rappresentare la complessità del mutamento culturale. Tra le nebbie dell'antropologia visuale, questo mutamento sembra delineare – seguendo Prigogine (1979) – un «ordine mediante fluttuazioni». Tale concetto sembra adeguato a quella lunga fase che, a partire dagli anni Ottanta e accelerata dal digitale, si può definire *accumulazione originaria di immagini* in analogia alla dinamica percorsa da altri beni merceologici. Questo periodo "anarchico" della comunicazione visuale conduce a un modello fluttuante, in cui si assestano e si dissolvono in continuazione equilibri squilibrati, caratterizzati da un alto grado di *entropia visuale*. La comunicazione visuale – che connette la mente individuale con i circuiti dell'informazione – subisce i vari gradi di mescolanze, disordini, indifferenziazioni, imprevedibilità e casualità affini ad altri tipi di aggregati. Questa *entropia visuale* emana trame che "nutrono" al loro interno una *struttura dissipativa* (Prigogine, 1979) che le rende obsolete, inefficaci, superate rispetto a impulsi ottici, ad accelerazioni di segni, alla modernità dissolvente nell'aria-di-pixel. Il perturbante della comunicazione visuale è il suo *disordine*, che spinge al mutamento di ogni codice dato; l'assuefazione e il riconoscimento devono cedere allo *stupore risentito* per così adeguarsi ad una struttura dell'attenzione culturalmente dissipativa.

Il rapporto tra centro e periferia della comunicazione visuale consiste anche nell'innesto – all'interno di un individuo, di un gruppo subculturale o di un'area etnica – di tensione difficilmente risolvibili che oscillano tra *mutamento* e *stagnazione*. In questa contraddizione, i soggetti deboli quanto più sono lontani dai cerchi che irradiano – come da un sasso nello stagno – i modelli comportamentali vincenti della comunicazione visuale, tanto più si tendono e si lacerano (nello sforzo di non integrarsi) oppure si allentano e decadono per cedere all'omologazione. Si diffonde così un *doppio vincolo di tipo antropologico*, sempre più transculturale, multietnico e polisemico: ciò che Bateson chiama trama che connette i mondi umani, animali, vegetali e inorganici si sta attuando secondo uno schema imprevisto. È una sorta di *anti-ecologia della mente*, in cui sempre più numerose zone dell'umanità si trovano avviluppate da lacci contraddittori, secondo cui - se si accetta il mutamento culturale - si dissipa la propria identità e, se si rimane fissati in quest'ultima, si sprofonda nell'anomia folklorica. La grande sfida della comunicazione attuale è quella di penetrare nell'insopprimibile processo di trasformazione, di decentrare il più possibile ogni soluzione, di ricercare equilibri instabili e delicati, in cui lo scambio tra aree diverse conduca verso reciproci sincretismi digitali (Canevacci, 2013).

Spezzare questo doppio vincolo è fondamentale e nelle stesse esperienze di Bateson si citano casi con cui liberare potenzialità creative. L'immaginazione visuale può percorrere trame sincretiche di culture non omologate dall'integrazione né museificate dall'isolamento.

Un'altra sfida – qui solamente accennata – sull'urgenza drammatica verso un diverso modulo di immaginazione esatta si riferisce alla crisi della dialettica (e della dicotomia) tra pubblico-privato, soggetto-oggetto, natura-cultura. La discussione negli ultimi anni ha diversi pensatori che dibattono le questioni politico-culturali derivanti dalla comunicazione: Eli Pariser - nella sua opera *The Filter Bubble* (2011) - afferma che la proliferazione digitale nei social network personalizza l'utente solo per usarlo come auto-produttore del suo *target* pubblicitario, utilizzabile dalle grandi corporations digitali. Così, Apple, Amazon, Google, Facebook hanno elaborato un algoritmo di controllo sugli utenti per concentrare il proprio potere tecno-economico e cultural-comunicacional. È noto che i filtri si basano su *big dada*, cioè su calculi matematici che concentrano e selezionano informazioni (email, GPS, iPhone, social network, app), che diventano un *target* per la pubblicità individualizzada, spoliticizzando il pubblico/privato e controllando la società. Lo *user* non è più un *prosumer* ma un funzionario che produce valore lavorando gratis Google e &. Ogni utente diventa vira una cifra identificabile via software, per segmentare profili specifici; così, ognuno vive inconscentemente in un bolla invisibile creata solo per lui/lei attraverso questi ubiqui *big data* che selezionano ogni comportamento digitale disegnando i diversi interessi individuali. In conclusione, i filtri decidono tutto quello che "io" voglio, secondo la tradizione massificata del secolo passato. La Bolla Omologa.

Al contrario, Byung-Chul Han (influenzado da Flüsser) percepisce la Rete come liberazione potenziale basata su scelte progressive grazie alla frammentazione individuale (2013). Egli afferma l'urgenza di un nuovo paradigma politico a-sociale, basato su coordinate mentali innovatrici; critica il concetto ancora egemonico di collettivo e valuta positivamente la scomparsa grazie a quella sfera pubblica, considerata fondamento della democrazia politica da Habermas. Han inventa il concetto di *Digital Schwarm* che non é una massa, ma un vento insettivoro dove ogni persona non si costituisce più forma partitaria o ideologica. Una democrazia senza opinione pubblica disegna la democrazia dello *Schwarm-stormo.* Infelicemente - dopo il vento delle api - inventa una relazione tra il pensiero di Rousseau (la volontà generale) e Internet, elogia o gregge citando erroneamente Nietzsche, fino a precipitare in una indistinta razionalità pre-comunicativa. Comunicare come api e pecore sarà la politica senza partiti né ideologie. In conclusione, i due pensatori - come un mio amico filosofo italiano mi scrisse, "disegnano un futuro che é già passato" (Decio Murè, comunicazione personale)[2].

In questo senso, il progetto iniziale di farsi-vedere, farsi-sguardo, farsi corpo-pieno-di-occhi assume la metodologia dell'allenamento costante per apprendere a osservare e osservarsi. La prospettiva è dialogica con l'altro, ubiqua con se stesso, sincretica con la metropoli, polifonica col mondo. Alterità estrema. Il soggetto ubiquo attuale sempre più scopre di avere alterità interne non sempre controllabili o accettabili, e ne rimane perturbato, giocando con sottili rimozioni, rinvii quotidiani, accettazioni rischiose. Il sillogismo schizzato di Bateson esprime una verità verificabile – per chi accetti di osservarsi come altro – specie nei social network attuali e ancor più in Facebook, la regina della notte dei social. Le domande crescenti si stratificano in percezioni empiriche verso tendenze digital-autoritarie che vanno contro le aspettative liberazioniste incorporate delle nuove tecnologie.

Gli uomini sono comunicazione

Facebook è comunicazione

Gli uomini sono Facebook...

In conclusione, vorrei esplicitare una dichiarazione di intenzioni: il libro applica una metodologia antropologica feticista per verificare se é possibile praticare l'ipotesi di un meta-feticismo oltre i domini storici del colonialismo e del pensiero dicotomico affermatisi nella storia.

La crescente espansione della cultura digitale sta causando una proliferazione dei più differenziati *feticismi visuali*. Tutto questo significa che un nuovo e perturbante paradigma sta trasfigurando questo concetto. In un altro lavoro affronto la tradizione coloniale da cui tale concetto è nato, lo sviluppo reificato di Marx in relazione alla merce e l'applicazione perversa di Freud alla sessualità. Infine, nel senso "comume" il feticismo è ancora percepito come qualcosa di magico, irrazionale, primitivo. Tutto questo appare radicalmente inadeguato.

I feticismi visuali - material/immateriali – sviluppano una pragmatica oltre il dualismo classico e della stessa dialettica; il feticismo si può liberare dalle incrostazioni conesse a colonialismo, reificazione, alienazione, perversione; incorporare un desiderio parzialmente deviato quanto diffuso in culture diverse: affrontare le relazioni organico/inorganico, corpo/merce, skin/screen, carne/tecnologia nelle manifestazioni mitiche, sacre o artistiche che animano quel che appare *cosa* morta. Il feticismo conette, incrocia e mescola reificazioni e pietrificazioni, storie e miti, tempi e spazi. Sta dentro il corpo del capitalismo attuale e nelle ossa mitologiche trans-culturali che convivono nella vita quotidiana. Il feticismo non anima solo le merci e reifica i lavoratori: *lui* vivifica quello che è fisso, un oggetto, una cosa o una immagine.

Nella mia prospettiva, le mutanti forme dei feticismi digitali esprimono tendenze oltre il paradigma dualista. In questo, il *meta-feticismo* a sua volta si relaziona con un altro concetto praticato in differenti in molte culture: la *meta-morfosi*.

Gli incroci potenziali tra meta-feticismi e meta-morfosi sono praticati attraverso *sincretismi culturali*. Tale compulsiva mistura di codici, stili, comportamenti, arti, mode, speci viventi o cose inanimate disegna scenari che stanno diventando fondamentali nelle culture política contemporanee. É tempo di sperimentare il potenziale *oltre* incorporato nelle reificazioni o perversioni contemporanee, ben diverse da quelle industrialiste. E di immaginare spazi per aurorali meta-feticismi – sincretici, polifonici, ubiqui.

Il feticismo coloniale nasconde un desiderio oscuro/luminoso che i portoghesi tentarono di chiudere in una regressione primitivista e animista, senza storia e senza teologia. Animismo come *anima* secondaria e inferiore. Anima degenerata o non evoluta. Le potenzialità immanenti al feticismo aspirano a un desiderio di risolvere le differenze tra il morto e il vivo, il sacro e il quotidiano, sesso e erotica, lavoro e arte. Il feticismo incorpora le tensioni desideranti per vivificare frammenti culturali oltre i paradigmi dicotomici o la dialettica sintetica: feticismo è filosofia pragmatica perturbativa che intende le relazioni tra reificazione e pietrificazione, mito e ragione. E le dissolve.

Chiamo *meta-feticismo* questa costellazione sincretica vagante. In lei, sopravvivono desideri transculturali, speranze politiche, performance marginali, itinerari sotterranei che fluttuano, si differenziano e si mescolano nelle diverse culture. L'*immaginazione esatta del meta-feticismo esplora un'antropologia-non-antropocentrica*. Dove cose, merci, oggetti sono liberati dalla condanna di essere solo utili o morti. I meta-feticismi si sincretizzano con le meta-morfosi e, insieme, affermano la potenzialità di sovvertire lo "stato delle cose": perché le cose sono material/immaterials e non hanno *stato* ma movimento.

Torniamo, di conseguenza, al sillogismo schizofrenico citato all'inizio, poiché proprio nel suo errore si nasconde una grande verità. L'errore, a volte, ha la capacità di esplorare quelle zone irrazionali dell'esistenza che non sono controllate dalla pura razionalità. O che non coincidono con essa. Nell'errore può esservi un'aporia per la logica (o una certa logica), ma non sempre anche per l'esistenza. Per questo, nelle pieghe di quell'errore – che vede una contiguità ecologica tra erba e umanità – l'essere anche erba da parte dell'umanità stabilisce una diversa verità: che vi è una contiguità immanente tra ogni forma di vita e persino tra l'organico e l'inorganico.

Ho tentato di trasportare quell'errore – un errore falso-vero, quindi *fake* – da una trama ecologico-naturalistica a una ecologico-comunicativa. Ed è singolare notare come, accettando di giocare con questo errore, si possa elaborare una trama in forma di *patchwork* – ovvero dare sensi e sensori, visioni e visori – per connettere le ricerche esplorate nel corso del saggio: le mutazioni espresse nel *videodrome* di Cronenberg, nei corpi in *trance* balinesi, nelle schermate degli storni, nel groviglio profumato dei corpi, nell'animalità della *Tigra* o nelle poesie mitiche e filmiche di Pasolini («non c'è nulla di naturale nella natura»), nella proliferazione del *visus* o di panoramici *videoscape*. Forse la stessa luce o lo stesso rumore affascinante e sinistro emesso dalle scatole di *Bella di Giorno, Pulp Fiction, Mulholland Drive,* nelle ubiquità fetish di David Lynch, nella proliferazione del visus in Waldo, nei selfie di Cindy Sherman, nel ranking onnivoro dei bodyscape. Nel sillogismo errato – gli uomini sono video – è possibile trovare una parte di verità di quanto affermato all'inizio: che la fantasmagoria visuale può essere decifrata e liberata solo nel rischiare feticisticamente di *farsi vedere*.

1. Come si può notare, questo è un sillogismo errato, ripreso e modificato nei suoi predicati da un sillogismo di uno schizofrenico citato da Bateson (1972): «Gli uomini sono mortali/ l'erba è mortale/ gli uomini sono erba». In entrambi vi sono contenute alcune verità, pur nel loro errore logico o forse proprio per questo, poiché esplicitano quella «struttura che connette» l'erba, il video, l'uomo, contro quelle rigide categorie classificatorie che teorizzano una *separazione* ontologica tra natura, cultura e comunicazione visuale.

2. La migliore critica allo sciame si può leggere in Antonio Lucci, qui nel suo punto finale: "Han ci consegna un libro di oscure *visioni del digitale*, pieno di immagini potenti, spunti acuti e a volte al limite del geniale, ma manca laddove la prova della filosofia maggiormente lo chiama: alla produzione di una teoria, alla lentezza dell'hegeliana *fatica del concetto*, ricadendo in quella velocità comunicativa, in quella rapidità dell'informazione che non è riflessione, che è il suo stesso oggetto precipuo di critica" (Lucci, 2015).

Massimo Canevacci è un antropologo "indisciplinato" e "ubiquo". Le sue ricerche etnografiche hanno attraversato la *città polifonica* di São Paulo e la *linea di polvere* nel villaggio Bororo; i *sincretismi* culturali e i *feticismi* visuali; la *comunicazione* digitale e le *culture eXtreme*. Ha insegnato Antropologia Culturale e Arte e Culture Digitali presso l'Università degli Studi di Roma "La Sapienza". Come *Visiting Professor* è stato invitato in diverse università Europee, Tokyo (Giappone), Nanjing (China). Attualmente è *Visiting Professor* nella cattedra "Edward Said" - Università di São Paulo UNIFESP, eppure la sua condizione di *semi-esiliato* non sembra ancora finita. Tra le sue pubblicazioni: 2017 *La linea di polvere,* Milano, Meltemi (trad. in inglese, *The Line of Dust*, Sean Kingston Publ., 2013); 2015 *Fetichismos Visuais*, Atelier, São Paulo (in corso di trad. in Spagna (UOC) e di pubblicazione da Mimesis, Milano); 2014 *SincretiKa. Esplorazioni etnografiche sulle arti contemporanee*, Bonanno, Roma (tr. in Brasile e in corso di pubblicazione in inglese, SKP); 2013 *A Cidade Polifonica*, São Paulo, Nobel (in corso di pubblicazione da Rogas, Roma); 2012 *Digital Auratic Reproducibility*, in "An Ethnography of Global Landscapes" (ed. Loshini Naidoo), InTech, Rijeka.

BIBLIOGRAFIA

Adorno, T. W. *Stelle su misura,* Torino, Einaudi, 1983

Adorno, T. W. (*et al.) La personalità autoritaria,* Milano, Comunità, 1973

Adorno, T. W. Horkheimer, M. *Dialettica dell'Illuminismo,* Torino, Einaudi, 1966
Appadurai, A. (ed.) *The Social Life of Things,* Cambridge, Cambridge University Press, 1986

—*Disjunture and Difference in the Global Cultural Economy,* in Featherstone, 1990.

Attimonelli, C.- Susca, V. *Pornocultura,* Milano, Meltemi

Bachtin, M. *L'opera di Rabelais e la cultura popolare,* Torino, Einaudi, 1979

—*L'autore e l'eroe.* Torino, Einaudi, 1988

Balàzs, B. *Il film,* Torino, Einaudi, 1975

Balikci, A. (ed.) *Commission of Visual Anthropology,* "CVA Review", Quebec, 1989

Bateson, G. *Verso unecologia della mente,* Milano, Adelphi, 1976

—*Mente e natura.* Milano, Adelphi, 1984

—*Naven. Un rituale di travestimento in Nuova Guinea,* Torino, Einaudi, 1988

Bateson, G., Mead, M. *Balinese Character. A Photographic Analysis.* Wilbur, New York Academy of Sciences. Nova York, G. Valentine Editor, 1942

Bateson, M. C. *Con occhi di figlia.* Milano, Feltrinelli, 1985

Baudelaire, C. *I fiori dei male,* Milano, Feltrinelli, 1964

Bazin, A. *Che cos'è il cinema?* Milano, Garzanti, 1973

Bazzichelli, T. *Network Disruption,* Aarhus Univ., 2011

Benjamin, W. *Angelus Novus,* Torino, Einaudi, 1962

—*L'opera d'arte nell'epoca della sua riproducibilità tecnica,* Torino, Einaudi, 1966

—*Il dramma barocco tedesco,* Torino, Einaudi, 1971

—*Lettere 1913-1940,* Torino, Einaudi, 1978

—*Parigi capitale del XIX secolo,* Torino, Einaudi, 1986

Berman, M. *All that is Solid Melt into Air.* Nova York, Simon and Schuster, 1982

Berners Lee, Tim, *L'invenzione del World Wide Web,* La Repubblica, 14/11/2011

Betsky, A. - Adigard E., *Architecture Must Burn*, Ginko Press, San Francisco, 2000

Bhabha, H.K., *I luoghi della cultura*, Roma, Meltemi, 2001

Blisset, L. *Strategia del multiple name,* "Derive Approdi", Milano, 1995

Bock, P. K. *Antropologia culturale moderna,* Torino, Einaudi, 1978

Boon J. A. *Other Tribes, Other Scribes,* Cambridge, Cambridge University Press, 1982

Bourguignon, E. *Antropologia psicologica,* Bari, Laterza, 1983

Bratu, M., *Cinema and Experience. S. Krakauer, W.Benjamin, T.W.Adorno*, University of California Press, Berkeley, LA, London, 2012

Buñuel, L. *Sette film,* Torino, Einaudi, 1974

—*Decoupage,* 1929

Bureau, G. *Les masques,* Paris, Seuil, 1948

Burroughs, W. *Ragazzi selvaggi,* Milano, Sugarco, 1969

—*Il pasto nudo,* Milano, Sugarco, 1969

Byung-Chul Han, *Im Schwarm. Ansichten des Digitalen*, Matthes & Seitz, Berlin, 2013

Caillois, R. *I giochi e gli uomini. La maschera e la vertigine,* Milano, Bompiani, 1981

Caiuby Novaes, S. (ed.), *Habitações Indìgenas,* São Paulo, Nobel-USP, 1983

Canevacci, M., *Dialettica della famìlia*, Roma, Savelli, 1977

Antropologia del cinema, Milano, Feltrinelli, 1984

— *A cidade polifônica,* Studio Nobel, São Paulo, 1994 (nuova ed. 2004)

— *Culture eXtreme*, Roma, Meltemi 2000

— SincretiKa, Roma, Bonanno, 2014

— *Ubiquitimes. The ethnographic experiences of digital cultures*, paper presentato al convegno "An Interdisciplinary Collaborative Study on Time", São Paulo, 2015

— *Fetichismos visuais,* Atelier, São Paulo, 2016

— *La linea di polvere*, Milano, Meltemi, 2017 (*The Line of Dust*, Canon Pyon, Sean Kingston Publ., 2013)

Chiozzi, P. *Manuale di antropologia visuale,* Milano, Unicopli, 1993

Clifford, J. *The Predicament of Culture,* Cambridge, Mass., Harvard University Press, 1988

Clifford, J., Marcus, G. *Writing Culture.* Berkeley, University of California Press, 1986

Cooper, M. - Rowan, J., *The Plural Self*, Sage, London, 1998

Courtine, J. J., Haroche, C. *Storia del viso,* Palermo, Sellerio, 1992

Crane, G. *Composing Culture: the Authority of an Electronic Text,* "Current Anthropology", 1991

Crapanzano, V. *Tuhami,* Chicago, University of Chicago Press, 1980

— *Hermes' Dilemma,* in Clifford-Marcus, 1986

Curi, U. (org.) *La comunicazione umana,* Milano, Angeli, 1985

D'Agostino, M.H., *A coluna e o vulto*, São Paulo, Annablume

Dell Hymes, H. *Anthropology and Poetry,* "Dialectical Anthropology", 2-4, 1986.

De Martino, E. *Sud e magia,* Milano, Feltrinelli, 1959

— *Il mondo magico,* Torino, Boringhieri, 1973

Denzin, N. K. *Images of Postmodern Society,* Londres, Sage, 1991

Détienne, M. *Dioníso e la pantera profumata,* Bari, Laterza, 1983

Devereux, G. *Saggi di etnopsichiatria generale,* Roma, Armando, 1978

Diamond, S. *Anthropology and Poetry,* "Dialectical Anthropology", 2-4, 1986

Dicks, B. - Mason, B., *The Digital Ethnographer*, in "Research Methodology Online", www.cybersociology.com

Douglas, M. *I simboli naturali,* Torino, Einaudi, 1979

Durham, J., *Cowboys e...*, in Avatar, n. 3, Roma, Meltemi, 2002

Eberle, O. *Cenalora,* Milano, Il Saggiatore, 1966

Eibl Eibesfeldt, I. *L'avventura umana,* Bari, Laterza, 1980

Ellis, B. E. *American Psycho,* Milano, Bompiani, 1991

Ewart, E.- O'Hanlon M. *Body Art & Modernity*, Wantage, SKP, 2007

Faubion, J.D.- Marcus, G.E. *Fieldwork is not what it used to be*, Ithaca/London, Cornell Univ. Press, 2009

Featherstone, *Cultura del consumo e postmodernismo,* Roma, Seam-TCC, 1990

— *Cultura Globale,* Roma, Seam-TCC, 1995

Featherstone, M., Hepworth, M., Turner, B. S. (ed.) *The Body,* Londres, Sage, 1991

Ferrazzi, M. *Con occhi sbarrati*, Tesi di Laurea, 2001

Fox, R. *Antropologia biosociale,* Roma, Armando, 1979

Frazer J.C., *The Golden Bough,* London Mcmillan Press, 1911

Freeman, D. *Margaret Mead and Samoa: the Making and Unmaking of an Anthropological Myth,* Cambridge, Mass., Harvard University Press, 1983

Freud, S. *Il disagio della civiltà*, Torino, Einaudi, 2010

Gagliardi, P. (ed.) *Le imprese come culture,* Torino, Isedi, 1986

Geertz, C. *Interpretazione di culture,* Bologna, Il Mulino, 1987

— *Opere e vite. L'antropologo come autore,* Bologna, Il Mulino, 1990

Geffroy, Y. *La masque: visage à corp perdu,* "Bullettin de Psychologie", 376, 1984

Gehlen, A., *Anthropologische Ansicht der Technik*, Dusseldorf, Schilling, 1965

Gibson W., *Neuromancer*, London, Victor Gollancz, 1984

Gilroy, P., *The Black Atlantic*, Roma, Meltemi, 2003

Ginsburg, F. *Indigenous media: faustian contract or global village?,* "Cultural Anthropology", 1991

Goldberg, R. *A Arte da Performance,* São Paulo, Martins Fortes, 2006

Groys, B. *Going Public*, Milano, Postmedia Books, 2013

Hadid, Z., *Recent Work*, in Noever, P. *et al.* (eds.) *Architecture in Transition Between Deconstruction and New Modernism,* Munich: Prestel Publishing, 1991

Hamman,R. *Cyberorgasm among multiple selves and cyborgs,* Dissertation, Univ. of Essex, 1996

Harris, M. L'evoluzione *dei pensiero antropologico,* Bologna, Il Mulino, 1971

— *America Now,* Milano, Feltrinelli, 1983

Hauser, J., *Bio Art: Taxonomy of an Etymological Monster,* in *Hybrid Creatures,* Ars Electronica, Hatje Cantz, Linz, 2005

Hofstadter, D. R. *Gödel, Escher, Bach,* Milano, Adelphi, 1984

Jameson, F. *Il postmoderno o la logica culturale del tardo capitalismo,* Milano, Garzanti, 1989

Keesing, R. M. *Exotic Readings of Cultural Texts,* "Current Anthropology", 1989

Kerényi, K. *Gli dei e gli eroi dell'antica Grecia,* Milano, Il Saggiatore, 1963

Knorr Cetina, K. *Primitive Classification and Postmodernity: toward a Notion of Fiction,* "Theory, Culture & Society", 1994

Kopytoff, L. *The Cultural Biography of Things: Commodification as process,* in Appadurai, 1986

Krahl, H. J. *Costituzione e lotta di classe,* Milano, Jaca Book, 1973

Kracauer, S., *Cinema tedesco: dal Gabinetto del dott. Caligari a Hitler,* Milano, Mondadori, 1954

Kracauer, S., *The Mass Ornament,* Harvard University Press, Cambridge (Mass.),   1995

Kraus, K. *Detti e contraddetti,* Milano, Rizzoli, 1972

Kuptana, R. *Inuit Broadcasting Corporation,* "Commission on Visual Anthropology Newsletter", 39-41, 1988

Lasch, C. *La cultura dei narcisismo,* Milano, Bompiani, 1981

Lash, S. *Reflexive Modernization: the Aesthetic Dimension,* "Theory, Culture & Society", 1993

Leach, E. *Cultura e comunicazione,* Milano, Angeli, 1981

Leiris, M. *Sul rovescio delle immagini,* Milano, SE, 1988

Lévi-Strauss, C. *Le strutture elementari della parentela,* Milano, Feltrinelli, 1969

— *Antropologia strutturale,* Milano, Il Saggiatore, 1966

— *La via delle maschere,* Torino, Einaudi, 1985

Lipset, D. *Bateson: the Legacy of a Scientist,* Boston, Beacon Press, 1980

Lombroso, C. *L'uomo deliquente in rapporto all'antropologia, alla giurisprudenza e alle discipline economiche,* Milano, Bocca, 1876

Lucci,A., *Sloterdijk,Macho, Byung-Chul Han, in Doppiozero,* **2015**

Lucchetti, D. *Writing. Storia, linguaggi, arte nei graffiti di strata,* Roma, Castelvecchi, 2001

Lynch, D., *Perdersi è meraviglioso. Interviste sul cinema* (org. R.Barney), Roma, Minimun Fax, 2012

Louÿs, P. *Piccole scene amorose,* Milano, ES, 1998

Marcus, G. E. *Book Review to Lipset* (1980), "American Anthropologist", 1984

— *Contemporary Problems of Ethnography,* in Clifford-Marcus, 1986

— *Una opportuna rilettura di "Naven".* Posfácio a Bateson, 1988

Jenemann, D., *Adorno in America,* University of Minnesota Press, 2007

Jodidio, P., *Hadid,* Köln, Taschen, 2012

Marcus, G. E., Cushman, D. *Ethnographies as Texts,* "Annual Review of Anthropology", 1982

Marcus, G. E., Fischer, M. *Anthropology as Cultural Critique,* Chicago, The University of Chicago Press, 1986

Marinetti, F.T. Fondazione e Manifesto del Futurismo. In: De Maria, L. (ed.) *Teoria e invenzione futurista,* Milano, Mondadori,[1909] 1968

Mauss, M. *Teoria generale della magia,* Torino, Einaudi, 1965

Mead, M., Metraux, R. (org.) *The Study of Culture at a Distance,* Chicago, The University of Chicago Press, 1966

Mercurio, G., *Gaetano Pesce, l'indisciplinato,* in Pesce (2014)

Michaels, E. *The Aborigenal Invention of Television,* Canberra, Institute for Aborigenal Studies, 1986

Mudler, A., (eds.).*Transurbanism,* V2. Rotterdam, NAi Publisher, 2002

Muré D. *Software e Big Data nella comunicazione digitale* (scritto personale), 2016

Nietzsche, F. *La nascita della tragedia,* Bari, Laterza, 1967

Novaes, S. C. (org.) *Habitações Indígenas,* Nobel Ed., São Paulo, 1983

Orlan, *Self-Hybridization Pre-Colombian Art,* Seoul, Sejul

Pariser, E., *The Filter Bubble: What The Internet Is Hiding From You,* Penguin Press, 2011

Pasolini, P. P. *Medea, Un film di Pier Paolo Pasolini,* Milano, Garzanti, 1970

— *Empirismo eretico,* Milano, Garzanti, 1972

Perniola, M. *Del sentire,* Torino, Einaudi, 1994

Pesce, P., *Il tempo della diversità*, Milano, Electa, 2014

Pessoa, F. *O eu profundo e os outros eus,* Nova Fronteira, Rio de Janeiro, 1980

Petraglia, S. *Pasolini,* Firenze, La Nuova Italia, 1974

Price-Williams, D. R. *Culture a confront,* Torino, Boringhieri, 1975

Prigogine, I. *La nuova alleanza,* Milano, Longanesi, 1979

Propp, V. Ja. *Edipo alla luce del folklore,* Torino, Einaudi, 1975

Quattrocchi, L. *Le perle dell'eternità,* "FMR", 54, 1987

Rabinow, P. *Reflections on Fieldwork in Morocco,* Berkeley, University of California Press, 1977

Ricoeur, P. *Dialeltica a dialogica della staria,* Urbino, Ed. Quattroventi, 1985

Robertson, R., *Globalisation: Social Theory and Global Culture*, London, Sage, 1992

Rohde, E. *Psiche,* Bari, Laterza, 1970

Rosaldo, R. *Culture & Truth,* Boston, Beacon Press, 1989

Ruby, J. *Franz Boas and Early Camera Study of Behavior,* "Kinesis Reports", 3, 1980

Sadoul, G. *Storia del cinema mondiale dalle origini ai nostri giorni,* Milano, Feltrinelli, 1964

Sahlins, M. *Cultura e ambiente: lo studio dell'ecologia culturale,* in *Orizzonti di antropologia.* S. Tax (org.) Brescia, Morcelliana, 1964

Said, E. *On Late Style*, Vintage Books, New York, 2007

Sangren, P S. *Rhetoric and the Authority of Ethnography,* "Current Anthropology", 1988

Schafer, R. M. *Exploring the New Soundscape,* "The Unesco Courier", 29, 1976

Scheper-Hughes, N., *Embodied Knowledge*, in R. Borofsky (ed.), "Assessing Cultural Anthropology", McGraw-Hill, Inc., New York, 1994

Sobchack, V.(ed.), *Meta-morphing*, University of Minnesota Press, Minneapolis, 2000

Sperber, D. *Per una teoria del simbolismo,* Torino, Einaudi, 1981

Spivak G., *Can the Subaltern Speak?* in Nelson – Grossberg (ed.) "Marxism and the Interpretation of Culture", Urbana, University of Illinois Press, 1988

Sprinkle, A. *Post-Porn Modernist*, Venerea, Roma, 2005

Strzyz, K. *Narcisismo e socializzazione,* Milano, Feltrinelli, 1981

Tamburini, P (org.) *Gregory Bateson. Il maestro dell'ecologia della mente,* Bologna, Federazione Università Verdi, 1987

Tassara, E. (org.) *O índio ontem, hoje, amanhã,* São Paulo, Ed. USP, 1991

Tedlock, D. *Questions Concerning Dialogical Anthropology,* "Journal of Anthropological Research", 4, 1987

— *The Spoken Word and the Work of Interpretation.* Filadélfia, University of Pennsylvania Press, 1983

Turkle, S. *Life on the Screen: Identity in the Age of the Internet*, New York, Simon and Schuster,1995

Turner, T. *The Kayapò Video Project: a Progress Report,* "CVA Review", 1990

— *Imagens desafiantes: a apropriação Kayapò do vídeo,* "Revista de Antropologia", 1993

Turner, V. *La foresta dei simboli,* Brescia, Morcelliana, 1976

— *From Ritual to Theatre,* Nova York, Performing Arts Journal Publ.,1982

Vidal, L. (org.) *Grafismo indígena,* São Paulo, Studio Nobel, 1992

Watzlawick, P., Beavin, J. H., Jackson, D. D. *Pragmatica della comunicazione umana,* Roma, Astrolabio, 1971

Webster, S. *Dialogue and Fiction in Ethnography,* "Dialectical AnthropoJogy", 1982.

— *Ethnography as Storyelling,* "Dialectical Anthropology", 1983

Weiser, M., *Ubiquitous Computing*, www.ubiq.com/hypertext/weiser, 1988

Williams, R. *Keywords. A Vocabulary of Culture and Society,* Nova York, Oxford University Press, 1976

— *The Sociology of Culture,* Nova York, Shocken Books, 1982

Wittgenstein, L. *Osservazione sopra i fondamenti della matemática,* Torino, Einaudi, 1979

Worth, S. *Per una politica antropologica delle forme simboliche,* in *Antropologia radicale,* H. Dell Hymes (org.) Milano, Bompiani, 1979

Worth, S., Adair, J. *Through Navajo Eyes,* Bloomington, Indiana Universiry Press, 1972

Wouters, C. *The Sociology of Emotions and Flight Attendants,* "Theory, Culture & Society", 6, 1989

Zukin, S. *Landscape of Power,* Berkeley, University of California Press, 1991

CINEMA

Almodovar, P., *A pele que habito* (2011)

Beckman, M., *Os Kayapò saindo da floresta* (1989)

Buñuel, L., *Bella di Giorno* (1967)

Coppola, F. F., *Apocalipse Now* (1979)

Cronenberg, D., *Videodrome* (1984)

Divino Tserewahu, *Ou Racha!, vamos à luta* (2002)

Hitchcock, *Psycho* (1960)

Kazan, E., *Un volto nella folla* (1957)

Lynch, D., *Mulholland Drive* (2000)

— *Lost Highways* (1996)

— *Twin Peaks. The Return* (2017)

Pasolini, P. P., *Édipo Rei* (1970)

— *Medea* (1971)

Pastrone, M., *Cabiria* (1914)

Patira, B.-Waiassé, C.- Tserewaho, D.-J. Protodi-Suya, *Wapté Mnhõnõ, A Iniciação do Jovem Xavantes*, (1998)

Riefenstahl, L. *Olympia* (1936)

Rouch, J., *Les Maitres Fou* (1955)

Stevens, G., *Gunga Din* (1939)

— *Shane,* 1953

Schipper, S., *Viktoria* (2015)

Tarantino, Q., *Pulp Fiction* (1994)

Tsukamoto, S., *Tetsuo* (1989)

PUBBLICITÀ-GRAFFITI-WEB -MUSICA-COMICS

501 (Levi Strauss)

Egoïste (Chanel- Jean Paul Goude)

Tigra (Opel)

Viceversa (Ferrè - Steve Meisel)

Fragrance (Kenzo - Spike Jonze)

Birra (Carlsberg)

Vagina (www.Stoya)

Casting (www.Fake Agent)

Same Time Tomorrow (Laurie Anderson)

Solo quando ride (Superman)

Selfie (Cindy Shermann)

Waldo (Black Mirror)

Self-Hybridization (Orlan)

Antropologia della comunicazione visuale
Esplorazioni etnografiche attraverso il feticismo metodologico
di Massimo Canevacci

276 pp 56 img
© 2017 Postmedia Srl, Milano
Terza edizione riveduta e aggiornata

isbn 9788874901807

Postmedia Srl
Milano

www.postmediabooks.it